教育部示范优秀教学科研团队建设项目（17JDSZK091）研究成果

天津师范大学马克思主义学院学术文库

民主社会主义
民主逻辑悖论

王玉灵 / 著

Minzhu Shehuizhuyi
Minzhu Luoji Beilun

中国社会科学出版社

图书在版编目(CIP)数据

民主社会主义民主逻辑悖论／王玉灵著．—北京：中国社会科学出版社，2018.12

ISBN 978－7－5203－3869－1

Ⅰ.①民…　Ⅱ.①王…　Ⅲ.①民主社会主义—研究　Ⅳ.①D091.6

中国版本图书馆CIP数据核字（2019）第000341号

出 版 人　赵剑英
责任编辑　田　文
责任校对　张爱华
责任印制　王　超

出　　版　中国社会科学出版社
社　　址　北京鼓楼西大街甲158号
邮　　编　100720
网　　址　http://www.csspw.cn
发 行 部　010－84083685
门 市 部　010－84029450
经　　销　新华书店及其他书店

印　　刷　北京君升印刷有限公司
装　　订　廊坊市广阳区广增装订厂
版　　次　2018年12月第1版
印　　次　2018年12月第1次印刷

开　　本　710×1000　1/16
印　　张　13.75
插　　页　2
字　　数　212千字
定　　价　58.00元

目　录

绪　论

一　选题背景

改革开放以来，在涌进我国的西方诸多社会思潮中，民主社会主义对我国社会、思想界的影响最大，不断引起热议和争论。2007 年谢韬的《民主社会主义的模式与中国前途》又一次引起新的研究和论争高潮。这个时期，正是我的博士论文选题时期。对民主社会主义一些理论问题的迷惑，引起我研究的兴趣，并初步定为我的博士论文选题。经过一段时间的学习后发现，随着民主社会主义对我国一波又一波的影响和冲击，国内对民主社会主义已有大量的研究。于是，曾经一度认为此课题研究的空间不大，甚至找不到研究的新视角。在坚持阅读一定量的研究资料后，发现自己内心还有一些解不开的结儿，还有一些困惑。带着自己内心的困惑、迷茫，不断地学习和思考，选择了一个自己认为能够清晰辨别民主社会主义的视角，开始了论文的写作。等到论文完成之际至今，国际国内对民主社会主义的关注度和研究都已处于冷僻状态，一股热议已成为过去式。民主社会主义对我国社会主义主流意识形态的影响似乎已经消除。这其中的原因有民主社会主义本身的因素，也有国际国内政治形势的变化等因素。特别是在党的十八大以后，中国特色社会主义理论、道路、制度、文化越来越充满了自信，而中国特色社会主义建设取得的巨大成就，在实践上也给予了民主社会主义及各种社会思潮有力的回答。从目前来看，民主社会主义对我国主流意识形态的干扰逐渐减弱，但是，还不能说民主社会主义给人们带来的思想认识的混乱已经彻底消失，因为民主社会主义作为显性干扰因素的影响力逐渐减弱，但作为隐性影响依然存在。一旦有合适的政治气候和环境，还会伴随着其他社会思潮的干扰而出现。比如，近年来，历史虚无主义思潮在我国不断泛起，民主社会主义时而还会伴随着出现。另外，民主社会主义在现实中的实用主义很强。随着国际政治经济局势的变化，民主社会主义以不断变化的形态出现，这种变化的形态的诱惑性很容易让人们产生错误的认识，特别是在一些青年学生中还很容易出现一些思想认识的偏差。对民主社会主义的研究和警惕应该是马克思主义主流意识形态国家思想、理论和政治领域时刻警惕的一种社会思潮。社会科学研究是不能随着政治的冷热度而进行的。要消除思想上容易混乱的政治问题，需要对理论进行彻底的不中断的研究。这也是我在博士论文基础上持续进行研究的主要原因。

（一）依然存在对我国主流意识形态的潜在影响

由于我国历史和政治的特殊性，改革开放之前，民主社会主义没有得以在国内传播的机会，也就没有对我国的政治和社会带来很大的影响。改革开放后，民主社会主义作为一种政治思想和社会思潮，附带了西方资本主义世界价值观的意识形态，特别像瑞典等欧洲一些国家的所谓民主社会主义实践，吸引了一些人的注意力，并得到了一些人的认同。从名称上看，民主社会主义以“民主”对“社会主义”的限定，既显示了“社会主义”的性质，又凸显了“社会主义”的“民主”特性，似乎是一种更民主的社会主义，从而符合了一些人内心的思想和精神追求。由此，使人们对民主社会主义产生了很大程度的认可。

社会科学的研究都不可能离开意识形态而空谈。带有明显资本主义意识形态的政治思想和社会思潮，人们很容易辨别和判断。但，民主社会主义是一种隐含着西方资本主义价值的社会意识形态，对人们思想的干扰和社会主流意识形态的影响更有隐蔽性，也更具有迷惑性和危险性。

从一般概念化的“民主”和“社会主义”来看，民主社会主义的名称很容易引起人们的共鸣，因为其迎合了人们内心对道德和价值的需求。但“任何一个政治理论家不应当把事物的‘一般概念’作为认识和评价经验事实的根本标准，不可以把理论停留在一种形式性的定义层面，这种研究无非是一种公理练习。理论必须联系实际，需要告诉人们现实世界的‘真像’”①。对民主社会主义背后“真像”的挖掘和揭示，是本研究选题的主要原因之一。

（二）“一般化”的民主概念和价值带来了严重的思想影响和价值渗透

“在意识形态领域我们同各种敌对势力和非马克思主义思潮的斗争，本质上是社会主义价值体系和资本主义价值体系的较量。”② 民主社会主义对民主“自由与平等”价值的高度宣扬，在中国社会引起的混乱，不仅是一场中西文化和思想领域道德和价值的交锋，更是中西政治制度和意识形态之间的较量；不仅对中国社会主义核心价值有着很大的影响和冲击，而且对中国社会主义发展道路、政治体制起着解构作用和取代趋势。要坚持中国特色社会主义民主发展道路，需要对民主社会主义“自由与平等”的民主价值有着清醒的认识和理解。

民主社会主义以“自由与平等”作为自己理论体系和政治实践的逻辑核心和推动力，以“自由与平等”诠释、衡量民主和社会主义。这种所谓的“自由与平等”成为具有“普遍意义”的价值，贯穿了民主社会主义整个理论体系和政治实践。“自由与平等”作为人们对未来生活的道德理想和价值追求，任何民主政治理论都不否认其本身价值，也不否认“自由与平等”是民主的道德基础和前提。

我国自改革开放以来，经济体制的改革带来了社会结构的深刻变动、利益格局的重新调整、人们思想观念和价值观念的多元化变化。市场经济的功利化促进了人们对物质利益的欲望和过多追求，引起了

① 张涛：《马克思的民主观及其当代启示》，《马克思主义研究》2008 年第 5 期。

② 《扎实推动用中国特色社会主义理论体系武装全党教育人民》，《光明日报》2009 年 6 月 2 日第 009 版。

权力腐败及整体社会道德的滑坡。民主社会主义对民主基本价值的宣扬自然就成为一种社会需求品，满足了一些人的幻想需要。从表面来看，对“自由”“平等”价值的追求确是人的本性，是具有“普遍性”的人类共性，人们对自由、平等和民主的追求无可争议，无可指责，任何对这些“普遍价值”的否认和打击，都是对人性的践踏。苏联及东欧社会主义国家的转向，似乎都更加强有力地证实了民主社会主义价值的“普遍性”。

民主社会主义就以民主的这种“一般化”的价值追求迷惑着人们的思想和认识，使人们对中国特色社会主义的民主产生质疑，甚至否定。对民主价值及本质精神的探索、对民主社会主义民主和马克思主义民主逻辑的梳理，就成为选题的又一背景和动力。

（三）科学阐释、正确认识中国特色社会主义民主理论逻辑的需要

任何政治思想和政治哲学都与政治实践、社会问题紧密联系。对价值理想的追求推动了人类社会的发展，而政治、社会现实的起伏促使我们进行思考和研究。

改革开放以来，社会主义市场经济的发展打破了计划经济时代人们的思维，促进了我国生产力的高度发展，但也不可忽视出现的一些问题，如市场经济下出现的私有化现象、资本权力的扩张、社会贫富差距拉大带来的社会问题等。这些现象导致人们对社会主义、社会主义民主及其价值产生怀疑，并引起对中国特色社会主义道路的性质及发展前途的质疑；苏东社会主义国家的解体带来整个世界社会主义运动的低潮，也加强了国内人们对社会主义命运的怀疑。问题与理论的冲突、现实与理想的差距，促使我们关于民主与社会主义理论方面的一些思考：

1. 关于对社会主义的认识，邓小平提出了，社会主义的本质是解放生产力、发展生产力、消灭阶级、消除阶级差别，最终实现共同富裕。这是从任务和方向上对现阶段社会主义发展的中国解读。但是，针对国际国内历史与现实，从社会主义发展史和理论渊源等方面，中国特色社会主义与民主社会主义有什么根本区别？应该怎么理解社会主义？

2. 对“民主”的认识。如今整个世界几乎每个国家都在宣扬对民主的追求。什么才是真正的民主？真正的民主是什么？需要对民主进行历史逻辑和理论逻辑的考察。

3. 基于我国的政治、经济、社会现实，中国特色社会主义民主的历史逻辑、理论逻辑、实践逻辑等是否存在自洽性，是否合乎人类发展的历史逻辑？

对这些问题的思考和回答，既是我们思考中国特色社会主义民主理论问题的现实出发点，又是最终回到现实的落脚点。对民主社会主义民主理论和实践进行逻辑上的剖析，有助于我们对这些现实问题和理论问题的合理性应答。对理论和现实问题的面对和正视，对民主社会主义民主理论逻辑进行深入研究，是对中国特色社会主义民主进行科学阐释、正确认识和诠释的需要。

对于中国特色社会主义理论体系的研究来说，“社会主义”“民主”是基本问题，也是需要随着时代变化不断思考和研究的问题。对这些事关中国发展前途的基本理论问题的研究是一个长期思考和研究的过程。民主社会主义的理论和实践也会随着时代形势的变化而变化，会一直伴随着社会主义的发展而发展，并影响和左右着社会主义国家的政治方向。因此，民主社会主义也不应是一时的社会热点问题，而应是一个需要长期关注和研究的社会思潮。

二 研究意义

《中国共产党第十九次全国代表大会会议报告》指出：“中国特色社会主义政治发展道路，是近代以来中国人民长期奋斗的历史逻辑、理论逻辑、实践逻辑的必然结果”。历史逻辑、理论逻辑和实践逻辑的自洽，体现了理论本身的科学性、合历史规律性。中国特色社会主义政治是马克思主义政治理论在中国具体现实中的运用和发展。面对中国特色社会主义的一些理论和现实问题，迫切需要我们在深层次的“为什么”和其内在的理论逻辑方面给予最本质的回答。对民主社会主义民主理论逻辑的研究，可以进一步对民主社会主义的根本性质给予正确的判断，给予中国特色社会主义民主逻辑以科学的论证。因此，对民主社会主义民主逻辑的研究，是论证中国特色社会主义民主政治逻辑的合理性、科学性的理论要求。

民主社会主义和中国特色社会主义是两种意识形态的撞击和博弈，也是两种“社会主义”道路的比较。随着国际国内局势的变化，民主社会主义也在不断变化着。对民主社会主义的研究应该是时刻不可放松的政治和理论课题。因此，对民主社会主义的理论和实践进行不断深入的研究，对坚持中国特色社会主义民主政治道路有着深远的政治现实意义。

三 国内外研究现状

第二次世界大战后，民主社会主义成为社会党国际系统的思想体系。为指导政治实践，一些国家的社会党本身不断加强在理论上的探索和研究，而以列宁为代表的苏联共产党也一直承担了对民主社会主义的主要研究和批判任务。改革开放后，随着民主社会主义对我国的影响渐增，我国对民主社会主义进行研究的专著和论文也大量增多。

（一）国内研究状况

改革开放前，民主社会主义对我国的影响很小，关于民主社会主义的介绍和研究也比较少，仅发现一篇1958年7月发表在《史学月刊》上的苏联B. B. 季米多夫、蔡子宇翻译的文章《“人民资本主义”“民主社会主义”和“民族共产主义”是怎么回事?》。1980年6月，苏联B. 什维采尔、陈鸿寿翻译的文章《西欧社会民主党的“重新意识形态化”》发表在《现代外国哲学社会科学文摘》。1980年11月西班牙A. 拉索、余幼宁翻译的文章《社会民主主义与社会主义的无谓论争》发表在《国外社会科学》杂志上。

自20世纪80年代以来，随着民主社会主义在国内的影响加深，对它的研究也逐渐比较集中和深入。80年代初期，对民主社会主义的研究除了更多介绍外，比较多的研究还表达了对民主社会主义支持的态度；苏东剧变后，研究开始纵深，主流的态度是集中于意识形态的批判；后来，随着民主社会主义在国际国内政治的影响淡化，人们对民主社会主义的研究进入理性阶段，出现了大量比较客观、深入的研究作品。2007 年，谢韬的《民主社会主义模式与中国前途》，又一次引发了研究民主社会主义的高潮。2009 年中共中央宣传部组织编写的《六个“为什么”——对几个重大问题的回答》，旗帜鲜明而系统地回答了事关国家发展全局的重大理论和思想问题，对社会上一些混乱思想和模糊认识起到了正本清源的作用。2012 年中国共产党的第十八次全国代表大会报告强调了坚定中国特色社会主义道路自信、理论自信和制度自信。“三个自信”来源于中国特色社会主义实践的巨大成功，也充分表明了坚持和发展中国特色社会主义方向的坚定信心。此后，民主社会主义对我国主流意识形态和社会主义核心价值的影响减弱，逐渐呈隐性状态。关于民主社会主义的研究也大量减少。但不等于说民主社会主义在社会上的消极影响完全消除。近些年来，民主社会主义伴随着历史虚无主义的泛起也潜在地起着一定的影响作用。

通观国内对民主社会主义的研究比较全面而深刻，内容涉及民主社会主义的渊源、演变的客观性梳理，对民主社会主义的整体性研究和批判，对民主社会主义与科学社会主义、中国特色社会主义的比较，具体个案的研究，民主社会主义方法论等方面的研究等。在众多研究中，与中国特色社会主义、马克思主义的科学社会主义的比较研究占据多数。在比较研究中，更多的是两种理论的横向比较和论断，如民主社会主义与中国特色社会主义的比较，大多都是从指导思想、政治制度、经济制度、社会基础等方面进行梳理和比较。

针对民主社会主义的一些模糊认识，一些著名专家学者写了大量的论著和文章进行了研究和澄清。专家们的研究坚持了马克思主义的立场和基本观点，对民主社会主义的论证坚持了史论结合，批判的客观性与辩证性、旗帜的鲜明性，彰显了学术研究的演进性和纵深性。他们的研究对澄清民主社会主义的本质、社会主义、民主、马克思主义、中国特色社会主义等理论起到了重要的理论指导作用。总结相关几个方面的研究如下：

1. 对待民主社会主义的不同态度

对待民主社会主义的态度始终存在两种截然相反的观点：一种是

对民主社会主义的“社会主义”性质及发展道路的完全认可，并认为中国也只有走民主社会主义的发展道路才能有出路。这种观点对中国特色社会主义持否定态度。另一种观点，就是对民主社会主义客观、辩证的认识和理解。在对待民主社会主义与马克思主义的“社会主义”根本性质的不同方面是不容置疑的，但是不完全否定民主社会主义具体政策方面的积极意义以及对中国特色社会主义民主发展的可借鉴性。从对民主社会主义的整体性研究、个案研究及比较性研究中，对民主社会主义执政党结合本国实际制定的具体的民主政策、措施等都是持肯定态度的。

2. 关于民主社会主义性质的不同观点

一种观点认为，民主社会主义是一种反马克思主义的资产阶级思潮。提出，“民主社会主义是一股反马克思主义的思潮”，“民主社会主义，从意识形态来说，是反马克思主义的资产阶级思潮；从社会制度来说，是作了改良的资本主义制度；从历史作用来说，在社会主义国家里，是社会主义倒退到资本主义的桥梁”；民主社会主义与科学社会主义既不“同祖”，也不“同根”，更不是“同义语”；民主社会主义是20世纪以来西方社会盛行的一种资本主义的改良主义思潮。另有观点认为，民主社会主义是介于资本主义和社会主义之间的一种政治思潮。还有人提出，民主社会主义是一种非马克思主义的、改良主义的社会主义流派或思想体系。

3. 关于民主社会主义民主理论和伦理价值的研究

民主理论是民主社会主义的主要内容，伦理价值贯穿、渗透于民主社会主义的整体思想中。对民主社会主义的研究绕不开这两个方面。关于这两方面，更多的是散见于对民主社会主义的整体性研究中。

关于民主社会主义民主理论方面的研究，主要从以下方面进行研究：（1）从社会主义与民主、民主的主体、人类的最高理想等方面对民主社会主义与科学社会主义的民主观进行比较研究；（2）对民主社会主义的“政治民主、经济民主、社会民主、国际民主”进行了系统归纳总结；从“民主是实现社会主义的手段、民主本身就是社会主义的目的、民主就是社会主义”三个方面阐述民主社会主义民主观中民主与社会主义的关系；（3）以马克思主义的民主观为出发点，对民主社会主义的“民主本质”“一般民主”“纯粹民主”“民主的标准”等进行了批驳。

关于民主社会主义与伦理社会主义，有观点提出“民主社会主义是以伦理社会主义为论证的社会改良主义”①，“民主社会主义理论体系庞大，但一条主线却贯穿始终，即以伦理为本位兼容并包……”②，这些研究和观点都为本研究提供了重要启示。

（二）国外研究状况

第二国际时期，伯恩施坦1897—1898年在《新时代》杂志上，发表了一系列以“社会主义问题”为总标题的文章，引起了以卢森堡为代表的马克思主义左派的猛烈抨击。卢森堡首先在《社会改良还是社会革命?》一文中给予了坚决的反击。其后，列宁在《马克思主义与修正主义》《马克思主义和改良主义》《俄国社会民主主义运动中的改良主义》《国家与革命》等文章对当时的社会民主主义进行了分析和批判。

第二国际破产后，国际政治经济局势发生变化，社会民主主义逐步从理论到实践、从思想到组织、从局部到全局向改良主义演变，并最终与科学社会主义、苏联的现实社会主义分道扬镳，走向了对立。1951年社会党国际成立，发表《法兰克福宣言》，民主社会主义形成系统的思想体系，凸显“民主”的社会主义，以区别苏联等国家的“专政”社会主义。针对这个时期与现实社会主义成明显对立状态的民主社会主义，苏联社会科学院费多谢耶夫等编的《什么是“民主社会主义”》定下了对民主社会主义批判的基调。在关于民主社会主义的实质问题上，费多谢耶夫写道：“‘民主社会主义’名为社会主义，而实质上则是改良主义和修正主义的思想体系，是排除工人阶级和共产党对历史过程的领导的思想体系，是把真正社会主义融合在资

① 殷叙彝：《民主社会主义和伦理社会主义》（下），《当代世界社会主义问题》1997年第1期。

② 秦德占：《民主社会主义的伦理世界观及其局限性》，《北京行政学院学报》2009年第6期。

产阶级自由派关于社会主义空谈的思想体系。”

以后的苏联学者以列宁的著作、苏联共产党和国际共产主义运动的文献提出的基本原则为依据，对当时社会民主党的政策和意识形态进行了大量的分析和批判。主要的理论成果有费多谢耶夫等编《什么是“民主社会主义”》；B. A. 尼基京著《“民主社会主义”思想的实质和演变》《“民主社会主义”思想体系批判》；波梁斯基著《社会主义与改良主义》；乌瓦罗夫著《改良主义对社会主义的曲解》；波波夫著《社会改良主义：理论与实践》《社会主义与人道主义》；达尼洛娃著《“开放社会”的反共主义实质》等。

在西方学术界比较有影响的关于欧洲社会民主主义或社会民主党的系统性的论文集，主要有威廉·佩特森主编《西欧社会民主党》、罗伯特·拉德里赫主编《欧洲联盟中的社会民主党：历史、组织和政策》等。

代表西方社会民主党人观点的是，根据西班牙工人社会党书记阿丰索·盖拉和德国社会民主党副主席奥斯卡·拉封丹的建议，共建一国际论坛，发表《纲领性声明》，并在 1990 年和 1991 年夏以德国社会民主党《新社会/法兰克福杂志》的名义出版了两期《未来的社会主义》特刊，关于“欧洲左翼”和“未来的社会主义”问题进行了广泛的自由讨论。

改革开放后我国出版和翻译了西方一批民主社会主义的文献和著作：托马斯·迈尔等著《论民主社会主义》《社会民主主义导论》《社会民主主义的转型》《社会民主党怎样革新》和《现代性：超越左右》；雅克·德罗兹著《民主社会主义》；维利·勃兰特等著《社会民主与未来》；美国社会党理论研究专家卡尔·兰杜埃著《社会民主主义》；伦敦政治经济学院院长安东尼·吉登斯著《第三条道路：社会民主主义的复兴》和《超越左右：激进政治的未来》；英国前首相布莱尔著《第三条道路：新世纪的新政治》；戈尔巴乔夫、勃兰特著《未来的社会主义》；斯图亚特·汤普森著《社会民主主义的困境：思想意识、治理与全球化》；赫伯特·基茨克尔特著《欧洲社会民主主义的转型》等，还有一些当代译著，如《激进、温和、还是僭越？当代欧洲左翼政治现象审视》《九十年代西欧社会民主主义的变革》《布尔什维主义与社会民主主义的历史分野》《第三条道路：世纪之交的西方政治改革》等。这些大都是西方学者关于民主社会主义的整体研究和论述。

从国外研究文献来看，社会民主党内外都对民主社会主义思想理论进行了深入的研究。只是不同的立场不同的研究视角，会得出不同的结论。我们需要综合多种文献与视角，寻找一种比较客观的研究和论述，并以马克思主义的基本观点进行分析，才能寻找到我们研究民主社会主义的正确视角和思路。

国内外大量的研究文献有助于深入了解民主社会主义，但还是会存在一些模糊的认识。同时，国际政治经济形势的变化，也必然带来民主社会主义的变化。对理论的困惑和理论实践本身的变化，需要对民主社会主义的本质和理论逻辑有一个核心的把握。在前人研究的基础上，以自由平等的价值为线索，以对民主理论的研究为主要内容，对民主社会主义的内在逻辑进行梳理和论证，对我们更加清晰民主社会主义的理论纲领和政治主张、判断其在政治光谱中的位置、掌握其内在本质有着非常重要的必要性。

四　主要内容

本研究的主要内容是理论成熟后的民主社会主义民主理论。1951年社会党国际成立，发表《法兰克福宣言》。社会党国际《法兰克福宣言》的发表标志民主社会主义已经成为成熟的理论和思想，并指导着社会党的政治实践。苏东剧变后，民主社会主义改为“社会民主主义”，欧洲呈现一片“粉红色”世界。民主社会主义向社会民主主义的转向，是历史发展的必然，但是其根本思想不变。不同国家、不同流派有着不同的具体内容，但也有着共同的思想本质。这段时期社会党国际及各国社会党人的纲领文献和理论政策是本研究的基本材料。这些材料蕴含的理论逻辑是研究的主要问题。

按照马克思主义的基本观点，以社会党的纲领文献为基础，但不拘泥于民主社会主义的演变历史和纲领文献的描述，对民主社会主义的民主理论逻辑进行梳理，分析其内在的理论逻辑悖论及实践中的理论困境，论证马克思主义民主和中国特色社会主义民主理论和实践的逻辑性与人类社会发展的历史逻辑性的统一。

“将民主限定于一种超阶级的普遍价值之上，从而在现实中与其社会主义的价值目标发生根本的矛盾。为了突出这种普遍价值，民主社会主义的理论论证逻辑颠倒为从它们定义中的社会主义民主推导出社会主义，而不是正常的由社会主义推导出社会主义民主。”[①] 这种观点对本研究的论证方法和逻辑分析给予了很大启示。

“当我们不是从资本主义私有制，而是从社会主义公有制的角度，……观察参与民主，就会发现它无疑可以有助于我们把企业家和劳动者之间的关系，处理得更能体现劳动人们当家作主的社会主义企业的性质……”此观点[②]启发了本研究核心观点的建立和论证逻辑的完善。

论文的核心观点是：生产资料公有制是社会主义的制度特征，是实现民主“人民主权”本质的现实性基础。民主社会主义由于对民主和社会主义赋予价值原则的界定，引出以民主实现社会主义的逻辑思路，导致了在实现自由与平等价值上的理论逻辑悖论及理论与实践的矛盾和冲突，因此也就判断民主社会主义民主发展空间的有限性，注定了其非“社会主义”的本质。

本研究的基本思路：

（一）梳理马克思主义民主理论逻辑。马克思主义民主是以历史唯物主义为基础，具有历史性、阶级性、社会性特征。社会主义民主是最高类型的民主，是对民主本质精神的追求。随着社会主义的发展，民主逐渐趋向于真正自由与平等的实现。在阶级社会里，民主只是阶级内的民主。社会主义民主是走向真正民主的过程和阶段，真正民主的实现是以社会主义实现民主的一个逐渐发展的过程，是以社会主义制度实现民主的逻辑思路。

（二）梳理民主社会主义的民主理论逻辑。自由与平等贯穿民主

---

① 曾瑞明：《民主社会主义的民主理论与实践的批判性解读》，《云南社会科学》2006年第5期。

② 徐崇温：《民主社会主义评析》，重庆出版集团、重庆出版社2007年版，再版序言第3页。

社会主义整体理论，是民主社会主义民主理论的逻辑核心；对“社会主义”的认识是民主社会主义民主理论的逻辑起点；而政治、经济、社会的民主是民主社会主义民主理论的主要内容。这是一个以民主实现社会主义价值原则的发展逻辑。

（三）对民主社会主义的民主理论逻辑悖论进行分析。按照民主社会主义的民主理论逻辑推导不出自由与平等的价值。这种悖论出现的根源就在于对“社会主义”认识的根源性错误。对生产资料公有制的社会主义制度特征的否定，是导致民主社会主义民主理论逻辑颠倒的根源，民主社会主义的性质自然凸显。

（四）对民主社会主义与自由主义、马克思主义的民主观进行比较分析，在比较中进一步论证民主社会主义的性质。

（五）中国特色社会主义民主是社会主义民主，社会主义的基本经济制度确立了以社会主义实现民主的发展路径，确定了中国特色社会主义民主是合历史唯物主义发展规律的民主发展逻辑。

五　研究方法

研究方法是研究问题的视角，是搭建整个研究框架的基础，涉及研究的论证路径、论据材料的处理等。本研究以马克思主义的基本立场和观点，对文献资料进行整体性分析和研究，采用历史与逻辑相统一的思维方法，对理论和实践进行逻辑分析论证、比较分析论证等。

1. 马克思主义的立场和基本观点

对待同一事物不同的角度会有不同的结论。社会科学有价值判断和代表的利益，不可能保持价值中立的立场。马克思主义的世界观和方法论是本研究的基本立场和观点。

对人的本原意义上的分析是任何政治哲学家都必须回答的问题。人的现实性和具体性是马克思主义的历史唯物主义基本观点，也是我们对民主社会主义进行逻辑分析、论证的基本出发点；阶级及阶级分析的方法是马克思主义分析社会问题的基本方法。在目前还存在阶级集团利益和国家民族利益的时期，提出“抽象的人”“抽象的价值”，提出全人类的利益超过民族和国家的利益，以全体社会的利益掩盖阶级利益差别的观点，是不符合实际的主观“幻想”。只有坚持马克思主义的立场和基本观点，客观地认识和分析社会现实，从现实的物质关系中探寻现象背后的“逻辑”，寻找社会发展的客观规律，才能正确指导现实的社会实践。

2. 历史与逻辑相统一的研究方法

历史与逻辑相统一是辩证逻辑的基本原则，也是辩证思维的重要方法。客观现实的历史是逻辑的基础和内容，逻辑是历史的理论再现。恩格斯说，逻辑的方式“无非是历史的方式，不过是摆脱了历史的形式以及起扰乱作用的偶然性而已。历史从哪里开始，思想进程也应当从哪里开始，而思想进程的进一步发展不过是历史过程在抽象的、理论上前后一贯的形式上的反映；这种反映是经过修正的，然而是按照现实的历史过程本身的规律修正的，这时，每一个要素可以在它完全成熟而具有典型性的发展点上加以考察。”① 本研究从民主社会主义的理论和历史进行研究，梳理其民主内在的逻辑，发现其理论的逻辑悖论，从而得出结论。

3. 文献研究方法

本研究立足于马克思主义的经典著作，社会党国际、各国社会党主要代表大会的纲领文献以及各国社会党主要代表人物的代表性发言及著作，参阅部分英文版有关理论研究文献和当前研究的新成果，准确把握马克思主义有关理论、正确认识民主社会主义民主理论和政策。

4. 整体性研究方法

社会党国际、各国社会党奉行的是多元化的思想，没有明确统一的纲领，没有形成系统而严谨的理论体系，但透过看似纷乱的纲领文献，整体看来还是有共同的思想和核心价值。因此，要总结寻找民主社会主义民主理论的内在逻辑，必须从其理论的整体上着眼，寻找其本质的东西及其内在联系和逻辑的脆弱性。避免从个别的纲领出发得出结论，犯形而上学的错误。

5. 比较分析方法

以马克思主义民主理论逻辑为参照，对民主社会主义民主理论内

---

① 《马克思恩格斯选集》（第2卷），人民出版社2012年版，第14页。

在逻辑进行剖析；对民主社会主义和马克思主义及自由主义民主进行比较，凸现民主社会主义性质。比较分析法是本书主要的研究方法。通过比较法纵深研究民主社会主义民主理论逻辑根源和性质以及对中国特色社会主义民主合历史逻辑性发展的反证作用。

第一章　马克思主义民主理论

马克思主义民主理论不否定一般民主理论对自由平等价值的追求。对真正的自由与平等、彻底的“人民主权”的追求一直都是马克思主义民主理论的核心思想。但马克思主义的民主观超越以前所有的民主观，把民主放在人类社会发展的历史过程中去考察，把民主价值与全人类的自由和平等结合起来，在现实的物质关系中找到实现真正民主的力量和途径。马克思主义民主的现实性基础使民主本身具有历史性、社会性和阶级性特点。马克思主义民主理论逻辑的自洽和满足、合历史发展的规律性，是其他任何民主理论都没有的优秀品质。马克思主义民主理论为我们认识其他民主理论和思想提供了“最锐利的武器”。

第一节　民主的一般概念

基本概念是构筑理论的基础。西方民主理论的庞杂带来了民主概念的混乱，对于“什么是民主”的回答是见智见仁。如今世界上所有的国家都声称自己是民主国家或者在追求民主。但真正关于民主的概念和内涵，却是一个引起分歧和争论最多的政治理论问题。“社会领域中的一切期待的事物无不以民主来命名。渴望的自由成了‘民主自由’，权利也都不加区别地称之为‘民主权利’；几乎一切可称之为理想的，从基督精神到人头税，都被其支持者称为‘民主的’。”① 萨托利引用奥

① ［美］卡尔·科恩：《民主概论》，聂崇信、朱秀贤译，商务印书馆 1990 年版，第 110 页。

威尔的描述："民主一类词语不仅没有公认的定义，甚至建立这种定义的努力也会遭到各方的抵抗——任何政体的捍卫者都声称他所捍卫的是民主政体，深恐一旦民主同任何一种意义挂钩，便有可能使他们无法再去利用它。"① 民主在当今成为一种潮流，成为被政治利用的时髦概念。

在各种政治利益面前，民主正在逐渐失去其本身的价值和光环，而变得日益实用和功利化。不同的时代、不同的政治立场、不同的理解层面，给予民主的定义不同。民主概念的模糊，使我们无法对复杂的民主理论和政治现象有清晰的认识和判断，也就无法对民主社会主义的民主及其他民主理论有正确的认识。因此，就很有必要对民主概念进行历史的考察，寻找其本原的价值和意义。

一 民主概念的历史演变

"对于究竟什么是'民主'，人们之间的理解是千差万别的。不过我想要指出的是，尽管千百年来政治家和思想家对民主有过无数的定义，但万变不离其宗，民主最基本的意义始终是'人民的统治'，或'主权在民''人民当家作主'。"② 民主内涵的"人民主权""人民当家作主"是古代民主的原初意义和精神实质。对民主"人民主权""人民当家作主"最本质精神的追求和回归，贯穿了民主发展的整个历史逻辑中。

（一）古代民主的原初含义

"民主"一词（democracy）来源于希腊语 demos（人民）和 kratos（统治）两个词的组合。从词的本义来看，民主就是"人民统治""人民主权"，即国家权力由人民自己来掌握。

民主作为一种政治思想和制度源于古希腊时期雅典的城邦政治。作为一种政治体制由当时的贵族克里斯提尼建立。抛开克里斯提尼进行这种政治体制改革的历史背景和初衷，他建立的这种管理国家的制

① ［美］乔·萨托利：《民主新论》，东方出版社 1993 年版，第 4 页。

② 俞可平：《马克思论民主的一般概念、普遍价值和共同形式》，《马克思主义与现实》2007 年第 3 期。

度确实为后来的政治奠定了一种理想模式。

古希腊民主是一种公民的自治体制。这种民主体制由两部分组成：一个是公民大会；一个是民意机构。公民大会每十天召开一次。所有公民通过讨论直接参与决策。民意机构是由500人组成的议事大会，主要负责公民大会的日程安排和日常行政体制的运作。500人议事会的成员由公民抽签来决定，每个人当选的概率是一样的，议会长职务每天轮换，除了主持开会，没有多余的权力。在整个体制中，任何一个具有雅典公民资格的人都有权利参加城邦内的民主机构，每个雅典公民都平等地享有参与权、投票权，以及在公民大会发表意见的权力。公民大会以简单多数决定的方式决定重大事情。可见，雅典民主是一种全体公民直接参与、“多数决定”的民主形式，并以此体现了民主“人民主权”“人民当家作主”的精神实质。但，这里的“人民”仅限于获得雅典公民资格的人，奴隶、儿童、妇女和外邦人都被排除在民主制度之外，城邦内有资格执行民主权利、参加公民大会的人只有四万人，只占31万雅典居民的12.9%。对于体制内的公民来说，这种直接参与公共事务的民主的确是体现了一种自由与平等的精神实质。

“人民主权”是民主概念的原初意义，也是民主本体论意义上的价值。古代雅典民主作为一种体制内的民主，从“人民”和“统治”两个角度践行着自由与平等的理想价值。除了没有资格参与的人，城邦内的所有公民都是“人民”的范围，人人都可以直接参与公共事务，这是一种大众普遍直接参与、“多数决定”重大事务的“统治”方式。古代民主的“大众民主”“直接参与”“多数决定”特征比较符合和体现民主“人民统治”的原初意义，是民主“人民主权”的理想化、纯粹化的政治状态。这些原则和特征是民主概念原初含义的直接体现，充分显示了古代民主精神价值层面与制度层面在理论和实践逻辑上的自洽和统一。古代民主中的这种“人民主权”的原初思想和自由平等的价值理想为近代民主政治思想和制度奠定了民主作为政治理想的价值基础和思想源头。

由于民主意味着平等、意味着大多数人对少数人财产的瓜分。柏拉图和亚里士多德都把民主看作糟糕的政体。柏拉图推崇贤人政治，亚里士多德认为民主是“旨在维护穷人利益而非公共利益的政体形式”。故，雅典时期的民主被作为一个贬义词看待。随着雅典民主政治的衰落，“民主”一词渐渐消失，直到中世纪的一些城邦国家，也都没有出现被称作“民主”的概念和政体。

17 世纪西方社会出现的平等派，虽然要求政治平等，但没有提出民主的政治概念。18 世纪的思想启蒙派因为民主的“大多数人统治”不是理性的而对民主加以敌视。1789 年的法国大革命提出了“自由、平等、博爱”的口号，但有产者对民众的能量心有余悸。“此后，民主一词就从美国用语中消失了，这一直持续到 19 世纪 20 年代杰克逊党人建立其民主党。”① 可以说，从古希腊到 19 世纪上半叶的欧洲，西方的主流社会为保卫自己的财产，一直对民主持畏惧态度，并尽力阻止民主的出现。

19 世纪三四十年代，英国出现了宪政运动。1848—1849 年，法国、德意志、意大利等相继爆发了民众广泛参与的革命运动，民主潮流开始出现。近代民主概念出现，古代民主的内涵发生转变。民主依然是“人民主权”，但前面逐渐加上了修饰词，民主成为了“代议民主”“自由民主”“宪政民主”“多元民主”“协商民主”等形式，自由主义民主出现。“人民主权”“人民统治”的民主本质成为了“选举”的程序，民主理论实际成为了“选举”理论，这种转变是民主思维方式的根本性转变。

（二）近代民主概念的价值转向

如果说古代民主概念使民主处于一种追求“自由与平等”的理想主义地位，那么近代民主概念则以一种现实主义、经验主义的描述诠释了民主是一种制度和规则。民主是“一种政治方法，即为达到政治——立法与行政的——决定而作出的某种形式的制度安排”②。熊彼特对民主的这种定义概括了近代民主的基本特征：间接参与、“一人一票”的选举制度、精英民主。对“人民主权”和自由平等价值的

---

① ［英］约翰·邓恩：《民主的历程》，吉林人民出版社 1999 年版，第 148 页。

② ［美］约瑟夫·熊彼特：《资本主义、社会主义与民主》，吴良健译，商务印书馆 1999 年版，第 359 页。

追求依然是近代民主的政治理想，但仅仅体现在“一人一票”的选举规则和程序上，从人民直接参与公共事务的权利转化为选举少数人代替人民行使权力，民主从大众民主沦为精英民主。民主理论对选举竞争制度的日益规范化和量化的实证主义论证，使民主概念日益凸显其工具性价值，而本体论意义上的价值理想逐渐被形式化、虚幻化。民主理论和制度在外表看似统一的形式下，实际呈现出了与民主本质的背离和张力。近代民主制度与民主理想的背离、民主理论逻辑的不能自足是由其所处的现实物质关系决定的。

“资产阶级生存和统治的根本条件，是财富在私人手中的积累，是资本的形成和增殖；资本的条件是雇佣劳动。”① 资本经济关系的前提和基础是生产资料的私有制，内容是资本与雇佣劳动之间的关系。资本的私有和对剩余劳动的占有是资本经济关系永恒的逻辑，因此成就了资本经济关系内部不可解的矛盾：一方面，资本经济对自由和平等有一种内在的需求；另一方面，资本的私有又成为对自由和平等发展的限制。“成也萧何，败也萧何”，正是资本经济关系自身内在的这种矛盾决定了近代民主概念的品格缺陷：现实与理想、制度与价值之间的背离。也因此，决定了近代民主在经历了上升、发展后最终走向衰落，代之以更高级的民主成为历史发展的必然。

首先，上升时期资产阶级民主革命对民主理想的继承。17、18世纪随着资本关系的出现，封建制生产关系出现衰落。以市场交换关系为基础的资本，要求流通领域的交换主体、交换对象以及交换行为是自由而平等的。自由而平等的社会关系是资本发展的前提条件和社会环境。封建制度下的君主专制、等级制度以及宗教的束缚严重阻碍了资本谋求无限增殖的本性发展。资本的发展受限促使了思想领域的革命，以理性主义、天赋人权等为主题的早期启蒙思想运动开始了向封建专制、宗教统治等思想的抨击。法国大革命提出了“自由、平等、博爱”的口号，为欧洲资产阶级的政治革命做好了舆论宣传和思想准备。资产阶级革命的胜利实现了政治解放。自由和平等被宣布为人权，以自由平等为价值内涵的民主理论和制度开始在政治领域被建

① 《马克思恩格斯选集》（第1卷），人民出版社2012年版，第412页。

构。这时的民主理论以其“人民主权”的政治理想以及自由和平等的价值理念反对封建制度，起到了革命旗帜的号召作用。资产阶级革命和发展利用了民主“人民主权”的理想意义。这时的民主思想基本符合民主的原初含义。

其次，资本经济关系促使民主概念背离理想本质。资产阶级革命消除了封建等级特权，但保留了资本特权。资产阶级对生产资料的占有使其拥有了占有他人雇佣劳动的前提条件和权力基础。民主作为一种“人民主权”的政治理想，其核心是“多数决定原则”，而“多数人的统治”很容易成为多数穷人剥夺少数富人财产的方式，这是资产阶级无论如何是不能答应的。显然，“资本”概念带来了对民主本意的挑战。在资本经济社会里，民主作为资产阶级革命的理想在资本制度的现实中遇到了民主原本意义的冲突和矛盾，解决资本与民主的内在冲突成为民主概念转变的主要动因。由于资本逻辑的永恒性是资本主义社会运转的核心，不可能发生动摇，结果只能是民主发生概念的逆转，服从于资本逻辑。这样，民主就逐渐失去其“人民主权”的理想本质而成为服务于资本的一种工具，民主对财产自由而平等的要求成为主张尊重私人财产的政治程序。这时，民主概念发生根本性转变。

从此，民主概念就成为了代议制民主、宪政民主、自由民主和协商民主等名词。代议制民主在近代民主中最具有代表性。“一人一票”的选举制度成为了民主的核心。这种民主方法“就是那种为作出政治决定而实行的制度安排，在这种安排中，某些人通过争取人民选票取得作决定的权利。”① 到底这种民主方法还有多少古代民主原初理想的痕迹呢？卢梭认为，“同主权是不可转让的道理一样，主权也是不能由他人代表的”，民众“只是在选举议员期间才是自由的；议员一选出，英国的人民就成奴隶了，就什么也不是了”。②

“在熊彼特看来，原来的民主观把人民放在首位，而把他们对代

---

① ［美］约瑟夫·熊彼特：《资本主义、社会主义与民主》，商务印书馆 1999 年版，第 395—396 页。

② ［法］卢梭：《社会契约论》，李平沤译，商务印书馆 2013 年版，第 106 页。

表的挑选放在第二位是不对的。他将两者的地位对调一下：把选举代表放第一位，而把人民的决定权放在第二位——这样的'民主'被化约为几个政党之间的选举竞争。"[①] 民主内容和价值的根本转向，使"民主由难以驾驭的、思想多变的主人，转变为驯服的、可靠的奴仆。在雅典人看来，民主的这种转变与其说是被'驯服'了，不如说是被阉割了——被改变了本性，被剥夺了它自己的、所有的、有生命力的精神和力量。"[②] 自由主义与民主的基本价值本来是冲突的、矛盾的，但在以资本为核心的逻辑下，民主被抽离了实质内容，成为了维护自由主义（主要是经济自由）的程序和形式。民主概念的这种价值转向，使古代大众民主与少数富裕者之间的财产紧张关系在资本社会里消失并统一起来，民主由"人民主权"成为了资产阶级的民主。变异了的制度民主、程序民主从此成为资产阶级政治体制和自由主义意识形态的合法性概念。

最后，现实与理想之间的冲突使近代民主概念出现危机。在资本主义制度下，生产资料的资本主义私有制决定了经济领域人们之间的不自由和不平等，"自由！因为商品例如劳动力的买者和卖者，只取决于自己的自由意志"，"平等！因为他们彼此只是作为商品所有者发生关系，用等价物交换等价物"。[③] 也就是说，真正的自由是人们经济上的自由、还原人本身的劳动的自由，真正的平等是经济地位的平等。在资本雇佣劳动关系下，资本权力是资本逻辑永恒的原则，工人没有自由，甚至仅仅是一种动物性的存在状态。人成为使自己变成了资本奴隶的条件，成为被物奴役的人。资本异化了人的本质。经济领域无法诠释的不自由不平等状态，只能使民主转向政治领域，近代民主仅仅是一种政治民主的概念。

经济基础决定了上层建筑。资本权力对政治领域的渗透和操作，使政治民主成为有钱人争夺权力的场所、服务于自身经济利益的政治工具。这种民主"更多地代表了特权阶层的利益而不是大众阶层的利

---

① 王绍光：《警惕对"民主"的修饰》，《读书》2003 年第 4 期。

② ［英］约翰·邓恩：《民主的历程》，吉林人民出版社 1999 年版，第 249 页。

③ 《马克思恩格斯全集》（第 23 卷），人民出版社 1972 年版，第 199 页。

益，从原则上来说，它往往以牺牲我们的利益为代价，换取少数人的特权利益”[①]。对于大多数人来说，“一人一票”的游戏规则只是局限于在特权阶层之间选择谁的问题，与大众的利益无关。

资本主义民主是自由主义与民主在资本主义制度下的结合。这种民主逐渐远离了民主“人民主权”的本质而成为维护自由的程序和方法。古代民主中的“人民统治”“人民主权”体现的是主体之间的“平等”，政治领域是政治地位和身份的平等，经济领域是拥有财产的平等。平等是民主的基本含义。但在资本主义生产方式下，自由竞争的市场经济体现的更是资本的自由，资本是资本主义永恒不变的核心，体现平等价值的民主自然就成为围绕资本利益而作的一种政治制度安排。这是民主概念在近代发生转变的主要原因。

随着资本垄断化的日益发展，近代民主理论与现实之间的冲突日益明显。生产资料的私有制、资本逻辑的永恒性决定了民主政治的虚伪性，注定了这种脱离民主理想本质的理论和制度必将走到尽头。“从消灭阶级特权的资产阶级要求提出的时候起，同时就出现了消灭阶级本身的无产阶级要求。”[②] 民主“多数决定原则”的实质一直激荡着占多数优势的民众通过民主渠道求得平等的经济、政治及社会地位的心理。在无产阶级消灭阶级本身的革命要求下，近代民主理论必将被坚持民主理想价值追求的更高级的民主形式所代替。真正回归“人民主权”是民主历史发展的规律使然。

（三）民主原初精神的回归和超越

如果说近代资产阶级的民主概念逐渐远离了民主“人民主权”的理想，那么社会主义民主就是民主理想价值的回归和超越，是民主概念螺旋式发展的必然结果。

自从民主概念出现以来，人们从来没有放弃过对民主理想价值的追求。即使在近代民主作为一种规范化的制度、程序日益发展的同时，人们对原初民主概念价值理想的追求都没有停止过。卢梭的民主

① ［美］迈克尔·帕伦蒂：《少数人的民主》，张萌译，北京大学出版社 2009 年版，第 2 页。

② 《马克思恩格斯选集》（第 3 卷），人民出版社 2012 年版，第 484 页。

思想就是对民主原初含义——“人民主权”价值的坚持和追求。他认为，民主是“与所有人有关的事物应该由所有人来决定”，即“直接民主”的伟大理想。它主张人民主权和直接参与是任何政权合法性的基础。但是卢梭的“人民主权”“直接民主”理论是以个人主义为前提的社会契约论为基础，是抽象的理性主义的非历史的、形式化的体现。这种理论在现实的物质关系面前存在着理论规划和实践之间的反差和悖论，没有实践的可能性。

基于对近代民主概念脱离民主价值轨道、真正的民主被异化的认识，美国学者拉米斯提出了基于民主批判意义的“激进民主”概念。拉米斯认为，“激进民主”就是向最基本的、最根本的民主的回归，要求“回到民主的原意——人民的权利上去”。在“人民统治”这一意义上，民主不是任何特殊的政治制度安排，而是一切政治制度的最高原则和最高理想，民主的意义不在于它的可操作性而在于它的批判性。对任何制度安排来说，民主都是一个可批判的标准，所有制度的正当性都要接受它的检验。民主的这种批判性的含义是对民主本体论理想价值的回归，接近于马克思主义对民主现实的批判观点，但却由于缺乏实在的历史基础只处于批判阶段。

马克思主义的民主是基于对资本主义社会不民主现实的批判，坚持对民主“人民主权”的理想追求，超越“一般概念”的思维模式，把民主概念建立在历史唯物主义基础上，从现实的物质关系中寻找实现民主理想价值路径的理论。

民主是具有鲜明阶级性的政治范畴和历史范畴。马克思指出，民主是作为类概念的国家制度。民主既然是一种国家制度，鲜明的阶级性是其主要的特征。民主是占统治地位阶级的民主，被统治阶级永远没有民主。鉴于对民主阶级性的认识，要建立更高级、更广泛的人民范围的民主，“工人革命的第一步就是使无产阶级上升为统治阶级，争得民主”[①]。无产阶级首先要消灭资产阶级、建立无产阶级专政的民主制度。无产阶级的民主是以消灭社会主义公有制为基础，坚持对民主“人民主权”本质的理想追求，实行无产阶级民主和专政统一

① 《马克思恩格斯选集》（第1卷），人民出版社2012年版，第421页。

的民主制度。随着社会生产力的高度发展，社会还原人的本质，劳动成为人们的生存必须和自觉行为，民主制度逐步接近民主的价值理想，随着国家制度在“自由人的联合体”中消失而逐渐消失。“只有共产主义才能提供真正完全的民主，而民主愈完全，它也就愈迅速地成为不需要的东西，愈迅速地自行消亡。”① 建立在现实的物质基础之上，以生产资料的社会主义公有制为基础的社会主义民主体现了民主逐渐消失的过程性、历史性特征。坚持民主“人民主权”的伟大理想、坚持对实现自由和平等的价值追求，是对古代民主概念理想价值的回归和超越。

从民主概念的演变来看，民主概念的原初意义是“人民主权”“人民统治”的政治理想，“多数人参与”“多数人决策”的直接民主是民主本质理想的体现。近代资本经济的发展，使民主制度从一种“多数人统治”的直接民主转变为了“一人一票”的选举游戏和规则，逐渐背离了民主作为一种价值和理想的本质意义。正是这种背离促使人们寻找体现民主精神的真正民主。近代民主的整个发展过程体现了民主上升、发展和衰落的周期，而这种发展历程是人类社会发展的必然，也是民主发展的历史逻辑。马克思主义民主对“人民主权”本质精神的追求是对以往民主观的超越。

二　民主的基本价值——自由与平等

自由与平等是人类对未来理想社会状态的永恒追求，也是近代思想家、政治家进行理论思考和民主政治制度设计的认识起点和最终价值关怀。在古代民主中，平等是自由的基础、道德源泉，二者是统一的。“亚里士多德认为古典民主必然包含自由，自由又必然包含严格的政治平等——正是后者使他对民主抱有很大的保留态度。”② 古代的民主制度体现了体制内民主主体自由与平等的统一。

自由与平等成为支撑近代民主思想和制度的价值体系。近代思想启蒙运动的兴起，再次激发了人们对自由与平等理想的追求。早

① 《列宁选集》（第3卷），人民出版社2012年版，第192页。

② 转引自李波《民主的四大渊源》，《开放时代》2001年第5期。

期资产阶级为发展资本经济、反对封建专制制度的束缚，提出了“自由、平等”的纲领性口号，民主成为实现“自由、平等”纲领的政治制度、实现自由与平等价值的实践手段。“这两个理想（自由和平等）是我们的基本观念，其重要性凌驾于其他任何理想之上。将生气勃勃的精神注入我们的民主政治，使它具有独一无二的特征以及使它与其他制度不同的，主要就是这两种价值观。如果要将民主制度的特征以最简单的话来概括，可以这样说，民主制度就是尽可能使其人民同时获得更多的自由和最多的平等的政治制度。”① 民主内蕴的自由、平等理念，在根本上符合了人类对未来社会的理想追求。“人类在道德层面上对于优良社会生活的追求，在理念形态上对于自由、平等的道德理念的认同，是民主政治的先决条件。”② 可见，自由与平等的价值理想是所有民主理论一以贯之的追求和思想。

平等是民主的基本规定性。人们具有平等的权利，是民主的基本前提。没有平等，就没有民主。平等的范围，直接体现了民主的程度。在政治上，民主是指大多数人都具有平等的权利，共同决定公共事务；在经济上，是指人们经济利益和地位的平等。在古代民主中，每个人都享有平等的权利，大家通过抽签的方式直接表达自己的权利。近代民主虽然已经成为一种所谓的“选举”民主，但民主内涵的基本价值“平等”却没有改变，体现在“法律面前人人平等”和“一人一票”的游戏规则中，虽然仅仅是一种政治上的形式平等。

自由与平等互为逻辑前提。从政治角度来讲，人们获得了政治自由才能争取政治平等，人们都具有了平等的地位，就获得了相应的自由。从自然法的应然价值来说，自由与民主、平等应该和谐统一的。但是由于民主与自由存在的前提条件和社会基础不同，民主与自由从本来意义上来说是相悖的。

从古代民主的原初意义上来说，民主与自由就存在着价值冲突。

---

① 李普森：《民主的基本原理》，载《国际事务杂志》，中译文《交流》1986 年第 3 期。

② 孙晓春：《民主政治的道德基础》，《天津社会科学》2002 年第 1 期。

民主，实质就是“多数人统治”，意味着平等的多数人对少数人财产和政治权力资源的瓜分。社会中财产占有的自由，往往是少数人占有社会大多数的财产和绝对的政治资源。大多数人的平等瓜分财产，是对少数人自由的侵犯。这也是古代的民主遭到柏拉图和亚里士多德反对的原因。很明显，民主内涵的自由和平等是不同指向的价值，存在着价值上的冲突。

民主作为一种政治理想，自由与平等作为应然价值是并行不悖的。“因为人人都将完全平等，所以人人也将完全自由；反过来说，因为人人都将完全自由，所以人人也将完全平等。”① 但民主作为一种现实的政治制度，在资本主义社会，如果人们拥有平等的自由权利，那么在财富和利益分配上就是不平等的；如果强调人们经济上财富和利益分配的平等，那么就会限制某些人的自由权利。自由与平等是不可能统一的。二者冲突的根源就在于对私有制度的绝对肯定。这种思想很早就被思想家和哲学家提出过。

“人人生而自由和平等”是近代民主理论对人类一种应然状态的理论预设和假定前提，是对人作为理性存在物的判断。自由与平等被看作人类本性的自然要求，是人的“自然权利”，是自然法所赋予的。自由意味着“自由的平等”。资本主义市场制度意味着人们平等地进入市场自由地竞争，而不是根本权利的自由和平等。在私有制为基础的资本经济中，“人人生而自由和平等”只是一种应然价值追求，现实中的自由和平等价值的冲突是无法自解的。

三　民主、民本、民生概念辨析

关于民主的概念，对我国来说是一个外来词。我国的传统政治文化中存在的是“民本”“民生”的概念，不存在“民主”。可在有些研究中，出现了“民本就是中国式的民主”“民主就是民生”等说法，虽有一定的道理和视角，但是从基本概念和渊源上来看，民本不等于民主，民主也不等于民生。对概念的正确理解和辨析，是理论研

① ［法］托克维尔：《论美国的民主》（下），董果良译，商务印书馆 1991 年版，第 620 页。

究的基础。对民主、民本、民生的概念加以区别，便于我们正确把握民主理论、规避实际工作中的偏差。

（一）基本内涵

1. 民主

民主最初的含义是“人民的统治”，鉴于民主“多数人统治”规则带来的弊端，柏拉图、亚里士多德并没有把民主作为一种褒义的政治概念加以认可。近代意义上的民主思潮始于西方的文艺复兴运动、启蒙运动，在反对封建专制过程中起到了旗帜性的作用。随着资本主义政权的建立，民主理论被应用于政治结构的构建，并逐渐成为西方资本主义国家的意识形态。

最初意义的民主是实质民主，内含的是“人民主权”的意蕴。古希腊文化脉络中民主制度的“多数决定”、全民平等原则为实质意义上的民主政治思想和理论奠定了基础，也成为民主理论中人们追求自由和平等的最初思想源头。从卢梭主张人民主权和直接参与的理想民主到拉米斯“回到民主的原意——人民的权利上去”的“激进民主”，赋予了平等民主的批判性本质，都是把民主作为了一切政治制度的最高原则和最高理想来追求。马克思主义的民主观是对以前民主观的超越，属于历史政治范畴的概念。民主的历史性、阶级性决定了民主的有限性、不完全性。当民主实现了其本质意义的政治理想，民主也就没有存在的必要了。

近代民主的概念是西方资本主义经济发展的产物，自由和平等也是近代民主追求的基本价值。市场经济本身内含了对平等与自由的要求，但是市场经济下的资本逻辑却又是反民主性质的。资本规则带来了人们事实上的不自由和不平等。这种现象迫使近代民主的意义转向，从实质民主转向了程序民主——一种形式上的民主。民主就由“人民主权”的政治理想被限定为代议制、宪政、参与、协商民主等一些制度设计，成为服务于资本利益的政治程序。今天，程序化的民主日益沦为资本的政治附属物，已完全偏离了民主本身的实质意义，成为一种精英玩弄政治的游戏规则。这种程序性民主也就成了西方资本主义国家政治体制和自由主义意识形态的合法性概念，成为西方国家评判世界其他国家政治合法性、正当性的标准。

作为一种政治制度安排的民主，深深植根于西方的经济、政治、历史、文化、社会、哲学甚至宗教之中。资本主义的生产资料私有制、完善的市场经济是民主政治的经济基础，文艺复兴运动的人文主义精神，启蒙运动的理性主义、社会契约论、天赋人权论等都是民主政治的理论渊源和基础，而市民社会的成熟发育是西方近代民主发展的社会基础。因此说，西方民主政治、理论是西方资本主义特有的历史文化土壤中培育出来的一朵玫瑰，它并不具有普世价值。真正具有普世价值意义是民主本身的价值——人民主权的政治理想。

2. 民本

民本的概念最早源于《尚书》，有“民惟邦本，本固邦宁”之语。顾名思义，民本“即国之有民，犹如树之有根、木之有干，民众是国家的基础。”“民”是指与君、官、吏相对的劳动人民的总称，是一个整体的概念。“本”与“末”相对，是根基、根本的意思。

虽然对民众作用的认识可以追溯到尧舜时期，但民本思想作为一种政治理念逐渐形成于商周时期，成熟并发展于春秋战国时期，至孔子为代表的儒家“仁”学思想才完成了民本思想作为封建政治文化体系的系统性和完整性，奠定了我国民本思想的理论基础。民本思想在不同的时代得到不同流派政治思想家的充实、完善，并逐渐与君本思想相对应成为我国封建政治文化中官方的主要意识形态。

民本思想在我国古代政治思想史中内容非常丰富，其核心思想是“民为邦本”“民贵君轻”。晋师旷曾告诉晋悼公说：“天生民而立君，使司牧之，勿使失性。天之爱民甚矣，岂使一人肆于民上，以从其淫，而弃天地之性？必不然矣。”孟子说：“民为贵，社稷次之，君为轻。”《吕氏春秋·务本》有“宗庙之本在于民”的说法，等等。这些说法强调了两种关系：一是民众与国家的关系，民众是国家的根本、基础；二是民众与君主的关系，民贵君轻，民本君末。“在中国古代思想家的政治思维和具体语境中。‘立君为民，民为国本，政在养民’，是形形色色的民本论所共有的基本思路”①。但，“民本”思

① 张分田：《从社会普遍意识角度看民本思想与统治思想的关系》，《中国社会历史评论》2005 年第 0 期。

想却是以“君为政本”思想为前提的。

民本思想是中国封建社会政治经济发展的产物，建立在自给自足的自然经济基础之上。在“王者以民为天，而民以食为天”的社会里，土地是君主权力的象征，也是国家强大与否的体现，那么，农民自然就成了决定了国家安全的主要因素。农业经济的状况、农民的生存生活状态直接影响着封建统治的稳定，而历朝历代的农民起义也使封建统治者对农民不敢小觑。

民本思想作为我国封建政治统治者的一种意识形态，缓和了阶级矛盾，一定程度上宽松、扩展了民众的生存氛围和空间。但必须看到，民本思想历史的、阶级的局限性。它是伴随“君本”而出现的“为民作主”思想，始终只是作为统治者与被统治者关系的调节器，是服务于封建统治者的工具，并没有真正成为一种限制封建君主和国家权力、保护民众的制度安排，封建社会主要的政治制度是专制制度。

3. 民生

“民生”就是民众的生存、生活，民生问题就是民众的生存、生活中的需求能否得到满足的问题。广义上的民生，是指跟民众生活有关的政治、经济、社会、文化、环境等方方面面的问题，包括了人与人、人与社会、人与环境之间的关系，构成了整个社会生活的内容。狭义上的民生是指社会层面的民众基本生存和生活状态，基本发展机会和基本权益保护的状况等，包括民众的衣、食、住、行、用，生、老、病、死等最基本最主要的内容。

民生一词最早出现在《左传·宣公十二年》，所谓“民生在勤，勤则不匮”。这里的“民”指百姓，“生”指百姓的生活。“民生”作为两个词——“民”和“生”，描绘百姓的生活在于勤劳，而勤劳就会带来生活的富足。

中国古代的民生思想体现为民本思想指导下一些利民的休养生息政策。民生真正形成系统化的政治理论和思想始于孙中山。孙中山的民生思想源于西方的社会民主，他有意避开西方民主的弊端，结合我国的实际情况，形成了其民生主义的主要内容“平均地权”“节制资本”“发展实业”，并把民生与民族、民权共同列为“三民主义”，作为一生追求的政治理想。他说："民生就是人民的生活——社会的生存，国民的生计，群众的生命"[①]，"民生就是政治的中心，就是经济的中心和种种历史活动的中心"[②]，"民生是社会一切活动的原动力"[③]。继孙中山之后，中国共产党赋予民生以社会主义的新内容。"全心全意为人民服务""从群众中来，到群众中去""发展为了人民、发展依靠人民、发展成果由人民共享"等思想都体现了党关注民生和改善民生所做出的努力。

民生问题不仅是经济问题，还是政治问题、社会问题，人类社会的发展归根结底就是民生问题。一个国家的意识形态可能与民众的生活没有直接的联系和影响，但是意识形态贯彻实施的制度、政策总是要围绕民生问题的。制度、政策有利于民生、政治稳定、社会和谐；相反，民生问题就可能演化为重大的社会问题，导致政治动荡、社会崩溃。纵观历史，每个社会的进步力量都起始于民生问题的思考，而每个社会的落后势力又都是在民不聊生、民生无着落中走向了衰败。

（二）差异性及联系

1. 民本与民生

首先，民本是中国封建社会意识形态层面的思想，以"君本"为前提，体现了封建统治者的利益；民生是国家制度层面的政治理念，无论什么性质的国家和政权，只要为了社会和政权的稳定，都会采取有利于民生的措施。其次，民本思想属于思想上层建筑，体现的是君主"为民作主"的政治品德，靠政治修养和道德维持，一直没有上升为固定的制度安排；民生是制度上层建筑、具体的制度安排，以解决民众实际生活问题和需求为取向。然后，封建社会的民生是民本思想指导下的休养生息政策，比如，孔子提出"施去其厚，事举其中，敛从其薄"，使民"庶之""富之"；孟子主张"制民之产，必使仰足以事父母，俯足以蓄妻子，乐岁终身饱，凶年免

① 《孙中山选集》，人民出版社 1981 年版，第 802 页。

② 《孙中山选集》，人民出版社 1981 年版，第 825 页。

③ 《孙中山选集》，人民出版社 1981 年版，第 835 页。

于死亡”，“民之为道也，有恒产者有恒心，无恒产者无恒心”等，这些“富民”“宽民”“惠民”思想指导下轻徭薄赋、省刑罚措施以及对统治者去奢崇俭的要求等，都是民本思想下民生问题的解决渠道。最后，民本思想中的“以民为本”“为民做主”体现了民众的被动地位，民本思想下民生需求的满足是有限的、不确定的，没有稳定的制度保障。

2. 民主与民本

民主和民本都属于历史政治范畴，存在于不同的历史文化环境和社会条件中，是不同性质和不同政治思维的政治理念。首先，经济基础不同。民本思想扎根于我国封建社会自给自足的农业经济，它的“重民”“贵民”“富民”“养民”思想在农业社会具有进步意义，但在近代社会已成为落后的封建思想；近代民主是西方资本主义经济发展的产物，以西方特定的社会历史文化为基础。无论是实质民主还是形式民主在我国社会主义民主政治建设中都有着很重要的思想价值和借鉴意义。其次，理论基础不同。民本思想以中国儒家的“仁”学思想为核心，以封建等级伦理思想为基础，在肯定君主政制的基础上论证民众对国家的基础性作用；民主是以天赋人权、理性主义、个人主义、普遍主义等为理论基础，以宪政、法律等制度为保障的。再次，权力理路不同。民本思想是一种“为民作主”，主权在君，而不在民的自上而下的权力指向；民主的本意应该是人民主权、“由人民做主”，人民的权力是一切权力的元权力，这是与民本思想截然相反的政治思维。然后，价值追求不同。民本思想是封建“官本位”下的君主、官吏驭民之道，是维护君主统治和理性的工具和手段；民主追求的是民众的公民权利，自由参与国家事务的平等权利。最后，存在方式不同。民本和民主虽然都是意识形态的概念，但民本始终只是对统治者“为民作主”的为政品格、道德要求，没有从一种政治思想设计为一种制度保障民众“为本”的“地位”，民众始终没有所谓的权利；民主以“人人生而自由，在尊严和权利上一律平等”为主旨，以人的理性追求与“人性为恶”为共同的理论和政治预设，随着资本主义政权的建立，从一种政治思想、理念上升为政治制度，以法制、宪政保障公民的自由平等权利。

3. 民主与民生

在我国社会发生深度转型时期，民主和民生成为我们党和国家目前工作的重点。首先，从“民”的内容来讲，民主的“民”指的是“原子式”的个体，是以保障公民个人的自由和权利为基本内容的；民生的“民”指的是民众整体与个体的统一。民生问题既涵盖民众整体利益的问题，也不忽视民众个体的利益和需求。其次，民主是现在西方国家的意识形态，民主思想、民主政治体现为国家的政治生活原则和保障公民基本政治权利的国家制度；民生是具体政策层面的理念。无论是以“民本”思想为基础的封建社会，还是以资本逻辑为核心的资本主义社会，还是以实质民主为追求的社会主义社会，民生问题都是与民众生活有直接关系的问题，也因此都有很多有利民生的政策措施。最后，民主是历史政治范畴，它是资本主义制度需求下的产物。随着社会的发展，阶级的消亡，民主将从不完全的、有限的民主走向完全民主，从程序民主回归实质民主，并随着国家的消失而失去存在的意义；民生是操作层面的，不具备阶级性。随着社会的发展，物质财富的增加，民生措施的覆盖面和纵深度都将日益满足人们的需求，民生问题日渐减少，出现的将是民生的幸福美满状态。

民主、民本、民生是不同历史和社会条件下的政治理念，都包含着丰富的人民性和“重民”思想精华。民本思想由于本身的历史、阶级局限性，在今天我国社会主义的理论建设和实际工作中已然没有了作为一种独立理论存在的价值和意义。但民本思想是我国传统政治文化的基础，民本思想之精华应该是我们构建适合我国国情的社会主义民主理论、民生理论的民族文化根基和思想基础。

第二节　社会主义

关于社会主义，英国学者格里菲斯在他的《什么是社会主义》一书中说有 260 种定义之多。多样化的定义容易影响我们的认知。要对民主社会主义、科学社会主义进行清晰的理解和把握，需要对“社会主义”的一般性概念进行历史性考察。

一 社会主义一词的由来和发展

“社会主义”（socialism）一词出现于18世纪中叶，源于古拉丁文。(socialis) 原意是“伙伴的”“善于社交的”“共同的”。据说1753年德国神学家、天主教本尼迪克派教士安塞尔姆·德辛最早使用“社会主义者”一词。1803年，意大利传教士朱利阿尼发表《驳反社会主义》，把社会主义作为从自然界继承下来的一种传统的社会制度。最早从未来理想社会的含义使用“社会主义”概念的是英国欧文主义者爱德华·库博。1822年11月2日库博写给欧文的信中形容欧文的实验庄园是“社会主义的”。1827年，英国欧文主义刊物《合作杂志》中空想社会主义者开始使用“社会主义”一词。圣西门的徒弟荣西埃尔在1832年2月13日的法国《环球》杂志上发表文章，提出：“我们不愿为社会主义而牺牲个人，也不愿为个人而牺牲社会主义”，进一步阐述了“社会主义”概念。1841年欧文撰写了名噪一时的《什么是社会主义》一书，确定了社会主义作为未来理想社会的一般含义。1862年《法兰西科学院词典》正式把“社会主义”这一词条收入辞典。此后，“社会主义”一词在西欧广为流传。“社会主义”这个词带有浓厚的理想主义色彩。资本主义初期个人主义的张扬带来的一系列社会弊端引发了近代思想启蒙者的不满。基于对社会不平等现实的不满。“社会主义”成为了描述未来集体主义理想社会的概念。

社会主义作为一种与个人主义相对的思想体系，远远早于社会主义运动。“社会主义”的思想早在柏拉图的《理想国》中就有描述“一切纠纷和战乱的根源，都在于私有制”，“世事纷争不已，战乱时起，究其原因，均由于对这几个用词有不同的解释：什么‘这是我的’或‘这不是我的’，‘这是他的’或‘这不是他的’。……而在那个治理得最完善的国家里，对于事物，绝大多数人就不会用这样的字眼，说什么‘这是我的’或‘这不是我的’。”[①] 托马斯·莫尔的

① 转引自［美］Richard Ripes《共产主义实录》，郭新民译，民主中国出版社2005年版，第5页。

《乌托邦》和康帕内拉的《太阳城》都体现了早期空想社会主义思想。早期资产阶级启蒙运动宣扬的自由、平等、博爱、人权等观念都是“社会主义”思想的价值源泉。欧洲的宗教改革、德国的古典哲学和伦理学及英国的自由主义都不同程度地影响着早期的“社会主义”思想。

社会主义作为正式的社会思潮和社会运动，是在19世纪30年代以后的事。社会主义无论是作为思想，还是运动，都是一个多元的概念。马克思和恩格斯在《共产党宣言》中就列举了一些他们所批判的社会主义流派——所谓的封建社会主义、小资产阶级社会主义和“真正”社会主义、资产阶级社会主义和批判的空想社会主义等。“社会主义”一时成为当时欧洲主要的社会思潮。

在马克思主义的科学社会主义出现以前，各种社会主义都有自己的见解和主张。“这些‘社会主义’的性质、代表的阶级利益是不一样的，但有一点是共同的，即它们都揭露和批评资本主义的各种弊病，因而都自称或被叫作‘社会主义’。从思想史的角度看，不同的阶级从不同立场、角度批评资本主义，形成了社会主义的不同流派。”① 社会主义在当时是反对资本主义制度下的个人主义，关注社会平等，为人类的合作和共同进步而努力的各种思想理念、社会思潮及其社会运动的统称。从自由与平等的价值来说，社会主义更强调平等的价值。这是各种主张社会主义的政治流派的共同特点。

以圣西门、欧文、傅立叶为代表的空想社会主义使社会主义思想发展到高峰。“现代社会主义……就其理论形式来说，它起初表现为18世纪法国伟大的启蒙学者们所提出的各种原则的进一步的、据称是更彻底的发展。”② 空想社会主义似乎是资产阶级启蒙学者想象的理性王国真正的、彻底的实现，但是当市场经济、私有财产制度和资本逻辑结合在一起的时候，并没能带来所谓的“理性和永恒正义的王国”，相反，“真正的理性和正义至今还没有统治世界”。③

---

① 周新城：《正确理解社会主义模式问题》，《中共福建省委党校学报》2009年第3期。

② 《马克思恩格斯选集》（第3卷），人民出版社2012年版，第391页。

③ 《马克思恩格斯选集》（第3卷），人民出版社2012年版，第393页。

可见，“社会主义”一词从开始出现就是一种表达价值取向的概念，至发展到空想社会主义，社会主义一直是揭露资本主义黑暗、表达反对个人自由主义的平等思想，即以平等价值粉饰的思想。关于其共同的本质，苏联著名哲学家、科学院院士、副院长费多谢耶夫在其主编的《什么是“民主社会主义”》中认为：“当然，绝不是所有谈论社会主义的人都是为了真正促使资本主义覆灭和建设社会主义。关于社会主义应当是怎样的，通过何种途径才能达到，有各种很不相同的认识。而且，许多社会主义概念，只不过是用社会主义词句加以粉饰的资产阶级和小资产阶级关于未来资本主义制度的概念。”

产业革命带来了工业的迅速发展和各国经济的繁荣和高速发展，以自由主义、个人主义为思想基础的资本与雇佣劳动之间的矛盾日渐凸显。雇佣劳动者非人的劳动和生活条件，成为激发社会主义运动的引线。资产阶级曾经承诺的自由与平等没有实现，工人为争取自身利益而进行的斗争逐渐与社会主义思想结合起来，形成了19世纪具有现代意义的社会主义运动和工人运动，二者一起成为一股推动历史前进的社会潮流。社会主义运动中工人是主要的阶级力量，工人运动也逐渐从争取经济利益转变为争取民主、自由和平等的社会主义运动。如果说产业革命为社会主义运动的发展提供了物质基础，那么工人阶级就是推动社会主义运动的主体和真正动力。

“社会主义”一词自从出现以来，无论是思想还是运动的内容及其流派都是比较复杂，直到马克思、恩格斯才赋予了“社会主义”科学的含义。马克思在1842年10月15日写的《共产主义和奥格斯堡“总汇报”》一文中，恩格斯在1843年写的《大陆上社会改革运动的进展》文中，分别首次使用了“社会主义”一词。这里，马克思、恩格斯是把社会主义作为共产主义的同义语来使用的。由于在当时有各种所谓的“社会主义”流派，资产阶级经常利用“社会主义”来反对阶级斗争和无产阶级革命。在《1848年至1850年的法兰西阶级斗争》一书中，马克思提出革命的社会主义，并同共产主义相提并论。

19世纪50年代初期，马克思和恩格斯明确以共产主义作为自己理论的旗帜。为了与其他的社会主义流派加以区别，“共产主义”也被称为“科学社会主义”使用。随着《资本论》的发表，马克思的社会主义理论逐渐成熟。恩格斯在1872年5月至次年1月写成的《再论蒲鲁东和住宅问题》一文中，提出了“德国科学社会主义”和“德国科学社会主义的精神”的用语。1872年恩格斯在《论住宅问题》中首先使用了“科学社会主义”的概念。1887年6月，恩格斯在《卡尔·马克思》中指出，马克思是“第一个给社会主义，因而也给现代整个工人运动提供了科学基础的人”。1880年1—3月，恩格斯在《社会主义从空想到科学的发展》中，提出“为了使社会主义变为科学，就必须首先把它置于现实的基础之上”，“这两个伟大的发现——唯物主义历史观和通过剩余价值揭破资本主义生产的秘密，都应当归功于马克思。由于这些发现，社会主义已经变为了科学。”

在资本主义经济高度发展的前提下，以生产资料的社会主义公有制为基本特征，社会主义成为与资本主义相对立的一种社会制度、社会形态。社会主义从一种针对个人主义、自由主义的集体主义、倡导平等的价值成为一种社会制度；从一种建立在人的理性基础之上的未来理想社会的憧憬成为建立在人的现实性基础上的社会发展必然趋势。社会主义也就从一种空想转变为了现实追求，成为了代替资本主义制度的社会形态。

列宁和斯大林根据苏联的社会历史条件，把马克思主义的科学社会主义理论应用于实践，形成了苏联模式的社会主义。中国在完成了社会主义改造以后，结合自身的国情，毛泽东提出了把马克思列宁主义与中国实际的“第二次结合”。在马克思列宁主义指导下，走出了一条不同于苏联社会主义的具有中国特点的社会主义道路。邓小平提出了社会主义的本质是“解放生产力，发展生产力，消灭剥削，消除两极分化，最终实现共同富裕。”① 并根据马克思、恩格斯关于社会主义的一般含义，结合我国国情提出了我国处于社会主义初级阶段的论断。

可见，科学社会主义与之前的社会主义流派的根本区别在于，对

① 《邓小平文选》（第3卷），人民出版社1993年版，第373页。

平等价值追求不仅仅停留在人的理性阶段上，而且把平等价值的实现建立于现实的社会基础之上，在经济领域以生产资料的公有制为社会主义基本的制度特征。

二　社会主义是价值原则还是科学

各种社会主义流派不外乎两种哲学基础上的社会主义观：一种是建立在唯心主义基础之上的伦理社会主义。从良好的道德愿望理解社会主义，把社会主义诠释成实现自由平等的价值原则；一种是建立在唯物主义基础之上的科学社会主义。唯物主义的世界观和对现实的科学分析，使社会主义不仅是一种实现伦理价值的社会理想，而且是建立在现实物质关系基础上的符合社会发展历史规律的历史必然性，是必然能够实现的社会制度。

（一）伦理社会主义

被认为是民主社会主义理论奠基人的伯恩施坦曾明确地提出："社会主义作为一种学说原是纯粹的空想……（它的）论据却总是空想上的东西；人们为了这种变革而之于基督教精神、正义、平等或者随便哪一个其他的'观念'。"[①] 伦理社会主义往往从人的理性、观点出发，把社会主义理解成伦理道德、人的价值实现。

真正意义的伦理社会主义是19世纪后半期随着新康德主义学派的出现而产生的。伦理社会主义的主要特点是反对按照社会发展的科学规律来论证社会主义实现的必然性，认为社会主义是一些永恒伦理原则的实现。新康德主义者赫尔德·柯亨系统地提出了伦理社会主义，他认为，"社会主义只有当它是以伦理的唯心主义为基础时才是合理的，而伦理的唯心主义已经为它提供了论证"[②]。他论证了社会主义的纯粹唯心主义基础，并且攻击"唯物主义历史观……支配了全部社会主义思想界，给事业造成了严重的损害"[③]，"只有当唯物主义历史观能通过'自我纠正'而解决自己在逻辑上的矛盾，只有当关

① ［德］爱德华·伯恩施坦：《社会主义的历史和理论》，东方出版社1989年版，第229页。

② 转引自殷叙彝《民主社会主义论》，中央编译出版社2007年版，第76—77页。

③ 转引自殷叙彝《民主社会主义论》，中央编译出版社2007年版，第78页。

于社会的纯粹经济概念上升为道德的概念时，人才能不仅是经济社会发展的‘产品和结果’，而是成为这个发展本身的一个‘因素’”[①]。并认为，康德“在任何情况下把人当作目的，绝不只当作工具”的绝对命令已经阐明了社会主义的原则思想，它包含了“新时代和世界历史的全部未来的道德纲领”[②]，应用在政治上主张通过资本家和工人的联合，即合作制解决人身权利和财产权问题。因此，他的伦理主张应用于政治，同社会改良主义接近，并被社会民主主义所接受。

最早把伦理社会主义引入社会民主党的人是卡尔·赫希柏格。他在德国社会民主党的刊物《未来——社会主义评论》第 1 期（1877 年 10 月）上的论文《社会主义和科学》中认为，党的目的是财富的公平分配，亦即人类幸福的公平分配，“这种分配受到今天的各种社会形态的阻碍并且能够通过改造它们而得到实现”。后来提出所谓“感情社会主义”的说法。马克思在给左尔格的信中批评赫希柏格想使社会主义有一个“更高的、理想的转变”，“就是说，想用关于正义、自由、平等和博爱的女神的现代神话来代替它的唯物主义的基础”。[③]

真正影响民主社会主义的伦理社会主义来源于伯恩施坦和参加了社会民主党的新康德主义者。伯恩施坦不是马克思主义者也不是新康德主义者。他的社会主义理论以折中主义立场，企图把伦理社会主义观点吸收进社会民主党的社会主义理论，“有其他的力量——经济的力量和思想意识的力量——朝着社会主义方向的迈进。……社会主义的胜利并不取决于它的内在的经济必然性。我认为既没有可能，也没有必要赋予它，以纯粹物质的基础。”[④]

1910 年，伯恩施坦在《科学社会主义怎样才是可能的?》讲演中进一步提出，社会主义不是资本主义发展的必然结果，而是为之奋斗的一种道德理想。伯恩施坦的伦理社会主义奠定了民主社会主义的理

① 转引自殷叙彝《民主社会主义论》，中央编译出版社 2007 年版，第 78 页。

② 转引自殷叙彝《民主社会主义论》，中央编译出版社 2007 年版，第 78 页。

③ 《马克思恩格斯选集》（第 4 卷），人民出版社 2012 年版，第 522 页。

④ ［德］爱德华·伯恩施坦：《社会主义的前提和社会民主党的任务》，生活·读书·新知三联书店 1958 年版，第 31 页。

论基础。

（二）科学社会主义

列宁谈到马克思以前喧嚣一时、五花八门的社会主义的一个根本缺陷就是："它们不懂得历史运动的唯物主义原理，不能分别说明资本主义社会中每个阶级的作用和意义，并且用各种貌似社会主义的关于'人民'、'正义'、'权利'等等的词句来掩盖各种民主变革的资产阶级实质。"①

马克思、恩格斯创立的科学社会主义依然坚持社会主义的价值理想，但不同的是把这种价值理想建立在客观的现实的基础上，把社会主义看作客观的、有自身发展规律的"运动"；对它的研究"不是从原则出发，而是从事实出发"；作为研究前提的"不是某种哲学，而是过去历史的整个过程"②，并从中抽象出符合历史实际和规律的结论。

马克思主义的科学社会主义是科学与价值的统一。人的真正的自由与平等、人类的解放是马克思一生的追求和道德情怀。马克思、恩格斯对资本主义社会种种剥削和不平等现象进行了激情的斥责和明确的价值判断。"代替那存在着阶级和阶级对立的资产阶级旧社会的，将是一个以各个人自由发展为一切人自由发展的条件的联合体"③。但是，马克思、恩格斯认为仅仅凭对社会道义的激愤是不够的，"这种诉诸道德和法的做法，在科学上丝毫不能把我们推向前进；道义上的愤怒，无论多么入情入理，经济科学总不能把它看作证据，而只能看作象征"④。可见，马克思、恩格斯的社会主义观不是"反伦理"的，也不是虚幻的，而是现实的、客观的。也正是对未来社会的价值追求促使马克思、恩格斯对资本主义的社会现实进行认真科学的历史唯物主义分析，得出了社会主义是建立在现实物质基础之上历史发展必然结果的结论。"这两个伟大的发现——唯物主义历史观和通过剩余价值揭开资本主义生产的秘密，都应当归功于马克思。由于这两个

① 《列宁选集》（第2卷），人民出版社2012年版，第305页。
② 《马克思恩格斯全集》（第4卷），人民出版社1958年版，第311—312页。
③ 《马克思恩格斯选集》（第1卷），人民出版社2012年版，第422页。
④ 《马克思恩格斯选集》（第3卷），人民出版社2012年版，第528页。

发现，社会主义变成了科学”。[①] 历史唯物主义揭示的是人类社会发展的客观规律，剩余价值规律发现的是“现代资本主义生产方式和它所产生的资产阶级社会的特殊的运动规律”。两大客观规律——历史唯物主义和剩余价值规律是马克思的社会主义理论成为科学的两大理论基础。

唯物史观和剩余价值理论奠定了科学社会主义的理论基础，使社会主义从理论变为科学，从所谓的价值原则成为建立社会现实物质关系基础上历史发展的必然性，从对社会主义的空想到现实的制度，给予了实现真正自由与平等的现实路径。恩格斯在致奥托·伯尼克的信中写道：“我认为，所谓‘社会主义社会’不是一种一成不变的东西，而应该和任何其他社会制度一样，把它看成是经常变化和改革的社会。它同现存制度的具有决定意义的差别当然在于，在实行全部生产资料公有制（先是国家的）基础上组织生产。”[②] “共产党人可以用一句话把自己的理论概括起来：消灭私有制。”[③] 生产资料的公有制赋予了社会主义的制度形式、社会形态，是实现社会主义价值——自由与平等的现实路径，也是科学社会主义区别于其他社会主义的根本特征。消灭生产资料的资本主义私有制，建立生产资料的社会主义公有制是实现社会主义的根本手段，也是科学社会主义的根本特征，目的是实现人的解放——真正的自由和平等！

作为与资本主义社会制度相对应的社会制度、社会形态，社会主义指的是科学社会主义，是马克思、恩格斯创立的关于解放无产阶级、进而消灭一切阶级实现共产主义的一般规律的科学。马克思、恩格斯把社会主义等同于共产主义来使用。

作为科学社会主义理论，社会主义是以唯物史观为基础的科学理论；作为实践，马克思、恩格斯明确指出：“共产主义对我们来说不是应当确立的状况，不是现实应当与之相适应的理想。我们所称为共产主义的是那种消灭现存状况的现实的运动。这个运动的条件是由现

---

① 《马克思恩格斯选集》（第 3 卷），人民出版社 2012 年版，第 402 页。

② 《马克思恩格斯选集》（第 4 卷），人民出版社 2012 年版，第 601 页。

③ 《马克思恩格斯选集》（第 1 卷），人民出版社 2012 年版，第 414 页。

有的前提决定的"[①]；作为社会形态，社会主义是替代资本主义社会的历史必然。

在现实生活中，容易把科学社会主义与其他社会主义流派混同，把现实社会主义与科学社会主义等同。只要冠以"社会主义"的名称，就认为是一样的状态。这样的认识，容易导致一旦现实社会主义发展过程中出现问题，就对科学社会主义产生怀疑，过度夸大其他社会主义流派的情况。关于生产资料所有制在判断社会主义性质中的关键性作用，殷叙彝在说英国工党取消公有制主张时说："一旦在所有制问题上走出这样的决定性一步，再说什么'变革'和'维护'制度的差别就没有什么意义了。"[②] 所有制的问题是我们检验社会主义性质的根本点。

三　生产资料公有制——社会主义的制度特征

马克思和恩格斯在当时历史条件下对社会主义作了一般性的阐述：消灭资本主义的私有制，生产资料归全社会共同占有；人们在社会生产中是平等的关系；实行"各尽所能，按劳分配"；过渡时期的社会主义国家实行无产阶级专政，随着生产力的发展，社会形成"自由人的联合体"。强调了两个基本特征：一是公有制对实现自由与平等的前提和基础性作用；二是生产力的根本动力作用。"自由人的联合体"就是在"它本身已经创造出一种新的经济制度的因素，它同时给社会劳动生产力和一切个体生产者的全面发展以极大的推动"[③]。

从历史渊源，社会主义的概念和思想出现得比资本主义要早。早在柏拉图时期就提出了建立公有制理想社会的思想。"社会主义"的概念出现在18世纪中叶。现代社会主义提倡平等的价值思想，是相对于极端自由主义提倡的自由价值而提出的。早期的"社会主义"概念描述的不是一种生产方式，而是一种主张社会平等的价值主张。马克思以唯物史观和剩余价值论赋予了社会主义以科学的含义，成为

---

① 《马克思恩格斯选集》（第1卷），人民出版社2012年版，第166页。

② ［德］托马斯·迈尔：《社会民主主义的转型》，殷叙彝译，北京大学出版社2001年版，第7页。

③ 《马克思恩格斯全集》（第19卷），人民出版社1963年版，第130页。

科学社会主义。以生产资料的公有制作为科学社会主义的制度特征。当以生产资料公有制作为社会的根本特征，与资本主义制度作为对立状态的时候，社会主义就脱离了原来的价值社会主义，而成为科学社会主义。

“唯物主义历史观从下述原理出发：生产以及随生产而来的产品交换是一切社会制度的基础；在每个历史地出现的社会中，产品分配以及和它相伴随的社会之划分为阶级或等级，是由生产什么、怎样生产以及怎样交换产品来决定的。所以，一切社会变迁和政治变革的终极原因，不应当在人们的头脑中，在人们对永恒的真理和正义的日益增进的认识中去寻找，而应当在生产方式和交换方式的变更中寻找；不应当在有关的时代的哲学中去寻找，而应当在有关的时代的经济学中去寻找。”① 生产力和生产关系构成了人类社会的生产方式。生产关系是人们在生产过程中所形成的社会关系，是生产方式的社会形式。生产关系构成了社会形态区别的主要特征。生产关系本质上就是生产资料的所有制形式，狭义的所有制就是生产资料归谁所有。马克思认为所有制是人们在一定的社会经济活动过程中对再生产条件进行占有、使用和处理过程中形成的各种关系的总和。马克思通过对资本主义资本的原始积累、扩大再生产、流通过程的剖析，发现资本主义社会一切不平等的根源在于生产资料的所有制。正是这种所有制关系，资本家凭借对生产资料的所有权，剥夺工人的剩余劳动价值；也正是这种所有制关系下，“劳动将创造他人的所有权，所有权将支配他人的劳动”②，“资产阶级生存和统治的根本条件，是财富在私人手里的积累，是资本的形成和增殖；资本的条件是雇佣劳动。”③ 而“共产主义的特征并不是要废除一般的所有制，而是要废除资产阶级的所有制。”④ 生产资料的社会主义公有制替代了生产资料的资本主义私有制，废除了资本主义制度，使社会主义从一种追求自由平等的伦理价值形态转化社会制度，使社会主义从一种空想转化为现实，当

① 《马克思恩格斯选集》（第3卷），人民出版社2012年版，第797—798页。

② 《马克思恩格斯全集》（第46卷）（上），人民出版社1979年版，第189页。

③ 《马克思恩格斯选集》（第1卷），人民出版社2012年版，第412页。

④ 《马克思恩格斯选集》（第1卷），人民出版社2012年版，第414页。

社会主义作为一种与资本主义相对立的社会形态，为空想社会主义开通了实实在在的现实路径。

资本主义的概念是对一种生产方式的描述，即以资本逻辑为运转核心的社会经济方式。在资本主义社会，资本流通公式 G－W－G，商品流通的目的是获得更多的商品的价值，资本成为资本家获得更多价值的权力，财产失去了其单纯的意义，成为了一种剥夺他人劳动的权力。资本成为一种生产关系、一个社会的生产方式。这种生产关系是社会不自由、不平等的根源。当社会主义以生产资料公有制作为自己的根本制度的时候，社会主义就从一种价值形态成为与资本主义相对立的社会制度。因此，生产资料的所有制就成为区别是资本主义社会还是社会主义社会的试金石。

第三节　马克思的民主思想

“民主是什么呢？它必须具备一定的意义，否则它就不能存在。因此全部问题在于确定民主的真正意义。如果这一点我们做到了，我们就能对付民主，否则我们就会倒霉。”① 马克思没有专门论述民主，也没给民主一个明确的含义，但是通过马克思在不同层面和领域的用语，我们可以寻找马克思关于民主理论的内在逻辑，把握其民主理论的逻辑起点和核心，理解马克思关于民主的真正含义。

马克思从历史唯物主义角度分析“市民社会”和“国家”的关系，以彻底的“人民主权”的精神阐述了“真正民主制”思想。马克思在对黑格尔国家理论的批判中第一次明确地提出了“真正民主制”的思想。

马克思的民主理论并不否定一般意义的“民主”概念和“民主”理论本身，而是超越了以前抽象意义的民主。既坚持民主的价值理想和本质精神，又从现实的物质关系即经济基础中寻找民主的实现途径和力量，把民主的最终实现与无产阶级的解放和全人类的自由结合起来；既从“人—社会—国家”的相互关系和发展过程中去理解民主，

① 《马克思恩格斯全集》（第7卷），人民出版社1959年版，第304页。

又把民主放在人类社会发展的历史过程中去考察，赋予了“真正民主制”实现的可能性和必然性。

作为国家制度的民主，其逻辑起点是人的现实性，哲学基础是历史唯物主义，逐步实现自由和平等的真正统一是马克思主义民主的核心问题，实现人的最终自由和平等是马克思主义民主的最终价值关怀。社会主义民主是实现人的充分自由和平等状态的过程和手段，通过实现无产阶级的专政逐步实现无产阶级的民主。“国家还权力于人和社会”，民主逐渐回归人的自由本质，民主作为国家制度逐步消失，最终实现“人的自由联合体”。

一　社会—国家—民主

“人、社会和国家及民主”之间的关系体现了马克思民主思想的历史唯物主义性质。民主的主体是人，人的现实存在构成了社会，国家在社会基础上形成政治共同体，这是人、社会、国家最基本的逻辑关系。其中，人是社会、国家的主体，也是决定性力量，社会是国家的基础。

人的现实性是我们考察民主的基本出发点。“人对自身的关系只有通过他对他人的关系，才成为对他来说是对象性的、现实的关系。”① 人是群居动物，人不可能离开群体而存在，人的群体构成了社会。人的生存以生产劳动为前提。生产劳动使人与动物有了根本的区别。生产劳动以个人之间的交往为前提，个人之间的交往又由生产劳动的方式来决定。生产劳动与人们之间的交往是人构成社会的基础，也是人存在的现实性基础。基于人的生产和交往所产生的生产关系和交往关系而形成的共同体就是社会。社会以人为主体，以生产为基础，以生产关系与交往关系为组织形态。其中，决定社会的是人的生产。建立在生产劳动基础上的人在这里获得了其本质性的理解。“人的本质并不是单个人所固有的抽象物，实际上，它是一切社会关系的总和。”② 人的现实性、具体性决定了社会存在的现实具体性和

① 《马克思恩格斯选集》（第1卷），人民出版社2012年版，第59页。
② 《马克思恩格斯选集》（第1卷），人民出版社2012年版，第139页。

民主的唯物主义基础。

国家变异成为异化于社会的力量。每个人在生活中都有自己的利益和需求。在社会这个群体中，个体私人利益的无限膨胀性需要受到制约，个人权利需要有一定的边界限制。“正是由于特殊利益和共同利益之间的这种矛盾，共同利益才采取国家这种与实际的单个利益和全体利益相脱离的独立形式，同时采取虚幻的共同体的形式”①。国家是以社会为基础，应控制社会利益冲突的需要而出现的。社会赋予了国家超越于社会又要有驾驭社会、控制利益冲突的能力和地位，国家因而获得了独立意志和独立地位。国家相对独立的意志和地位，使国家来源于社会，却成为一种“异化”于社会、掌控社会发展的力量。这种力量往往被社会中的“特殊利益”作为“普遍利益”的代表者所控制和掌握。反过来，也正是由于这些利益集团的控制和掌握，使国家成为独立于社会的力量。国家是“普遍利益”的虚幻代表，是“普遍利益”形式下的“特殊利益”的代表。“由于国家是从控制阶级对立的需要中产生的，由于它同时又是在这些阶级的冲突中产生的，所以，它照例是最强大的、在经济上占统治地位的阶级的国家，这个阶级借助于国家而在政治上也成为占统治地位的阶级，因而获得了镇压和剥削被压迫阶级的新手段。”② 国家形式的类生活本身成了与个人利益和自由相脱离、相对立的外部局限。“这种从社会中产生但又自居于社会之上并且日益同社会相异化的力量，就是国家。”③

国家的这种异化，违背了人的自由的类本质。国家产生的本来面目应该是“普遍利益”的人的自由产物、人民的自我规定，协调私人利益和普遍利益的冲突和矛盾，还原人自由的本质。也就是说，国家与社会应该是统一而协调的，是服从于社会的机构，是社会普遍利益和特殊利益统一的机构。但国家异化的结果是，国家成为一种决定社会的力量，人和社会成为国家意志的附庸，成为了特殊利益的代

① 《马克思恩格斯选集》（第1卷），人民出版社2012年版，第164页。
② 《马克思恩格斯选集》（第4卷），人民出版社2012年版，第188页。
③ 《马克思恩格斯选集》（第4卷），人民出版社2012年版，第187页。

表。在阶级利益对立的社会里，国家成了阶级统治的工具。

现代生产方式决定了“国家—社会”的二元结构，民主作为一种“反国家”的社会力量存在于历史性的阶段中。在古代阶级社会里，人类生产方式落后，国家代表统治者的利益强势于人和社会的力量，国家表现为与社会统一的一元共同体形式。在这样的状态下，人的生存和发展依赖于政治国家的存在，人完全归属于共同体，人的私人生活与共同体的公共生活是完全统一的，“人民的生活和国家的生活是同一的。”① 人所构成的社会没有独立性，需要依靠国家而发展。近代社会工业革命和市场经济的发展，自由劳动与资本结合的资本主义生产方式的出现，人摆脱了共同体的存在，成为了“自由的人”，并构成了市民社会。社会生产方式的改变，使人的类本质发生了变化。人的现实存在从作为“共同体的肢体”存在转变为独立的“私人”而存在，这是人类发展的一次大解放，独立的个人获得了政治和法律上平等的权利，马克思称这样的解放为“政治解放”。人的政治解放在改变人的现实处境的同时，也深刻改变了国家与社会的关系。私人生活的独立性，使社会的力量增强，社会从原来附庸于国家的一元存在转变为国家与社会相互具有独立性的二元存在。二元结构的存在，使社会力量的空间增大，但国家还是一种异化力量，还没有真正还权力于社会和人民。人在政治上的独立并没有使人获得其本质的规定性。在资本主义条件下，人的独立仅仅限于政治，在经济上人的生存和发展还受到资本经济逻辑规则的限制。经济的不独立和不平等，也使社会虽然获得一定的独立性，但社会中不同阶级根本利益的冲突，国家掌握在资本手里，使国家与社会处于相对立的位置。这种二元关系是由现代的生产方式决定的。反映社会力量的民主作为一种国家制度的存在，成为对国家力量的一种掣肘，现代民主作为一种“反国家”的力量而存在。在“不民主”的现实中，作为一种“不民主”的力量存在。虽然这种“民主”仅仅是政治和法律上，人和社会还依附于资本，人的关系还受制于物的关系。当人真正摆脱经济的束缚，人获得真正的独立，社会发展完全摆脱了国家的控制，国家不再

① 《马克思恩格斯全集》（第1卷），人民出版社1956年版，第284页。

成为统治社会的因素，政治国家返回实在世界，人回归“自由的劳动”，社会成为人自由而全面发展的“个人联合体”。这样才是人类社会发展的终极归宿。而民主并不是人类的终极归宿，仅仅是作为反对现代“不民主”的力量而历史性地存在。

在马克思的“真正民主制”思想中，民主是“人—社会—国家”一致性的体现。民主是类概念的国家制度。国家自产生以来，应该是人民的国家，国家的权力归属于人民，是人民实现自我管理和自我统治的工具。“在这里，国家制度不仅就其本质来说是自在的，而且就其存在、就其现实性来说也日益趋向于自己的现实的基础、现实的人、现实的人民，并确定为人民自己的事情。国家制度在这里表现出它的本来面目，即人的自由产物。”① 人民对国家制度的认可是基于以国家制度保障人民的自由权利，实现人的自由。民主制是国家制度的本质属性。把国家权力回归人民，是国家存在的本来意义。而任何非民主的国家制度，是对国家人民本质属性的一种异化。马克思指出：“民主制从人出发，把国家变成客体化的人。正如同不是宗教创造人而是人创造宗教一样，不是国家制度创造人民，而是人民创造国家制度。”“在民主制中，国家制度本身就是一个规定，即人民的自我规定。在君主制中是国家制度的人民，在民主制中则是人民的国家制度。”“在民主制中，不是人为法律而存在，而是法律为人而存在；在这里人的存在就是法律，而在国家制度的其他形式中，人却是法律规定的存在。”②

社会与国家的关系决定了民主的状态。在人和社会处于不独立状态时，国家表现出超越、控制社会的力量，人和社会处于国家的统一体中。国家力量对人和社会权利的压制使人和社会时刻都成为一种反国家的力量，这就使如何控制国家权力，使国家权力更多服务于人和社会的利益成为民主产生的逻辑根源。这种反国家的力量受制于人类社会发展的历史阶段。在人类社会生产方式不足以提供人和社会的这种力量的时候，民主制度就缺少现实的物质基础，只能作为潜在的反

① 《马克思恩格斯全集》（第1卷），人民出版社1956年版，第281页。
② 《马克思恩格斯全集》（第1卷），人民出版社1956年版，第281页。

国家力量而存在。作为国家制度本质属性的民主制，只有在国家与社会二元分化的前提下，才可能真正转化为国家制度形式本身，也因此才能获得具体的和现实的存在。这种民主制相对于作为类概念的国家制度的民主制，是属于“种”的存在，即它是拥有“民主制”基因的国家制度的一种形式。当民主消亡的生产方式出现，民主历史性存在的经济基础就消失，国家回归其人民的规定性，国家就没有存在的必要，民主变为人们的习惯，法律为道德和习俗所代替。因此，一定历史阶段的民主不是真正的民主，只是一种特殊的形式。

马克思从市民社会决定国家的历史唯物主义逻辑出发，人是民主的主体，人的现实存在是民主的出发点，人在交往和生产劳动的基础上构成了社会。人的私人利益与社会普遍利益的冲突使国家的出现成为必然。国家的本质属性应该是基于人民的利益，国家服从于社会。由于生产方式的限制，国家成为社会的异化力量而存在，偏离了其民主的本质，民主成为隐于社会而存在的反国家力量。在资本主义社会，人获得了政治上的独立性，社会与国家成为二元存在，民主表现具体的国家制度形式。随着社会的发展，人和社会的独立性增强，国家作为异化力量消除，国家与社会成为一元存在，民主就真正实现了其普遍物的存在状态，政治国家消失，还权力于社会于人民，民主作为具体国家制度形式而消失。民主是随着社会力量的增强而逐渐回归其本质。

民主制是国家的本质属性。从这样的逻辑出发，“民主制从人出发，把国家变成客体化的人。”① “在民主制中，抽象的国家不再是统治因素。”② 民主制是“真正的普遍物”，“在真正的民主制中政治国家就消失了。”③ 随着人与社会存在的现实基础的改变，人和社会与国家的关系改变，国家真正还原其民主的本质属性，民主形式与内容得到真正统一，国家失去存在的必要，在“自由人的联合体”中实现人的真正自由与平等。

---

① 《马克思恩格斯全集》（第 1 卷），人民出版社 1956 年版，第 281 页。
② 《马克思恩格斯全集》（第 1 卷），人民出版社 1956 年版，第 283 页。
③ 《马克思恩格斯全集》（第 1 卷），人民出版社 1956 年版，第 282 页。

二　资产阶级民主和无产阶级民主

民主具有阶级性、历史性。不同的历史阶段，民主有不同类型。根据民主的主体不同，分为资产阶级民主和无产阶级民主。资本主义的国家是资产阶级统治的工具，民主就只能是资产阶级内部的民主，是资产阶级民主。无产阶级民主与资产阶级民主的性质根本不同，是无产阶级取得民主，并实现大多数人享有权利的民主状态。无产阶级专政就是无产阶级民主。无产阶级民主不是民主的终极状态，只是民主发展的较高级阶段。

（一）资产阶级民主的本质

从社会与国家的关系来看，当国家成为异化于社会的力量时，就成为了少数“特殊利益”者代表“普遍利益”、统治大多数人的工具。民主作为一种类概念的国家制度，实际也是一种少数人以“普遍利益”实现自己“特殊利益”的工具。“每一个力图取得统治的阶级，如果它的统治就像无产阶级的统治那样，预定要消灭整个旧的社会形态和一切统治，都必须首先夺取政权，以便把自己的利益说成是普遍的利益，而这是它在初期不得不如此做的。”[①] 资产阶级推翻封建制度的革命，需要依靠广大劳动人民来完成，因此便打出了解放全社会的旗帜，提出了包括一切人在内的政治平等要求。这种要求以“社会契约”“天赋人权”的理论形式反映全民平等的政治要求，并以法律和国家制度的形式第一次公开承认一切社会成员应当有平等的政治地位和社会地位。这个时期资产阶级以全社会普遍利益的形式民主反对封建专制，具有历史的进步性。

但是随着资本主义经济的发展，国家超越完全控制社会的时代，出现了国家与社会的分立。人虽然获得了独立性，但国家对于人依然是异己性的力量。马克思认为，“这些社会条件采取物的权力的形式，而且是极其强大的物，离开彼此发生关系的个人本身而独立的物”[②]。这种异化的物就是私有财产，“在私有权关系的范围内，社会的权力

---

① 《马克思恩格斯全集》（第3卷），人民出版社1960年版，第38页。

② 《马克思恩格斯全集》（第46卷）（下），人民出版社1980年版，第161页。

越大，越多样化，人就变得越利己，越没有社会性，越同自己固有的本质相异化。”[①] 私有财产是对人的类本质——社会的人和“自由的自觉地活动”的否定。私有财产构成了个人自由和享受这种自由的物质基础，而这种拥有私有财产的自由不是把别人看作自己自由的实现，而是看作自己自由的限制。这是异化的物对人的全面统治，导致人的异化。

资本主义生产方式使人从对国家的依赖中独立出来，形成拥有私有财产自由权利的“市民社会”。市民的社会地位取决于以私人利益为目的的“本质活动”，国家不再干预人的私人活动领域，人的这种自由使人从政治中获得解放。这种解放被马克思称为是政治解放，但不是整个社会的解放。“政治解放本身还不是人类解放”，“就是市民社会的一部分解放自己，取得普遍统治”[②]，也就是拥有财产权利的这部分人——资产阶级的解放。对于无产阶级而言，“所谓自由，是摆脱了奴隶地位的自由，但也是除了它自己的劳动力以外一无所有的自由”[③]。对无产阶级而言，国家是资产阶级的国家，是异化于无产阶级的力量，那么民主就只是资产阶级的民主。资产阶级民主只是人类走向解放的一个阶段，以私有制为基础的资本主义社会不可能产生“真正普遍物”意义上的民主制。

资产阶级在经济上的垄断地位，表现为政治和法律上的实际统治。尽管资产阶级民主宣布法律面前人人平等，但是资本的力量总使政权屈服，使无产者陷入无权地位。“最后，有产阶级是直接通过普选制来统治的。”[④]“普选权不是为了每三年或六年决定一次由统治阶级中什么人在议会里当人民的假代表”[⑤]，法律上无差别的人权，在现实中表现为资本的垄断特权，这就是资产阶级民主的实质。资产阶级民主包含理论与实际、形式与内容的深刻矛盾。

但是资产阶级民主相对于封建制度和绝对主义的国家来说，民主

① 《马克思恩格斯全集》（第42卷），人民出版社1979年版，第29页。

② 《马克思恩格斯全集》（第1卷），人民出版社1956年版，第463页。

③ 《马克思恩格斯全集》（第19卷），人民出版社1963年版，第315页。

④ 《马克思恩格斯全集》（第21卷），人民出版社1965年版，第197页。

⑤ 《马克思恩格斯选集》（第3卷），人民出版社2012年版，第100页。

主义具有不可否认的历史进步性。资产阶级民主不仅针对封建专制，是一个巨大的进步，而且对于无产阶级革命来说也具有一定的进步意义。对资产阶级民主的一些具体形式，马克思和恩格斯都不曾完全否定。普选制是资产阶级民主制度的灵魂，马克思并没有反对普选制这种民主形式，而是认为普选制可以是工人阶级进行斗争、夺取政权的重要手段。列宁认为，“资产阶级的共和制、议会和普选制，所有这一切，从全世界社会发展来看，是一大进步，……才使被压迫的无产阶级有可能认清自己的地位，创立世界工人运动，造就出在全世界组织成政党的千百万工人，建立起自觉地领导群众斗争的社会主义政党。没有议会制度，没有选举制度，工人阶级就不会有这样的发展。”① 恩格斯晚年也认为普选制是无产阶级斗争的新形式，并认为人民代议机关是实现无产阶级专政的特殊形式。

马克思批判的是资产阶级民主的实质，从历史唯物主义的角度，提出了民主发展的历史趋势，即无产阶级民主必然代替资产阶级民主。

（二）无产阶级民主

恩格斯曾说：“在所有的文明国家，民主主义的必然结果都是无产阶级的政治统治，而无产阶级的政治统治又是实行一切共产主义措施的首要前提。”②“在资本主义社会和共产主义社会之间，有一个从前者变为后者的革命转变时期。同这个时期相适应的也有一个政治上的过渡时期，这个时期的国家只能是无产阶级的革命专政。”③ 无产阶级民主取代资产阶级民主是历史发展的必然，是向“真正民主”过渡的民主形式，是实现“真正民主制”的前提和必经的历史阶段。

由于资本主义生产方式内不可调和的基本矛盾决定了资产阶级民主的衰落，也注定了无产阶级作为一种新的生产力代表必将取代资产阶级。马克思在总结法国巴黎革命失败的经验时提出了无产阶级专政的概念。在《共产党宣言》中，马克思把无产阶级的阶级统治与争

---

① 《列宁选集》（第4卷），人民出版社2012年版，第38页。

② 《马克思恩格斯选集》（第1卷），人民出版社2012年版，第285页。

③ 《马克思恩格斯选集》（第3卷），人民出版社2012年版，第373页。

得民主相提并论："工人革命的第一步就是使无产阶级上升为统治阶级，争得民主。"[①] 并鲜明地提出了，"推翻资产阶级！工人阶级专政！""工人阶级专政"就是"无产阶级的阶级专政"。无产阶级专政，指的就是无产阶级的统治，即一种在革命后建立的工人阶级的政治权力和国家。这里的"专政"一词不是与"民主"相对立的意义上使用的，而是作为民主运动的一部分提出的。它"是指由那些既不占有也不支配生产资料，占人口大多数的成年人对社会和国家的民主支配。"占人口大多数的无产阶级对政权的掌握，是无产阶级的专政，也是无产阶级的民主，这是民主力量的增强，是国家向社会权力的回归、向"人民的国家制度"的回归。

无产阶级的民主、无产阶级的专政是走向"真正民主制"的过程、必然阶段，不是民主的终极状态。民主的终极状态，是国家消失，真正实现所有人的自由与平等的状态。民主的发展过程是由社会生产方式、经济基础决定的。在生产力水平还没有达到较高阶段，没有实现真正民主的物质条件时，民主的发展还需要一个过程。无产阶级民主就是取代资产阶级民主走向"真正民主"的过程。马克思在1852年3月5日致魏德迈的著名信中说，"我所加上的新内容就是证明了下列几点：（1）阶级的存在仅仅同生产发展的一定历史阶段相联系；（2）阶级斗争必然导致无产阶级专政；（3）这个专政不过是达到消灭一切阶级和进入无阶级社会的过渡……"[②]"如果不立即利用民主作为手段实行进一步的、直接向私有制发起进攻和保障无产阶级生存的各种措施，那么，这种民主对于无产阶级就毫无用处"，[③] 表明了无产阶级专政的历史作用，也阐明了实现民主理想的现实途径。

随着社会化生产力的发展，生产资料社会主义公有制经济的确立，建立社会主义经济基础，无产阶级民主发展到它的较完善形态——社会主义民主。以社会化生产力为前提的公有制经济体系，是

① 《马克思恩格斯选集》（第1卷），人民出版社2012年版，第421页。
② 《马克思恩格斯选集》（第4卷），人民出版社2012年版，第426页。
③ 《马克思恩格斯选集》（第1卷），人民出版社2012年版，第305页。

社会主义民主的直接经济基础。

生产资料的社会主义公有制消灭了社会成员在生产条件分配关系中的私人特权，实现了人们对生产条件占有上的平等。劳动者在生产过程中就由被强制关系变为分工协作关系；个人消费品分配变为按劳分配。公有制的经济基础摧毁了阶级对立的根据，所有社会成员都成为社会主义劳动者，都享有平等的政治地位和权利。

由于社会主义从旧社会脱胎而来，一定阶段内的政治、经济、文化等方面都还有旧社会的痕迹。剥削阶级作为整体已经不存在，但其残余还依然存在，阶级斗争还存在。国际国内敌对社会主义的势力还存在。各种干扰社会主义的非社会主义因素都在影响和干扰着社会主义的健康发展。社会主义国家的领导阶级是无产阶级，国家机器是无产阶级的政治统治形式，也就是无产阶级专政，民主作为无产阶级专政的国家形式，依然具有鲜明的阶级性，服务于无产阶级的根本利益。建立在生产资料公有制基础上的社会主义民主，是无产阶级专政，体现的劳动人民的平等政治关系。

建立了生产资料公有制，消灭了阶级，是不是就必然导致国家消亡，导致作为国家形式的民主消亡呢？马克思在《哥达纲领批判》中提出了问题："……而未来就不同了，到那时，'现代国家制度'现在的根基即资产阶级社会已经消亡了。于是就产生了一个问题：在共产主义社会中国家制度会发生怎样的变化呢？换句话说，那时有哪些同现在的国家职能相类似的社会职能保留下来呢？这个问题只能科学地回答……"① 关于社会主义社会是否将保留国家机器，恩格斯给予了明确的否定："无产阶级将取得国家政权，并且首先把生产资料变为国家财产。但是这样一来，它就消灭了作为无产阶级的自身，消灭了一切阶级差别和阶级对立，也消灭了作为国家的国家"。"国家真正作为整个社会的代表所采取的第一个行动，即以社会的名义占有生产资料，同时也是它作为国家所采取的最后一个独立行动。那时，国家政权对社会关系的干预在各个领域中将先后成为多余的事情而自行停止下来。那时，对人的统治将由对物的管理和对生产过程的领导

① 《马克思恩格斯选集》（第3卷），人民出版社2012年版，第373页。

所代替。"[①] 这样看来，生产资料的社会主义公有制逐渐使政治国家归于消亡，使作为政治概念的民主失去经济基础。那么社会主义民主无产阶级专政的经济基础又在哪里呢？列宁明确区分了共产主义的第一个阶段是社会主义，社会主义社会与共产主义社会经济特征不同。列宁认为，社会主义社会还保留着分工，而分工是现代社会不平等的最重要的根源之一。社会主义社会的经济平等表现在生产资料的占有关系上，在这个范围内，也只是在这个范围内，"资产阶级权利"才不存在了。但是它在它的另一部分却依然存在，依然是社会各个成员间分配产品和分配劳动的调节者（决定者）。[②] 在社会主义社会，由于分工的存在，个人消费品资料的分配是按劳分配关系。按劳分配在事实上是不平等的，属于"资产阶级权利"的历史范畴。"'除了资产阶级权利'以外，没有其他准则。所以就这一点说，还需要有国家在保卫生产资料公有制的同时来保卫劳动的平等和产品分配的平等。国家正在消亡，因为资本家已经没有了，阶级已经没有了，因而也就没有什么阶级可以镇压了。但是，国家还没有完全消亡，因为还要保卫那个确认事实上的不平等的'资产阶级权利'"。[③] 由此说，社会主义时期社会化生产力和生产资料公有制相对于共产主义阶段还处于不发达的状态，社会分工和按劳分配制度的存在，决定了社会主义民主也就是无产阶级专政、无产阶级民主的一种历史形态，还不是真正实现了自由和平等的"真正民主制"。公有制既是社会主义的制度特征，又是民主制消失的经济基础。

社会主义民主相对于资本主义民主，不是消灭民主，而是把民主提到空前高度，实现历史上最充分的民主。无产阶级专政实际就是无产阶级民主，与资产阶级民主的性质截然不同。无产阶级民主是一种代表大多数人利益的政治权利。无产阶级专政是实现大多数人的民主，是相对于资产阶级即少数人的民主而言的。无产阶级专政的任务，就是夺取少数人利用占有的生产资料剥夺他人剩余劳动的权力，

---

① 《马克思恩格斯选集》（第 3 卷），人民出版社 2012 年版，第 668 页。

② 《列宁选集》（第 3 卷），人民出版社 2012 年版，第 196 页。

③ 《列宁选集》（第 3 卷），人民出版社 2012 年版，第 196 页。

使那些既不占有也不支配生产资料、占人口大多数的人对社会和国家进行民主的统治。“无产阶级民主在世界上史无前例地发展和扩大了的，正是对大多数居民即对被剥削劳动者的民主。”①

社会主义民主是最高类型的民主，最本质的是社会主义的经济制度第一次为政治民主提供了现实的经济基础，使民主由形式变成实质。在社会主义社会，人民的民主权利不仅是政治、法律上的，还是经济社会领域的。这是完全不同于私有制经济为基础的资本主义民主的。但是社会主义的历史阶段性又使民主达不到完全的状态，在整个民主发展的历史过程中，处于逐渐走向消亡的过程。随着“社会主义就是要消灭阶级”，社会主义将逐渐导致一切阶级对立的根源最后铲除，国家机器逐渐消亡，民主的阶级性、政治性，也将逐渐彻底被消灭，民主成为全体社会成员共享的、无限制的民主，人们能够最终控制社会生活、管理社会事务。社会主义民主将发展为自由人的联合体，将使人类由必然王国最后进入自由王国。

三　民主的终极状态

马克思认为，一切国家制度的实质都应该是“人民自我规定的”机构，而不应该是超越于人和社会利益之上的力量。民主制是最具有国家制度这个类一般特征的制度，更符合国家制度的实质。马克思曾指出，民主制“是一切国家制度的实质，是作为国家制度特殊形式的社会化了人。它对国家制度其他一切形式的关系，正好像类对自己的各个种的关系一样。”②“在民主制中，国家制度本身就是一个规定，即人民的自我规定。在君主制中是国家制度的人民；在民主制中则是人民的国家制度。民主制是国家制度一切形式猜破了的哑谜。在这里，国家制度不仅就其本质说来是自在的，而且就其存在、就其现实性说来也日益趋向于自己的现实的基础、现实的人、现实的人民，并确定为人民自己的事情。国家制度在这里表现出它的本来面目，即人的自由产物。”因此，“在民主制中，不是人为法律而存在，而是法

① 《列宁选集》（第3卷），人民出版社2012年版，第605页。

② 《马克思恩格斯全集》（第1卷），人民出版社1956年版，第281页。

律为人而存在；在这里人的存在就是法律，而在国家制度的其他形式中，人却是法律规定的存在。民主制的基本特点就是这样。”[①] 因此，“在真正的民主制中政治国家就消失了。这可以说是正确的，因为在民主制中，政治国家本身，作为一个国家制度，已经不是一个整体了。”[②] 马克思的“真正民主制”思想实际就是，民主真正是“人民的国家制度”，是民主“人民主权”精神的真正体现和实践。

随着社会的发展，民主力量增强，国家作为社会的异化力量，逐渐失去其存在的必要，相应地，民主作为国家制度的具体形式也逐渐消失，真正的民主制实现。真正民主的实现就是人的类本质——自由的实现，是人的本性的回归。

但，民主不是马克思主义的终极关怀。通过社会主义实现人类解放、建立自由人联合体，实现人的终极自由，才是马克思主义的终极关怀，也是马克思主义民主观的最终价值取向。民主是“国家的最高形式”，国家的消亡，即是民主的消亡。当国家权力回归社会，国家脱离其虚幻的形式而返回实在世界，扬弃了其同社会异化的力量，人民能够重新掌握自己的社会生活，民主也就失去了存在的意义。

在国家与社会二元化的历史阶段，民主是目的。因为国家的民主本质属性，一切非民主的国家制度最终都要走向民主制。但是在社会主义民主阶段，消除了国家作为异化力量的物质基础——生产资料的资本主义私有制，民主是最终走向人的真正自由和平等的手段，因为“如果不立即利用民主作为手段实行进一步的、直接向私有制发起进攻和保障无产阶级生存的各种措施，那么，这种民主对于无产阶级就毫无用处。”[③]

民主和共产主义具有同质性。“民主制的人类世界”就是共产主义“自由人的联合体”。共产主义社会就是消灭了私有制，消灭了一切形式的奴役，消除了阶级和阶级对立，国家作为社会的异化力量消失，社会成为“自由人的联合体”。“在那里，每个人的自由发展是

① 《马克思恩格斯全集》（第 1 卷），人民出版社 1956 年版，第 281 页。
② 《马克思恩格斯全集》（第 1 卷），人民出版社 1956 年版，第 282 页。
③ 《马克思恩格斯选集》（第 1 卷），人民出版社 2012 年版，第 305 页。

一切人的自由发展的条件”[①]，“各个人在自己的联合中并通过这种联合获得自己的自由”[②]。人类在社会发展的同时获得了个人自由，个人的自由和权利与社会的发展一致。特殊利益与普遍利益的矛盾消失，“公共权力就失去政治性质”，“在真正的民主制中国家也就消失了”。

四　自由平等与民主的现实性

马克思主义民主不反对自由与平等的价值本身。对民主“人民主权”精神及自由平等价值的追求从来都是马克思主义的价值核心。但马克思主义民主反对的是对这些价值“一般概念”的抽象意义上的理解和诠释。马克思主义民主是建立在“现实的人”的基础上对真正意义的自由与平等的追求。

马克思主义民主的价值理想和逻辑起点是人的真正自由和平等，关注的核心是人的本质的实现、是为了人而对人的本质的真正的占有。这里的“人”是社会化的人，自由是人的本质的复归。马克思把民主界定为“人民的自我规定的国家制度”“类概念的国家制度”“人的自由产物”。马克思主义主张通过“国家还权力于人民和社会”，从而实现“人民的国家制度”。实现人的真正自由与平等及二者在实践基础上的统一是马克思主义民主思想始终追求和不变的核心价值。

马克思主义以人的全面自由为民主的终极意义，对自由与平等的理解完全超越了以前抽象意义的概念，把自由与平等建立在了“现实的人”的现实的物质关系基础上。马克思认为，资产阶级的政治革命推翻了封建的专制权力，使市民社会获得了独立性，形成了社会与国家的二元结构，这是一种政治解放。一方面，人变成了市民社会具有独立性的自由的、利己的市民；另一方面，政治国家把人变成了公民、法人。这样，人们的市民生活与政治生活是分离的。政治上人们似乎获得了自由与平等，可以自由而平等的参与一种“民主选举”，

① 《马克思恩格斯选集》（第1卷），人民出版社2012年版，第422页。
② 《马克思恩格斯选集》（第1卷），人民出版社2012年版，第199页。

但是市民社会在现实的物质生产关系中却出现了根本的差别、利益的对立。在这种二元分离的社会，人被限制于“对物的依赖关系”。政治社会中实现的所谓的自由与平等，只不过是“资产阶级的理想化的王国”，“永恒的正义在资产阶级的司法中得到实现；平等归结为法律面前的资产阶级的平等；被宣布为最主要的人权之一的是资产阶级的所有权；而理性的国家、卢梭的社会契约在实践中表现为，而且也只能表现为资产阶级的民主共和国。”① 现实的物质关系限制了人们的真正自由与平等。

马克思主义的自由平等是建立在现实的物质关系基础上的，受社会经济关系的制约，是具体的、历史的概念。“如果说经济形式，交换，确立了主体之间的全面平等，那么内容，即促使人们去进行交换的个人材料和物质材料，则确立了自由。可见，平等和自由不仅在以交换价值为基础的交换中受到尊重，而且交换价值的交换是一切平等和自由的生产的、现实的基础。作为纯粹观念，平等和自由仅仅是交换价值的交换的一种理想化的表现；作为法律的、政治的、社会的关系上发展了的东西，平等和自由不过是另一次方的这种基础而已。”② 自由与平等形式上表现为整个人类的普遍理想，但内容上却是一定时代人们的利益要求及其相互关系。不同的阶级有着不同的要求。在资本主义社会里，马克思指出，“在现今的资产阶级生产关系的范围内，所谓自由就是自由贸易、自由买卖。”③ 即资本家剥削工人的自由和工人出卖劳动力的自由。“先生们，不要一听到自由这个抽象字眼就深受感动！这是谁的自由呢？这不是一个人在另一个人面前享有的自由。这是资本所享有的压榨工人的自由。既然这种自由的观念本身不过是一种以自由竞争为基础的制度的产物，怎么还能用这种自由的观念来肯定自由竞争呢？”④ 马克思主义的自由是人类的解放，人的全面发展的自由，是“每个人的发展是其他人发展的条件”的“人的联合体。”要实现这种自由，就需要消灭一个阶级剥削另一个阶级的

① 《马克思恩格斯选集》（第3卷），人民出版社2012年版，第776页。
② 《马克思恩格斯全集》（第46卷）（上），人民出版社1979年版，第197页。
③ 《马克思恩格斯选集》（第1卷），人民出版社2012年版，第416页。
④ 《马克思恩格斯选集》（第1卷），人民出版社2012年版，第373页。

自由，即消灭“某一特殊的社会阶级对生产资料和产品的占有，从而对政治统治、教育垄断和精神领导地位的占有”。①

“平等的观念，无论以资产阶级的形式出现，还是以无产阶级的形式出现，本身都是一种历史的产物，这一观念的形成，需要一定的历史条件，而这种历史条件本身又以长期的以往的历史为前提。所以，这样的平等观念说它是什么都行，就不能说它是永恒的真理。”②马克思主义否定了纯粹抽象化的平等观，揭示了平等要求的历史性、阶级性和具体性。社会生产方式决定了不同时代有着不同的平等内容，不同阶级有着不同的平等要求。资产阶级的平等是针对封建特权提出的政治上的平等，而无产阶级的平等“从消灭阶级特权的资产阶级要求提出的时候起，同时就出现了消灭阶级本身的无产阶级的要求”，“无产阶级平等要求的实际内容都是消灭阶级的要求。任何超出这个范围的平等要求，都必然要流于荒谬。”③ 无产阶级的平等要求虽然比资产阶级的平等有进步，但“这个平等的权利还仍然被限制在一个资产阶级的框框里”，仍然是“资产阶级的法权”。因为，“这种平等的权利，对不同等的劳动来说是不平等的权利。它不承认任何阶级差别，因为每个人都像其他人一样只是劳动者；但是它默认，劳动者的不同等的个人天赋，从而不同等的工作能力，是天然特权。所以就它的内容来讲，它像一切权利一样是一种不平等的权利。”④ 只有在共产主义阶段，“在随着个人的全面发展，他们的生产力也增长起来，而集体财富的一切源泉都充分涌流之后，——只有在那个时候，才能完全超出资产阶级权利的狭隘眼界，社会才能在自己的旗帜上写上：各尽所能，按需分配！”⑤

平等是具体的。“无产阶级抓住了资产阶级所说的话，指出：平等应当不仅仅是表面的，不仅仅在国家的领域中实行，它还应当是实

① 《马克思恩格斯选集》（第3卷），人民出版社2012年版，第814页。
② 《马克思恩格斯选集》（第3卷），人民出版社2012年版，第484—485页。
③ 《马克思恩格斯选集》（第3卷），人民出版社2012年版，第484页。
④ 《马克思恩格斯选集》（第3卷），人民出版社2012年版，第364页。
⑤ 《马克思恩格斯选集》（第3卷），人民出版社2012年版，第365页。

际的，还应当在社会的、经济的领域中实行。”① 经济领域的不平等是政治和社会地位不平等的根源，而经济领域消除阶级差别，消灭一个阶级剥削另一个阶级的权力就要消灭资本主义的私有制。由此可见，实现人们真正自由与平等的前提是消灭阶级、消灭剥削，即经济领域的生产资料的社会主义公有制是实现真正自由和平等的前提条件和社会基础。

马克思主义民主以对“人民主权”精神实质的追求，消除国家异化于社会的力量，国家制度成为人民自我规定的一个环节，表现出其本来的面目，即人的自由产物。“自由就在于把国家由一个高踞社会之上的机关变成完全服从这个社会的机关”。② 人民回归作为“人”的本质自由、劳动的自由，每个人的自由发展是一切人自由发展的条件，而不是限制。

马克思主义民主从唯物主义历史观出发，自由与平等是历史的、具体的，对人的全面自由的追求是民主的真正意义。经济领域消灭阶级、消灭剥削的根源——生产资料私有制，公有制的社会主义制度是自由与平等统一的物质基础，在生产力高度发达的基础上，民主作为一种国家制度，随着国家的消失而消失，民主回归人的本质自由，社会成为“自由人的联合体”，自由与平等在人的实践中真正走向统一。

第四节　社会主义民主的逻辑

社会主义民主是最高类型的民主，相对于资本主义民主来说是历史的巨大进步。没有社会主义，就没有真正的民主。社会主义本身就具有民主的基本价值。以社会主义制度实现民主逻辑是符合历史唯物主义逻辑、符合人类社会发展的历史逻辑。

一　民主与社会主义的一般关系

民主与社会主义是不同内涵和外延的两个概念，既有联系又有

① 《马克思恩格斯选集》（第 3 卷），人民出版社 2012 年版，第 484 页。
② 《马克思恩格斯选集》（第 3 卷），人民出版社 2012 年版，第 372 页。

区别。

（一）区别

关于民主与社会主义的区别，法国社会党领袖夏尔·昂德勒说，"在社会主义和民主这两个概念之间存在着本质的区别：民主为社会主义铺平了道路；但是，社会主义不是完美无缺的民主。它是一个完全崭新的现象，就像对于旧的国家主义来说，民主是一个完全崭新的现象一样。民主乃是解体，社会主义则是重建。民主是个人——不管这个个人的才能如何——的防御手段，而这个手段是必不可少的。可是，防御手段不可能使个人的才能无穷地充实，而且手段本身不是才能的发展。社会主义意味着我们每个人有一个更为富裕的生活，别人的生活因此也会富裕起来。民主就是平均分配和分摊。社会主义则是把一切财富和一切努力置于共有；它是团结一致的精神支柱。"① 从词的本义来看，民主是个体利益的争取，社会主义是集体利益的共有。

按照马克思主义基本观点，社会主义作为一种社会制度、社会形态，是与资本主义相对应的概念，生产资料的社会主义公有制是其根本的制度特征。民主是类概念的国家制度，应该是人民的一种自我规定。

从历史发展逻辑来看，作为一种政治思想和制度，民主的出现先于社会主义。近代意义的民主是作为新兴的资产阶级反对封建专制制度而提出的思想。在资产阶级的上升时期，民主作为资本主义的政治思想和制度，在消除封建专制思想和制度方面，起到了对历史的推动作用。随着资本主义的发展、资本逻辑的运转，资产阶级民主逐渐出现衰落，无产阶级成为推动民主发展的力量。无产阶级首先争得民主，然后是社会主义民主代替资本主义民主。

现代社会主义思想开始出现是针对资本主义社会个人主义带来的不平等而提出的主张社会平等正义的思想。随着资本主义的发展，社会主义成为工人争取自身阶级利益的社会运动。当资本主义社会发展一定程度时，社会主义成为必然代替资本主义的社会形态。近代民主

① ［法］雅克·德罗兹：《民主社会主义》，上海译文出版社 1985 年版，第 84 页。

先于现代社会主义，但却是不同的发展轨迹。针对资本主义来讲，社会主义更具有历史的先进性。

从内涵来讲，社会主义是相对于资本主义并将代替资本主义的社会形态。生产资料公有制是其基本的经济制度。民主是由经济基础决定的上层建筑，不同的社会制度形成不同的民主类型。从民主本意来说，是从个体利益出发对国家权力的占有，是对个人利益的保护，也是个人保护自身利益需要的政治权利，是一种保护个人自由和平等权利的政治制度。社会制度是民主的载体，民主需要依靠社会制度来体现。社会主义社会必定是民主的，但主张民主的社会不必然是社会主义社会。

（二）联系

社会主义天然就主张民主。这里的民主是指实质民主，社会主义是指科学社会主义来讲的。

1.“人民的利益”是民主和社会主义联系的政治契合点。民主的本义是“人民主权”“人民统治”，从政治的角度讲是国家政治权力的社会分享；从经济的角度来讲，就是穷人对富人财产权的挑战。民主就是在自由的前提下，大家平等享有政治经济权力的国家制度。民主内涵的“人民主权”含义是衡量政权合法性的基础。社会主义从一开始就和民主理想有一种本质性的内在联系。社会主义制度本身就内含着“人民主权”“人民当家做主”的政治经济意义。“人民主权”是社会主义存在的基本政治准则和基本出发点。社会主义是保证人民利益和人民主权的基本政治制度。国家权力属于人民，人民真正当家做主，意味着争取大多数人的民主斗争和争取社会主义的斗争是同一个斗争。只要实现了社会主义，就能实现大多数人的民主；而大多数人民主的实现，也就进入了社会主义。也就是说，实现大多数人民主的后果必然是社会主义（社会主义高级阶段即共产主义）。所以，马克思主义经典作家都认为民主是社会主义政治的一个本质部分。马克思在《共产党宣言》中把“无产阶级上升为统治阶级”和“争得民主”并列在一起。列宁指出，在实际生活中民主制度永远不可能单独存在，彻底发展的民主意味着一个界限：“在这个界限上，彻底的民主变成了社会主义，同时也要求实行社会主义。”① 可见，民主是社会主义的一部分，没有社会主义就不会有彻底的民主可言。

2. 生产资料的公有制是民主和社会主义根本的经济契合点。实质民主首先要是实现财产权的平等。在资本主义社会，“多数人决定”“人民主权”的民主实际就是多数人对少数富人财产权的挑战，是以政治权力要求消除人们之间不平等的一种制度，资本主义社会对私有财产的绝对保护与民主本意存在内在的排斥性。民主本身要求的是对私有财产权的消灭。这是与资本主义的经济基础相对立的。而社会主义与资本主义相对立的一种社会制度，基本特征就是消灭资本主义的生产资料私有制，根除带来人们之间不平等的根源，这是与民主的本意内在一致的。

3. 自由和平等、更注重平等是民主和社会主义的价值契合点。自由是民主的前提，平等是民主的基本规定性，民主是实现自由与平等价值的政治制度。民主政治制度是以自由和平等为内在价值追求的，而衡量一个国家是否民主也是以自由与平等的实现程度为衡量标准的。民主更多集中于政治权利和政治地位的平等。公民在政治身份、法律地位方面应该是绝对平等的。以北美独立战争和法国大革命为象征的民主革命，正是以取消特权、实现平等为核心口号的。托克维尔精辟地指出：“显示民主时代的特点的占有支配地位的独特事实，是身份平等，在民主时代鼓励人们前进的主要激情，是对这种平等的热爱。”②“我益发认为身份平等是一件根本大事，而所有的个别事物则好像由它产生的。”③ 政治平等的要求，带来的是政治领域的民主。

对自由与平等的追求同样是各种社会主义流派的价值追求。消除资本主义的生产资料私人占有制度，建立无产阶级民主和专政的国家政权，保证人们在经济、政治、社会领域的平等，是科学社会主义的根本制度特征。消除阶级差别的平等，实现从必然王国到自由王国的

---

① 《列宁选集》（第3卷），人民出版社2012年版，第180页。

② ［法］托克维尔：《论美国的民主》（下），董果良译，商务印书馆2017年版，第679页。

③ ［法］托克维尔：《论美国的民主》（上），董果良译，商务印书馆2017年版，第4页。

飞跃，“代替那存在着阶级和阶级对立的资产阶级旧社会的，将是这样一个联合体，在那里，每个人的自由发展是一切人的自由发展的条件”①，实现人的最终解放是社会主义的价值理想。社会主义民主是民主的高级形式，以实现自由与平等的统一为目的。到了共产主义，自由与平等实现了真正的统一，民主作为国家制度就自然消失了。

二 以社会主义制度实现民主的路径

根据民主主体的不同，民主有资产阶级民主和无产阶级民主两种类型；根据民主的社会性质，民主有资本主义民主和社会主义民主。按照民主发展的历史逻辑，民主应该是一个不断向民主本质精神“人民主权”回归的过程。在资本主义社会，市民社会的现实物质关系即生产资料的资本主义私有制是导致国家与社会分离的根源，国家依然是“特殊利益”的代表，导致了资产阶级民主的虚伪性。要走向彻底的“人民主权”的民主，必须国家“还权力于社会”，“把靠社会供养而又阻碍社会自由发展的国家这个寄生赘瘤迄今所夺去的一切力量，归还给社会机体。”② 而走向这种“真正民主”的途径必须是以社会主义制度实现民主。

按照马克思主义民主理论，社会主义是以生产资料公有制为制度特征的社会形态，与资本主义社会相对立；民主是建立在现实物质关系基础上的具体的现实的民主。以社会主义实现民主的途径包含了实现真正民主的现实物质基础和社会条件。

首先，社会主义的生产资料公有制是实现真正民主的物质基础和制度前提。民主应该“要求完全能感触得到的物质的条件”。马克思认为，“法的关系正像国家的形式一样，既不能从它们本身来理解，也不能从所谓人类精神的一般发展来理解，相反，它们根源于物质的生活关系，这种物质的生活关系的总和，黑格尔按照十八世纪的英国人和法国人的先例，称之为‘市民社会’，而对市民社会的解剖应该

① 《马克思恩格斯选集》（第1卷），人民出版社2012年版，第422页。
② 《马克思恩格斯选集》（第3卷），人民出版社2012年版，第101页。

到政治经济学中去寻求。"[①]"平等和自由不仅在以交换价值为基础的交换中受到尊重，而且交换价值的交换是一切平等和自由的产生的、现实的基础。"[②] 资本主义社会经济生活的私有制关系，决定了资产阶级民主的虚伪性和阶级性，也是自由与平等价值冲突的根源。只要没有消除这种价值冲突的根源，民主就不能实现其"人民主权"的真正本质。这是因为资本主义社会资本家凭借对"物"的占有，剥削雇佣劳动者的剩余劳动。围绕资本，资本家与雇佣劳动者之间形成了一种实质的不平等关系。只有消除了不平等的根源——私有制，即实现"私有财产即人的自我异化的积极扬弃"，才能"通过人并且为了人而对人的本质的真正占有"，"人和自然界之间、人和人之间的矛盾的真止解决，是存在和本质、对象化和自我确证、自由和必然、个体和类之间的斗争的真正解决。"[③] 这也就是真正民主的社会，即共产主义社会。社会形态更替的实质是基于生产力发展基础上的生产关系即生产资料所有制的更替。资本主义社会生产力与生产关系的基本矛盾导致了无产阶级与资产阶级之间的矛盾空前激化，无产阶级在这种社会革命中抛弃掉自己身上的一切肮脏的东西，建立一种完全不同于资本主义社会的制度，即生产资料的社会主义公有制，这是实现真正民主的制度基础。

其次，社会主义是无产阶级民主的社会形态，无产阶级是实现真正民主的社会力量。社会主义，经济上是以生产资料公有制为基础的经济制度，政治上是以工人阶级和广大人民当家作主的新型民主的政治制度，在本质上为实现真正的充分的民主开辟了广阔的前景。社会主义是"用无产阶级国家代替资产阶级国家，这种代替是使国家完全消亡的唯一道路"[④]。在这个过程中，无产阶级是实现这个任务的主体力量和社会基础。这是因为，"过去一切阶级在争得统治之后，总是使整个社会服从于它们发财致富的条件，企图以此来巩固它们已经获得的生活地位。无产者只有废除自己的现存的占有方式，从而废除

① 《马克思恩格斯全集》（第13卷），人民出版社1962年版，第8页。
② 《马克思恩格斯全集》（第46卷）（上），人民出版社1979年版，第197页。
③ 《马克思恩格斯全集》（第42卷），人民出版社1979年版，第120页。
④ 《列宁选集》（第3卷），人民出版社2012年版，第686页。

全部现存的占有方式，才能取得社会生产力。无产者没有什么自己的东西必须加以保护，它们必须摧毁至今保护和保障私有财产的一切。过去的一切运动都是少数人的，或者为少数人谋利益的运动。无产阶级的运动是绝大多数人的，为绝大多数人谋利益的独立的运动。无产阶级，现今社会的最下层，如果不炸毁构成官方社会的整个上层，就不能抬起头来，挺起胸来。”① 而“随着大工业的发展，资产阶级赖以生产和占有产品的基础本身也就从它的脚下被挖掉了。它首先生产的是它自身的掘墓人。”②“无产阶级将利用自己的政治统治，一步一步地夺取资产阶级的全部资本，把一切生产工具集中在国家即组织成为统治阶级的无产阶级手里，并且尽可能快地增加生产力的总量。”③资本主义生产资料私有制基础上必然产生对立的资产阶级和无产阶级。无产阶级只有夺取政权，依靠政权力量摧毁资本主义的制度基础，建立生产资料的公有制，建立大多数人的民主，才能保证民主逐步走向“真正的民主制”状态。无产阶级“通过革命使自己成为统治阶级，并以统治阶级的资格用暴力消灭旧的生产关系，那么它在消灭这种生产关系的同时，也就消灭了阶级对立的存在条件，消灭了阶级本身的存在条件，从而消灭了它自己这个阶级的统治。”“代替那存在着阶级和阶级对立的资产阶级旧社会的，将是这样一个联合体，在那里，每个人的自由发展是一切人的自由发展的条件。”④ 国家消失，社会是“自由人的联合体”，民主作为一种反国家力量的国家制度消失，彻底实现“人民主权”。因此，以社会主义制度为基础的无产阶级民主是民主的高级类型，是走向真正民主的必然过程，无产阶级是走向真正民主的社会力量。

最后，社会主义的根本特征决定了民主是社会主义题中之义、根本属性。生产资料社会主义公有制的建立，使社会主义民主区别于资本主义民主，奠定了社会主义民主走向真正民主状态的经济基础。生产资料社会主义公有制的建立，使社会主义民主成为人类历史上最高

---

① 《马克思恩格斯选集》（第1卷），人民出版社2012年版，第411—412页。

② 《马克思恩格斯选集》（第1卷），人民出版社2012年版，第412页。

③ 《马克思恩格斯选集》（第1卷），人民出版社2012年版，第421页。

④ 《马克思恩格斯选集》（第1卷），人民出版社2012年版，第422页。

类型的民主。一切社会形态，都是经济基础和上层建筑的有机统一体，其中经济基础起着主要的决定作用。社会主义社会，最重要的是实行生产资料公有制。民主不仅是一个政治问题，更是一个经济问题。当社会中存在阶级对抗关系和私有制时，在政治领域中是不可能建立多数人的民主的。经济的不平等必然导致政治的不平等。生产资料的社会主义公有制是全面实现人民民主的最根本的基础，没有这个基础，民主就是一句空话。即离开生产资料公有制的经济制度，就没有所谓的社会主义民主，民主就不可能走向完全的实现，直至最后的消失。

当然，生产力的发展是社会主义的物质基础。根据唯物史观，生产力的巨大增长和高度发展是建立社会主义制度的绝对前提，否则会导致贫穷的普遍化，而在极端贫困的情况下“全部陈腐的东西又要死灰复燃”，也只有生产力的巨大发展，“狭隘地域性的个人为世界历史性的、真正普遍的个人所代替。”①

无产阶级专政的社会主义国家政权保证了大多数人的民主和对少数人的专政，使社会主义的国家与人民的根本利益取得了一致性，国家为人和社会管理国家事务提供了保障，保证了社会（人）和国家发展的方向，为人和社会成为“自由人的联合体”，实现完全民主的状态奠定了基础，而国家在社会发展过程中也逐渐回归其民主的本质规定性。但由于生产力水平的限制，社会主义民主是人类走向国家消亡、实现完全民主的过程和阶段，不是最终状态。列宁指出，“胜利了的社会主义如果不实行充分的民主，就不能保持它所取得的胜利，并且引导人类走向国家的消亡。”②

在社会主义时期，民主从属于社会主义，社会主义包括民主，但又不等于民主。民主是社会主义制度的重要组成部分，而不是全部。随着社会主义向共产主义的过渡，民主作为国家制度的具体形式将随着国家的消失而逐渐消失。在社会主义的发展中，民主是社会主义的内在规定性，但是也不可夸大民主在社会主义发展中的作用。在人类

① 《马克思恩格斯全集》（第3卷），人民出版社1960年版，第39页。

② 《列宁选集》（第2卷），人民出版社2012年版，第782页。

从社会主义走向共产主义的过程中，民主才得以真正实现，不可不顾社会发展的历史阶段，片面强调民主的作用。

所以，社会主义民主的逻辑就是以社会主义制度实现民主。这是合乎社会发展的历史唯物主义逻辑。

第二章 民主社会主义的相关概念

马克思主义民主理论为我们分析民主社会主义的民主理论提供了理论参考。从概念来看，民主社会主义是社会主义流派，又以民主限定“社会主义”，是在民主体制内实现社会主义的一种理论和实践。这是完全不同于马克思主义民主的逻辑思路。民主社会主义围绕自由与平等的伦理价值，构成了民主社会主义的民主理论逻辑结构。

第一节 民主社会主义的名称演变

关于民主社会主义的起源，有各种说法，但确是从社会民主主义演变过来的。二战后，以 1951 年的《法兰克福宣言》为标志，民主社会主义理论逐渐成熟。

二战以前，“民主社会主义”由不同的社会主义思想家和活动家在不同的历史时期、以不同的含义、在不同的场合中多次使用过，但并没有形成一个完全独立、系统的概念，更没有被赋予现代的政治意义。十月革命，苏联建立了无产阶级专政的苏维埃政权。1919 年 3 月 2 日共产国际成立。社会民主党人认为自己是对马克思主义的继承，而苏联的社会主义是专制的、歪曲了的社会主义。为区别苏联的社会主义，就提出把社会民主主义改为民主社会主义。虽然这个时期，“民主社会主义”概念多次被使用，但并没在社会民主党的纲领中以正式目标的形式确定下来。1951 年社会党国际成立时的《法兰克福宣言》，明确把“民主社会主义”作为社会党国际的旗帜和纲领，民主社会主义就成为各国社会党纲领的基本原则和共同特征，成为了各国社会党、工党、社会民主党的思想体系的名称。《法兰克福宣言》虽然没有对“民主社会主义”进行明确的概念界定，但实际上宣布了“民主社会主义”这一政治意识形态的正式形成。

从词义上来说，社会民主主义一词是德文“Sotialdemokratie”，既指社会民主党，也有社会民主主义的意义。社会民主主义应该是“社会的民主主义”或“社会民主”，用语的主体应该是“民主主义”或“民主制”，“社会”是限定词。民主社会主义在德文中是“Demokratisher Sozialismus”，这里民主是形容词，主体是“社会主义”。可见，在社会民主主义一词中，强调的是民主主义，以“社会”强调与当时的资产阶级民主的不同，但是没有社会主义的目标；而在民主社会主义概念中，提出了社会主义的奋斗目标，强调了“民主”的核心地位和特征。

自苏联的社会主义国家成立以来，无论是社会民主主义还是民主社会主义在瓦解和解构现实社会主义意识形态和政治制度方面，都起到了一定的作用。但是，20 世纪 90 年代苏东社会主义国家的解体，并没有给西方社会党和国家带来好处。由于其“社会主义”的名称，反而被西方自由主义国家给予妖魔化。为了回避被妖魔化了的“社会主义”，社会党人于 1992 年底召开的社会党国际第十九次代表大会上又提出了以“社会民主主义”的概念取代“民主社会主义”。民主社会主义概念向社会民主主义概念逆转。这一逆转意味着它对社会主义的放弃。

从第二国际时期出现的社会民主主义到第二次世界大战后的民主社会主义再到苏东剧变后的社会民主主义，概念变化的背后虽然有一定的政治历史背景，但“民主”作为其核心的原则是没有变的。至于“社会主义”的目标，即使在 1951 年的《法兰克福声明》以“民主社会主义的目标与任务”为大会主题，“民主社会主义”作为正式纲领性的概念和思想被提出，但对“社会主义”的界定依然是模糊的，没有鲜明地表示在经济制度上以社会主义取代资本主义。德国社会民主党著名的理论家迈尔说，“社会民主主义，就是民主社会主义，就是社会民主。”①

无论是民主社会主义还是社会民主主义，都强调了“民主”的地位和意义，民主与社会主义相互替代，对社会主义的提出仅仅是为了与苏联的现实社会主义的区别，并没有明确而清晰的指向。“德国社会主义运动为了强调它的开明性，把自己的纲领称为‘民主社会主义’。这个做法始于列宁把他那种一党绝对专政的政策说成是社会主义传统的时候。这并不意味着社会主义的概念有任何变化，而只是强调社会主义历来以民主原则作为基础的。”②

二战后，社会党在提出“民主社会主义”时还从表面上承认自己对社会主义的追求。无论其社会主义的内容是什么，还是以社会主义作为自己的身份特征，在政治光谱中划归于社会主义的派别。苏东剧变后，当转向“社会民主主义”时，表明社会党人明确放弃了社会主义的目标。实际这两个阶段的概念和思想，对社会主义的放弃只是一个显性和隐性的区别。

二战后的民主社会主义的民主观明显不同于以前，二战以前，民主被社会民主党当作争取和实现社会主义的唯一方法、手段和道路。二战以后，民主被当作了社会主义的组成部分和根本特征，成为了目标本身。二战以前，是为了同一目标而在实现路径问题的区别。二战以后，就是两条不同道路、不同的方法了。托马斯·迈尔在《民主社会主义的三十六条论点》中说：“民主社会主义和马克思列宁主义的主要分歧在于：民主社会主义认为民主本身是有价值的，社会主义的目的就是要使民主能够扩展到社会的各个方面，而共产主义则认为无产阶级专政是必要的，直到阶级完全消灭为止。”

纵观社会党名称、思想体系、纲领原则一再地发生变化，一方面表示社会党的纲领和政策没有自己的根本思想，更是一种实用主义的特征；另一方面说明了社会党从声明坚持马克思主义到逐步远离的一个过程。社会党没有统一、系统、坚定的思想纲领，但强调以“民

① ［德］托马斯·迈尔：《社会民主主义的转型》，殷叙彝译，北京大学出版社 2001 年版，前言第 10 页。

② ［德］托马斯·迈尔：《论民主社会主义》，东方出版社 1987 年版，第 6 页。

主”使“资本主义改变为一种受到社会节制的、开明的和温驯的资本主义”的核心一直没有改变。民主社会主义理论的实质是“民主”，而不在“社会主义”。所以，对民主社会主义的理解重点也在“民主”。对其民主理论的研究自然就成为理解民主社会主义的关键。

第二节 自由与平等

“社会民主主义的推动力从一开始起就是要建立一个由团结互助共同工作和生活的，自由和平等的人们组成的社会。”[①] “自由、平等”像一条红线贯穿于民主社会主义的理论和实践。对所谓自由与平等的诠释和追求促使民主社会主义对自由主义民主和现实社会主义的无产阶级专政进行批判，并努力寻求一种新的社会发展道路。

自由与平等的思想贯穿民主社会主义的所有纲领文献。经过1951年的《法兰克福宣言》，1959年德国社会民主党的《哥德斯堡纲领》，《1975至1985年经济政治大纲》及1989年12月通过的《柏林纲领》等，以自由与平等的基本价值作为民主社会主义民主理论逻辑核心的思想逐步完整并成熟。

一 自由观

民主社会主义的自由观是在批判自由主义自由观的基础上提出来的。总结各国社会党的自由观点，大致如下：

（一）自由是指与总体自由结合的个人自由，以总体的自由实现个体的自由，拒绝消极的纯粹个人的自由观念。社会党国际十八大发表《社会党国际原则声明》对自由这样解释：“自由是个人努力和合作努力结合的产物——这两个方面是同一进程的组成部分。每个人都有权免受政治强制，并享有为追求个人目标和发挥个人潜力而行动的最大机会。但是，只有整个人类争取成为自己历史的主人，并确保没有任何人、阶级、性别、宗教或种族沦为仆役的长期斗争取得成功，

① ［德］托马斯·迈尔：《社会民主主义的转型》，殷叙彝译，北京大学出版社2001年版，第7页。

才有可能做到这一点。”民主社会主义批评自由主义的自由观强调个人的自由，忽视了个人所在的集体环境，这种自由是强者的自由，是以强者对弱者自由的剥夺为代价的。民主社会主义的自由概念关注的是多数人的总体的自由，个体的自由是在总体自由实现的基础上实现的。

民主社会主义追求个人自由，个人自由的实现是最终的价值。“自由意味着摆脱任何有损于人的尊严的依赖关系，并有可能在公正和相助的要求所规定的限度内，自由地发展自己的个性。然而，只有在人人获得自由发展个性的真正的（经济、政治、社会、文化的）可能性的时候，自由才能成为社会现实，而不再仅仅是幻想或少数人的特权”①，但是“拒绝消极的自由概念，而支持一个对消极与积极的自由一视同仁的普世的自由概念。”②

个人自由必须通过他所属的社会才能实现，因为每个人的自由是他人自由实现的条件和限制。要实现个体的自由，必须在人与他人、社会、环境之间保持一种平衡，对有些人的自由尤其是强者的自由——为满足自己的需要而剥削他人的自由施加限制。为了大多数人的自由而限制强者的自由是正当的，也是不可避免的。由于自由是个人努力和合作努力结合的产物，个人和组织享有的权利是以不侵犯他人或整体的自由为前提条件的。

（二）自由不仅指政治权利和自由，更关注到经济自由的根本性作用。社会党国际十八大解释自由就是“每一个人都有权免受政治强制，并享有为追求个人目标和发挥个人活力而行为的最大机会”。人的思想自由、政治自由是人们基本的自由权利，“自由从来就不能容忍在人类自由和权利以及政治民主这些基本要求上的妥协”。但是民主社会主义对自由最重要的理解就在于看到了自由主义在经济领域对自由的无法诠释，“由于自由主义首先是有产公民的政治理论，因此，它把经济自由绝对化，甚至把财产保护列为基本人权”，提出了“民主社会主义的目的，是在经济、社会保险与日益繁荣的基础上，扩大

① 《社会党重要文件选编》，中共中央党校科研办公室，1985 年，第 168 页。

② 何秉孟等编著：《欧洲社会民主主义的转型》，社会科学文献出版社 2010 年版，第 33 页。

个人的自由”[①]，“社会主义寻求根据上述原则创建一个新的社会秩序，改变财产关系和社会关系”[②]。但是，这里的物质和社会保证，不是根本改变生产资料的所有制，而是一种分配制度。

很明显，相对于自由主义强调个人的消极自由、财产自由基础上的政治自由等，民主社会主义的自由观具有较大的进步意义。在自由问题上，不再孤立地强调个人自由，而是关注到了个人与社会的关系，并强调了经济自由的根本性作用，以经济、政治等手段改善人们的状态。

二 平等观

“对平等的追求已经成为所有社会民主主义者的主要关注点。”[③]平等是民主社会主义的基本观点，对平等价值的更多关注是民主社会主义民主的主要内容，也是区别于自由主义的主要特征。与自由主义比较，民主社会主义的平等主要是指人们掌控自己生活的平等权。

（一）平等是机会的平等，但更是结果的平等，以最基本的结果平等实现机会的平等、差异的平等。民主社会主义理解的机会平等不同于自由主义的机会平等，自由主义的机会平等是在保证个人自由基础上的机会平等，个人自由就是平等。民主社会主义的机会平等是指每个人都拥有发展自己人格和支配自己生活的同样的机会，平等是所有人具有平等价值的表现，也是人性自由发展的前提，而人们生活的社会都有义务为每个人提供同样的发展资源。社会党国际前主席勃兰特说：“我们的目标不仅局限于最初的机遇均等，因为这样其他一切都可以愈加无所顾忌地置于‘每个人都是他们命运主人’的流言之下。公正的基本价值不以平均主义为目的，而是以均等总能得到实现为目的，也就是说，在于生活机遇的平等所能实现的程度。”[④] 社会党国际十八大的《社会党国际原则声明》中这样解释：“公正意味着

---

① 《社会党重要文件选编》，中共中央党校科研办公室，1985 年，第 6 页。

② 《社会党重要文件选编》，中共中央党校科研办公室，1985 年，第 9 页。

③ ［英］安东尼·吉登斯：《第三条道路 社会民主主义的复兴》，北京大学出版社 2000 年版，第 11 页。

④ ［德］W. 勃兰特：《社会民主与未来》，重庆出版社 1990 年版，第 102—103 页。

结束一切对个人的歧视，意味着权利和机会的平等。它要求对体力的、智力的社会的不平等做出补偿，以及既摆脱对生产资料的所有者，也摆脱对政治权力拥有者的依附；基本的经济、社会和文化平等，是个人多样化和社会进步的必要条件。”也就是说，为了实现人们机会的平等，国家和社会有责任和义务保证人们参与政治和社会的平等权利，为每个人提供机会平等的资源，以结果的平等实现机会的平等。

（二）平等不仅指参与政治与社会的权利和机会的平等，更指向了经济的平等，以经济平等保证政治和社会权利的平等。民主社会主义理解的平等基点是政治民主。政治民主是人们实现政治自由和平等的需要，但这是一种形式的平等，不足以构成影响社会和个人条件真正平等的资源，必须以强化国家权力实现经济分配的平等，保证人们平等的资源。他们注意到了，经济上处于依赖状态的人，不能促进自身利益的实现，整天处于一种生存危机状态的人们不会更多关注政治和社会。因此，经济和社会安全成为一种力量资源，一种保证政治和社会平等的基础。只有保证了人们经济的平等，才是实质的平等，也才保证了人们掌控个人生活的权利和平等。所以，国家要保证人们经济上的平等，才能实现政治和社会的平等。这是一种以国家力量实现经济平等、结果平等，从而保证政治与社会平等和机会平等的平等观。即使是民主社会主义转向后的“第三条道路”，也认为平等具有压倒一切的重要性。吉登斯在《不平等问题》中提出“当代左派需要发展一种关于平等的、动态的、生活机会的观点，把重点放在机会平等上面”，这种机会平等的平等观，在社会福利问题上表现为“政府和国家不应给其公民供给吃饭、居住和穿衣，但应该保证其公民用他们自己的努力去赢得另一种充分的公民效力所必需的社会条件。”他们反对新自由主义的机会均等或精英统治模式，认为他们把机会平等看作不受国家控制的个人自由，这种模式会造成收入上的严重不平等。

可见，民主社会主义与自由主义相比较，提出了经济平等的重要性，提出了以平等实现总体自由下个人自由的思路。

三　自由与平等的关系

社会党认为，自由与平等并不矛盾。平等是个性发展的条件、是自由的前提，即平等的自由观。只有在平等的社会里，人们才有获得自由的机会。在不平等的社会，强者被允许以牺牲弱者的利益得到他们想要的东西，一些人将比别人有更多支配自己生活的机会。强者剥夺了弱者的自由。瑞典社会民主党1978年通过的纲领明确表示“社会民主党希望实现平等，并以此表明全人类的平等价值。这是自由的先决条件。”①

民主社会主义认为，平等是自由的前提，个人自由是总体自由、平等的必然结果。自由要求社会为公民享有自由提供经济的、政治的、社会的、文化的、充分的可能性。只有当人们在物质和社会方面得到了充分保证，才能够谈得上享有自由，也只有在一个民主的、平等的、法制的国家，才能保障自由。

民主社会主义的自由与平等都涉及物质领域。德国社会民主党也一再强调要从“现实的社会经济关系出发”，努力在经济上克服自由主义的缺陷，实现自由与平等的统一。问题是，对实现途径的选择是否能够实现这样的伟大目标呢？

第三节　社会主义观

什么是社会主义？对这个问题的诠释和理解是民主社会主义民主理论的逻辑起点，也是民主社会主义理论的基础和关键。不同的历史阶段，名称的改变，标注了社会党思想的变化，也体现了社会党对“社会主义”的不同认识。“冷战结束以后，社会党国际的社会主义观发生了重大改变。从冷战结束以前的二元性社会主义观，即制度特征和伦理特征并存的社会主义，转变为冷战结束以后的放弃了制度替

---

① 《社会党重要文件选编》，中共中央党校科研办公室，1985年，第469页。

代的彻底的伦理社会主义。"[①] 整体来看，民主社会主义的社会主义更是一种价值社会主义，不是马克思主义的科学社会主义。

一 对社会主义的理解

民主社会主义认为，社会主义是一个自由和平等的社会、是伦理价值原则、是实现自由和平等的一个过程。社会主义是社会形态，又是抽象的价值原则，又是实现价值原则的过程。三个层面的界定，使社会主义的不确定性、模糊性体现出来。

二战以前，民主社会主义还把生产资料公有制为基础的制度社会主义作为自己的社会追求，当时与科学社会主义的争议主要在于实现途径：革命与改良的争议。但是，1951 年的《法兰克福声明》中这样认为："社会主义的目的，是要把人们从对占有或控制生产资料的少数人的依附中解放出来，它的目的是要把经济的权力交给全体人民，进而创造一个社会，使自由人能以平等地位在社会中共同工作。""在资本主义制度下，剥削使人分裂成对立的阶级，社会党人的目的在于消灭这种剥削，以谋求自由与正义。"这里的"社会主义"在经济领域消除资本权力、取代资本主义社会的制度方面出现了模糊性。到了 1959 年德国的《哥德斯堡纲领》，社会党人完全放弃了社会主义作为资本主义的制度取代，社会主义成为一种价值和原则。"德国社会民主党是一个思想自由的党。它是由具有不同信仰和思想的人组成的一个共同体。它的一致性是以共同的基本的道德观念和政治目标为基础的。"很明显，"社会主义"的概念不再是资本主义物质生产关系发展的必然结果，不是社会发展的历史趋势，而是人类社会普遍的伦理价值（自由、平等等）且逐步得到实现的过程。自社会党国际的《法兰克福宣言》至 1991 年社会党国际发表的《原则声明》，民主社会主义作为伦理的、价值的"社会主义"观得以发展并成熟。

从社会党国际及各国社会党的纲领文献结构安排也可以发现，几乎都是在提出"社会主义"的伦理原则后，对资本主义制度下的经

① 龚加成：《全球化背景下的新探索——冷战结束后社会党国际纲领与政策的演变》，中央编译出版社 2006 年版，第 14 页。

济、政治和社会问题进行揭示和批判，但这种批判不是为了说明社会主义代替资本主义的历史发展必然性，而是为了说明这些问题的存在违背了自由和平等的伦理原则。然后，提出必须按照“社会主义”的价值原则对社会进行改造，并提出具体的政策要求，即通过民主途径把资本主义社会改造成社会主义①。

根据社会党国际及各国的纲领文献关于“社会主义”的论述，可以总结其对“社会主义”的理解是：

1. 从静态看，“社会主义”是自由、平等的价值原则，是实现了自由平等价值原则的社会，但不是经济社会发展的必然结果。民主社会主义承袭伦理社会主义的价值观，把“社会主义”定位于一种伦理道德，而不是看作社会发展的历史必然性。1951 年的《法兰克福声明》中讲道，“社会主义的实现不是必然的”，“社会党人之所以反对资本主义，不仅因为它造成经济上的浪费，也不仅因为它使群众不能享受到物质利益。最主要是因为它违背了社会党人的正义感”。社会主义是“一种道义的必然性，它为所有那些由于不公正的社会条件而处于不利地位的人服务”②。这表明，民主社会主义摒弃了马克思主义关于“社会主义是历史发展的必然结果”的思想。各国社会党对社会主义的论述不尽相同，但从价值原则的角度理解社会主义、否定社会主义的历史必然性却是一致的。

著名德国社会民主党理论家托马斯·迈尔说：“社会主义并不是一个有着明确制度规定性的社会模式，而只是组织社会的一种原则。”③ 这个原则就是所有人都平等地参与社会各方面的活动。社会党国际第十八次代表大会提出，“尽管社会党人的文化和意识形态存在差异，但是他们大家一致向往一个将自由、公正和团结结合起来的、和平民主的世界”。社会主义是各界全体人民都享有平等的自由并通过团结互助和社会组织来公平地分配社会财富的一种愿望。

社会党国际在 1953 年《关于社会主义和宗教的声明》中说：

---

① 殷叙彝：《民主社会主义论》，中央编译出版社 2007 年版，第 122 页。

② ［德］托马斯·迈尔：《论民主社会主义》，东方出版社 1987 年版，第 45 页。

③ ［德］托马斯·迈尔：《论民主社会主义》，东方出版社 1987 年版，第 40—41 页。

“社会主义是对现代社会贬低人格的一种道德抗议，它宣告人是有尊严的”，“社会主义政策是一种伦理的具体体现。这些伦理的渊源可以是宗教的，也可以是非宗教的”。

瑞典社会民主党在1960年第二十一次代表大会和1978年第二十七次代表大会通过的《瑞典社会民主党纲领》中都表达了“用在自由平等基础上建立起来的人民伙伴关系的社会取代在阶级基础上建立起来的社会秩序”。自由、平等、互助是民主社会主义的“社会主义”含义，社会主义成为内涵这些价值原则的组织状态，而不是具有科学性的“社会主义”。“社会主义”社会所有的人们都是自由、平等而互助的，是一种人民伙伴关系。很明显，这里的“人民伙伴关系”，抹杀了人们在现实物质关系中的阶级差别。

1974年11月比利时社会党的理论代表大会通过《今日社会主义》序言论述道：“社会主义是一种思潮，而且从本质上讲，是一种要在崭新的和越来越公正的基础上建设今日社会和未来社会的夙愿。”社会主义是“一般民主的和全人类的理想和价值观的体现者和捍卫者。”“社会主义同时也是道德观念发展的动力和合乎情理的行动。伦理是我们生存和政治实践的基本原则。我们进行政治斗争，是因为我们相信自由、平等和互助的价值观念”①，“资本主义的价值标准建立在追求个人利润和谋求私利的基础之上，社会主义则是用一个摆脱物质贫困和社会不公正的新社会的道德、社会和文化价值，来反对资本主义的价值体系。”②

民主社会主义的“社会主义”被认为是一种“道德理想”“愿望”“价值原则”，说明了：一、否定了制度社会主义，从结构论转向价值论。社会主义是一种由基本价值加以界定的规范性政治和理论思想。在社会党国际这里，社会主义的本质是自由、公正和团结等基本价值的实现。二、否定了制度社会主义实现的必然性，社会主义成为了一种“社会民主党所关心的只是叙述和表现一种改良的前景”，放弃了对资本主义的制度替代。1999年社会党国际第二十一次代表

① 《社会党国际和社会党重要文件选编》，中共中央党校出版社1993年版，第370页。
② 《社会党国际和社会党重要文件选编》，中共中央党校出版社1993年版，第311页。

大会强调："我们为实现自己的目标所采取的手段在性质上是改良和合乎时宜的，这一点得到公认。我们反对将社会主义作为对资本主义的有限替代，这种看法只有助于系统地使手段和目的混为一谈，似乎这些都是宗教或颠扑不破的概念。"①

2. 从动态看，"社会主义"是实现自由平等价值的运动、过程。早在19世纪末，伯恩施坦在他的《社会主义问题》的系列文章中就提出了"社会主义的最终目的是微不足道的，运动就是一切"的口号。民主社会主义者认为，社会主义是一个逐步向更加美好社会发展的没有终极目标的过程，是一项一代代人为之奋斗的持久任务。它没有预先绘制好的完美蓝图，也没有统一的模式，它是自由、公正、互助、民主、人权、和平这些价值的一步步实现，而这些价值的每一点实现，都是民主化进程的迈进，是社会主义的进步和胜利。它们反对的已不是资产阶级的压迫和剥削，而是所有有碍于自由、平等、互助价值实现的特权和统治。所以对现实社会主义提出的无产阶级专政的反对，也就在其奋斗的任务之中。

德国的《哥德斯堡纲领》讲道："社会民主党致力于建立一种符合这些观念的生活秩序。社会主义是一项持久的任务，即争取、捍卫自由和公正，而且它本身在自由和公正中经受检验"。德国社会民主党1975年通过的《经济政治大纲》提出："它更多的是通过争取并捍卫自由、公正和相助，同时本身在自由、公正和相助中经受检验而得以实现。社会主义之所以是并将继续是一项持久的任务，其深刻原因就在于此。"1989年1月，德国社会民主党通过的纲领草案，主要讲到，把民主社会主义理解为是一个持久的任务，完成这个任务需要一个持续不断的改革过程。在这个过程中尽管有路标和具体目标，但不会有一劳永逸的终极状况。1989年6月，社会党国际十八大的原则声明强调指出：民主社会主义是争取自由、社会公正和团结的国际运动。1986年社会党国际十七大的《利马委托书》中对社会主义这样理解："社会主义是以对国内社会与世界社会的政治、经济、社会与文化结构实行民主化为手段，来争取人类解放的运动。可以说，社

① 《社会党国际重要文件选编》，当代世界出版社2005年版，第233页。

会主义是民主的最深刻、最全面和最具国际性的表现。……它也绝不是一种经济制度的固定蓝图，而是通过民主化进程来实现自由、公正和团结这些基本价值观念，民主化进程恰恰是要使基层人民自发的创造性得到解放。”

可见，如果把社会主义作为一个动态的任务，民主社会主义就是一个不断争取自由和平等价值的过程；如果作为静态的概念，社会主义就是自由和平等的价值原则，就是一个实现自由、平等价值的理想社会。

二　自由平等价值的突出地位

无论是静态还是动态的社会主义，都是以自由与平等的价值原则来界定的。民主社会主义的社会主义观凸显出自由与平等的价值。“民主社会主义的基本价值和基本要求所具有的意义，远远超出了经济政治关系的形态。”[①] 1959 年德国社会民主党通过的《哥德斯堡纲领》明确地把自由与平等的基本价值置于社会主义的核心，使民主社会主义的社会主义观发生了根本性转折。

1. 自由与平等的基本价值成为民主社会主义党派一致性的基础。《哥德斯堡纲领》指出，“德国社会民主党是一个思想自由的党。它是由具有不同信仰和思想的人组成的一个统一体。它的一致性是以共同的基本的道德观念和政治目标为基础的。这里的基本的道德观念和政治目标就是自由平等。”德国社会民主党在《一九七五至一九八五经济政治大纲》讲道：“对社会主义作出拥护的决断可以出于各种不同的动机。民主社会主义者的一致性并非植根于一种统一的宗教、哲学或科学的观念，而是植根于建立在共同道德基础上的同一政治目标。”社会党国际的十七大和十八大通过的文件都指出，社会主义没有单一的模式，社会党国际所有成员党只具有共同的基本价值观念和在政治、经济与社会权利方面统一的基本思想。基于对人性的理解，民主社会主义认为，自由与平等是人类本性的追求，也是人类自古以来不同社会阶层向往的美好社会。尽管他们是不同的人、不同的社会

① 《社会党重要文件选编》，中共中央党校科研办公室，1985 年，第 169 页。

阶层、不同的文化背景、不同的宗教信仰、不同的意识形态、不同的动机和出发点等，但他们都有追求自由、平等生活的愿望和目标。因此，自由与平等的价值形态成为了各国社会党的政治理论形态和意识形态，也成了他们在政治队伍中统一的思想基础。

2. 自由与平等的基本价值代替经济政治关系的形态，被拔高到超越一切的位置。德国社会民主党的《一九七五年至一九八五年经济政治大纲》提出，自由、公正和互助的基本价值，产生了民主社会主义的政治社会基本要求，而这些基本价值和基本要求所具有的意义，远远超出了经济政治关系的形态。它们关系到人类的整个社会生活现实，并且建立在人道主义和基督教的传统的基础之上。《哥德斯堡纲领》更是提高了基本价值的地位，"只有一个根据民主社会主义的基本价值建立起来的制度才是世界的希望"。自由、平等、互助的基本价值是美好的、永恒的，而且可以成为人类改善世界的准则和动力，而现实的社会经济关系是暂时的、被动的。只要人们树立了自由、平等、互助的基本价值观念，就可以据此改变现存的社会经济关系，推动人类社会朝着美好的方向发展。自由与平等的价值成为了推动社会发展的根本动力性因素。

民主社会主义认为，自由与平等的基本价值超越社会现实，成为评价政治现实、未来制度及党员行动方向的标准。现实的政治、经济、社会及文化等方面的制度和行为只要有悖于这些基本价值，就应当受到批评，反之得到肯定。社会民主党人对未来的"社会主义"社会的理解和描绘，都是从自由、平等、互助这些价值观念的实现出发，认为只要符合这些标准的社会就是美好的社会，也就是未来奋斗的目标。德国社会民主党在《哥德斯堡纲领》中提出："社会民主党欢迎每一个承认民主社会主义的基本价值和基本要求的人参加到它的行列中来。只要符合这一标准，每个公民都可以参加社会民主党。"

各国社会党纲领中把社会主义界定为"自由、平等、互助"的基本价值，否定了社会主义作为制度存在的必然性。虽然民主社会主义在不同的历史阶段不断转变着自己的纲领，体现了实用主义的特征，各国由于其对社会主义概念的理解不同而有了不同的思想和派别，但对基本价值的认同成为了思想混杂、没有系统理论体系的各国社会党共同的思想和核心。对平等、自由的基本价值认同成为民主社会主义的标志。民主社会主义对社会主义的界定，架构了民主社会主义的整体理论，也引出了民主社会主义的民主理论。因此说，对社会主义的理解和把握是民主社会主义及其民主理论的逻辑起点。

总体来说，二战后，民主社会主义的总体趋势是一种伦理社会主义，西方多数社会党普遍认为，没有必要在资本主义国家中建立制度性的社会主义，对社会主义的追求从制度转向伦理。“德国社会民主党的基本价值更是对新康德主义即伦理社会主义的直接继承”,[①]“民主社会主义所倡导的社会主义是一种伦理社会主义，这一点也使它与科学社会主义从本质上区别开来。”[②] 社会党国际十八大纲领中的小标题就有《社会主义是伦理和理性》部分，并提出：“社会主义同时也是道德观念发展的动力和合乎情理的行动。伦理是我们生产和政治实践的基本原则。我们进行政治斗争，是因为我们相信自由、平等和互助的价值观念。”但是，伦理社会主义并不等同于民主社会主义，“伦理社会主义为社会改良主义提供适当的理论论据，社会改良主义为伦理社会主义付诸实践提供具体政策和组织机构。……民主社会主义是以伦理社会主义来论证的社会改良主义。”[③]

第四节 民　主

在民主社会主义的名称演变过程中，民主社会主义可以放弃“社会主义”，而始终不放弃的就是所谓的“民主”。对于民主社会主义的国际组织——社会党国际来说，召开的每一次代表大会，每一篇重要文件都会强调民主问题。民主成为社会党国际的专有物。“自从1920年列宁使所有的共产党都坚持党的专政以后，工人运动就分裂成社会民主主义的一翼和共产主义的一翼，他们的所有其他分歧也都要追溯到他们各自对民主制的态度。”“对于工人运动的社会民主主

① 曹长盛：《世界社会主义纵论》，当代世界出版社2006年版，第300页。

② 秦德占：《民主社会主义的伦理世界观及其局限性》，《北京行政学院学报》2009年第6期。

③ 殷叙彝：《民主社会主义论》，中央编译出版社2007年版，第127页。

义一翼来说，从一开始就把无条件地承认民主和人权当作他们为实现进一步的经济和社会纲领而斗争的中心目标之一和重要前提，尽管他们在具体的经济模式和社会政策范式的问题上存在种种分歧”[①]，“使多元主义民主制完善化并给它注入活力已成为社会民主党政策的没有争议的基本观点”[②]。勃兰特在社会党国际第十六次代表大会开幕式上的讲话中说，“我们是在坚信民主的力量的信念上联结起来的，民主不仅是构成国家的基础，而且是构成社会和经济的基础的结构性原则。”[③]

在民主社会主义看来，民主是实现自由和平等价值的制度，是自由和平等价值的体现。民主既是实现社会主义的途径又是目的，实现了民主等同于实现了社会主义。民主理论是民主社会主义的核心理论。

一　民主是实现社会主义的途径

“与自由主义的个人主义自由放任主张相反，社会民主主义者宣称，只有当人们的行动通过团结互助而联合起来时，只有当生产和分配不是听任客观力量的自由活动的支配而是以基本价值的尺度，以对社会负责的方式组织起来的时候，才有可能做到所有的人都享有自由和平等。”[④] 这里“对社会负责的方式”就是民主。民主被作为实现自由与平等的前提和途径。

社会民主主义主张以普选为基础的民主制度实现社会主义，因此，需要创造条件和前提促进社会向更高级的状态过渡。社会主义社会是自由与平等的社会状态。暴力革命会引起社会崩溃，并且与自由平等的价值原则相悖。民主体现了自由与平等的社会主义原则，自然，民主就成为实现社会主义的途径，建立民主的经济政治制度是实

① ［德］托马斯·迈尔：《社会民主主义的转型》，北京大学出版社 2001 年版，第 24 页。

② ［德］托马斯·迈尔：《社会民主主义的转型》，北京大学出版社 2001 年版，第 25 页。

③ 《社会党重要文件选编》，中共中央党校科研办公室，1985 年，第 70 页。

④ ［德］托马斯·迈尔：《社会民主主义的转型》，北京大学出版社 2001 年版，第 10 页。

现社会主义的前提和条件。《法兰克福声明》中明确提出了，“社会党人为通过民主手段建立一个自由的新社会而奋斗，没有民主就不可能有社会主义”，“社会主义只有通过民主制才能完成。而民主制只有通过社会主义才能完全得到实现”。

英国工党在1982年9月召开的年会上通过的纲领中的《民主》部分指出：“我们纲领的核心是不可动摇的民主原则。我们认为，没有政治自由，没有通过自由的民主机构谋求和掌握政权的权利，没有示威、罢工及组织自由工会的权利，就不可能有真正的社会主义。”1972年3月17日帕尔梅在给克莱斯基、勃兰特的信中说：“在社会的各个领域实现民主，用民主的工作方式和民主联盟替代权力的形式，以前是、现在仍然是民主社会主义的核心。”①

把民主作为实现社会主义的手段，最早就指的是政治民主，即通过和平的议会选举道路争取自由平等的选举，走上执政的舞台，然后再通过政权的力量在政治、经济、社会各个方面实现社会主义。这是民主社会主义的民主逻辑思路。二战以后，越来越多的社会党成为执政党以后，开始认识到，在资本主义社会的框架内，单纯的政治民主并不能按照自己的设想推进社会主义。政治民主取得政权只是社会主义的前提，社会主义的逐步实现还需要在社会各个领域实行民主化。民主不仅需要在政治领域的权利要求得到拓展，而且需要在经济和社会领域得到发展。1951年《法兰克福声明》的名称又叫《民主社会主义的目标和任务》，概括了政治、经济、社会、国际四大民主，体现了民主在社会各领域作为实现社会主义价值的手段作用。

二　民主与“社会主义”的同一性

1986年6月，社会党国际在秘鲁首都利马召开了第十七次代表大会。大会通过的《利马委托书》竭力宣扬民主社会主义的民主观。它声称：民主社会主义是通过对各国社会和世界社会的政治、经济、社会和文化结构实行民主化这种手段，来争取人类解放的运动；人们可以说：民主社会主义是民主的一种最深刻、最全面和最具有国际性

① ［德］W. 勃兰特：《社会民主与未来》，重庆出版社1990年版，第11页。

的表现。一句话，民主社会主义是民主的“象征”与“监护人”。

在民主社会主义的思想系统里，民主是社会主义的最高理想和原则，社会主义是最高形式的民主主义。民主主义和社会主义成为不加区别的概念。

（一）民主是社会主义的最高理想和原则

1951 年的《法兰克福声明》的名称又为《民主社会主义的目标和任务》，概括了政治、经济、社会、国际四大民主，内含了民主既是实现社会主义的手段同时也是目的的思想。1988 年社会党国际十七大通过《利马委托书》，其中表述了这一思想：“无论在一国内还是在全世界，为了使人民控制他们自己生活的经济和社会条件，民主制是必不可少的机制。民主制不是实现社会主义以后才增加的一个政治‘上层建筑’的要素。民主制是人民权力本身所必不可少的基础。所以，我们摒弃一切阶级的专政，也摒弃一切专政的阶级。”民主社会主义放弃了阶级和阶级斗争的理想，而以最大程度地实现民主作为了社会主义的最高原则和理想。

1989 年社会党国际十八大明确提出了“民主是社会主义目的”的思想。“除一切民主社会主义的指导原则之外，社会党人还对基本价值观念有明确的一致认识。尽管存在着多样化，民主和人权不仅是实现社会主义目的的政治手段，而且是这些目的即建立一个民主经济和民主社会的实质内容，这是共同的立场。”① 民主被作为社会主义的最高理想和核心原则。当实现了政治、经济和社会的民主的时候，就是实现了所谓的社会主义。

（二）社会主义是最高形式的民主主义

在民主社会主义看来，“社会主义就是最高形式的民主主义”。在社会党人的心目中，民主就是社会主义，社会主义就是民主，价值上的契合取代了二者的区别。1951 年的《法兰克福声明》中讲道：“社会主义的实现不是必然的。……社会主义是最高形式的民主主义。”奥地利社会党著名理论家布鲁诺·克莱斯基声称：“社会主义是不受

---

① 《社会党国际和社会党重要文件选编》，中共中央党校出版社 1993 年版，第 18 页。

约束的政治、经济和社会民主；社会主义是尽善尽美的民主。”① 帕尔梅也提出，民主社会主义的要旨现在是，而将来也还是在社会的一切领域实现民主。1986 年《利马委托书》声称，民主可以包括社会主义的全部目的。

社会主义是民主的最高形式，社会主义是民主主义最深刻、最全面和最具充分的表现。反言之，民主的最高形式就是社会党心目中理想的社会主义。

民主就是社会主义，社会主义就是民主，反映了民主社会主义对社会主义及其实现方式认识上的统一。社会党人认为，民主化进程和社会主义的基本价值完全可以在实践中统一起来。社会党国际十八大《社会党国际原则声明》中宣称，社会党为创建一个能让子孙后代在和平、自由、团结与人道中生活与工作的世界而奋斗。社会主义是实现自由、公正和团结这些基本价值原则的社会，自由、公正和平等、团结互助、和平等价值最能反映人民的意愿，是人类普遍接受的价值观念。因此要致力于不断推进民主，让人们充分地表达自己的意愿并按照自己的意愿积极地参与对社会的改造。只要有民主，就会有社会主义；只要实现了民主，就是实现了社会主义。只要实现了社会主义，就实现了民主。因此，在民主社会主义看来，民主与社会主义具有同一性。

① ［德］W. 勃兰特：《社会民主与未来》，重庆出版社 1990 年版，第 19 页。

第三章 民主社会主义民主理论

1951 年社会党国际通过的《民主社会主义的目标和任务》是一个具有深远意义的纲领性文件，是二战后民主社会主义理论的奠基石，正式系统地阐述了民主社会主义的民主观。之后，社会党国际和各社会党一系列纲领性文件中都对民主这一核心理论进行了表述。从国内来讲，民主社会主义的民主理论主要内容就是政治民主、经济民主和社会民主。

第一节 政治民主与国家观

“对于社会党人来说，政治民主是争取其他权利与自由的必然的基本结构和先决条件。”① 民主社会主义认为，取得政治民主是实现经济民主和社会民主的先决条件。以民主的方式掌握国家政权，推行经济、社会政策，实现经济和社会领域的自由与平等。

一 基本内容

政治民主是民主社会主义民主理论的首要观点和出发点。《法兰克福宣言》声称：“保卫政治民主是人民的主要利益。维护政治民主是实现经济民主和社会民主的一个条件。”在民主社会主义者看来，政治民主更加充分体现了公民享有自由与平等的权利、体现了社会主义的价值原则。维也纳大学的政治学教授安东佩琳卡说：“民主社会

① 《社会党国际和社会党重要文件选编》，中共中央党校出版社 1993 年版，第 13 页。

主义的政治理论过去和现在都是政治民主的理论。”

政治民主包括公民的基本权利、议会选举制度、政党制度几个方面：

（一）公民的基本权利

民主社会主义认为，政治民主首先就是要保证公民的基本权利。《法兰克福宣言》第三条对政治民主保护个人权利做了明确论述："每一个人有过私人生活的权利，保护其不受国家的任意侵犯”“政治自由，如思想、言论、教育、结社和宗教信仰等自由”，“人民有普遍的、平等的与秘密的选举权，自由选举其代表”，“所有公民不论出身、性别、语言、信仰和肤色如何，在法律面前一律平等”，“建立独立的司法制度，人人有权在公正的法庭前通过一定的法律程序受到公开审判”。英国工党在 1982 年 9 月通过的《纲领》指出："我们纲领的核心是不可动摇的民主原则。我们认为，没有政治自由，没有通过自由的民主机构谋求和掌握政权的权利，没有示威、罢工及组织自由工会的权利，就不可能有真正的社会主义。”① 社会党国际十七大通过的《利马委托书》认为，民主制要求实行普遍、直接和秘密投票选举人民代表；保护个人权利，如言论、出版、受教育、自愿结社、宗教和少数民族权利等自由。十八大发表的《社会党国际原则声明》提出，“个人权利对社会主义价值观念有根本性意义。民主与人权也是人民权力的实质，是人民对长期以来统治着他们的经济结构进行控制的必不可少的手段”②，“个人自由与基本生活权利是实现一切人的人类尊严的前提条件”③。可见，以制度和法律形式保证公民的基本权利是社会党人倡导的民主的最基本内容。

（二）议会选举制度

民主社会主义完全认可和承继了自由主义的政治民主形式：“一人一票”选举原则基础上的议会制、精英代表制，而保证每个公民的选举权成为议会选举制度的主要内容。1951 年的《法兰克福声明》

① 《社会党重要文件选编》，中共中央党校科研办公室，1985 年，第 431 页。

② 《社会党国际和社会党重要文件选编》，中共中央党校出版社 1993 年版，第 17 页。

③ 《社会党国际和社会党重要文件选编》，中共中央党校出版社 1993 年版，第 18 页。

明确指出："人民有普遍的、平等的与秘密的选举权，自由选举其代表。"社会党国际十七大通过的《利马委托书》认为，民主制这一概念首先要求实现普遍直接和秘密投票选举人民代表。欧洲各国的社会民主党都宣告自由、秘密、普遍和平等的投票权。德国社会民主党的《1975—1985 年经济政治大纲》宣称："社会民主党在和平、合法和民主的道路上，通过公开的讨论和自由的选举，为获得联邦、州和基层行政区中的政治权力而斗争。它捍卫法治国家和议会民主制度的各种机构，并努力扩大这些机构，以便使每个公民都能获得更多的自决权。"法国社会党在其党章中申明，真正的民主制度要定期举行直接的无记名投票的普选，使人民可以对议员的活动和政府的施政发表自己的判断。"民主在形式上可能不同。然而，只有人民在自由选举的基本结构中可以对不同的政治选择对象自由地进行选择，只有存在着人民根据其自由意志通过和平手段改换政府的可能性，只有个人和少数人的权力得到保证，只有存在着以公允地适用于全体公民的法治为基础的司法独立制度，才有可能谈得上民主。政治民主是社会主义社会必不可少的因素。"① 可见，民主社会主义认为保证人们的选举权，就是保证了人们的民主权利，保证了人们的自由与平等。在政治实践上，各社会党也都采用的是西方自由主义民主的议会选举制度。

（三）政党制度

《法兰克福宣言》声称："民主需要有一个以上的政党有存在和当反对派的权利。"实行多党制反对专制统治，是民主社会主义政治民主的核心特征。政党制度来源于人们自由结社的公民权利。社会存在着不同的阶层、社会集团和职业。这些阶层和集团有着不同的利益，形成不同的利益集团。多党制就是各利益集团在承认国家宪法的基础上，各党派处于平等地位参与竞选、掌握政权推行自己主张的机制。法国社会党在其党章中申明，真正的民主制度必须承认政党的作用和多党制，必须保障各政党的权利。政党和政治团体可以自由组成和自由地进行活动。……要定期举行直接和无记名投票的普选，使人

① 《社会党国际和社会党重要文件选编》，中共中央党校出版社 1993 年版，第 16—17 页。

民可以对议员的活动和政府的施政发表自己的判断。不论多数党还是反对党都应尊重普选的结果，如果国家拒绝信任多数党，那么该党就应该放弃执政，而作为在野党重新进行斗争。德国社会民主党更公开宣称："德国社会民主党希望在平等的条件下同其他民主党派进行竞争，以赢得大多数人民的支持，进而建立一个符合民主社会主义基本要求的社会和国家。"① 可见，民主社会主义以人们之间平等的政治权利为基础，认可自由主义民主的政党制度，允许其他党派以民主竞争的形式掌握国家政权。

二 政治民主的理论基础——国家观

从民主社会主义政治民主的内容我们可以看出：

（一）政治民主以承认现存的国家制度为前提。德国社会民主党的《哥德斯堡纲领》明确表示："拥护德意志联邦共和国的基本法，并根据基本法的精神争取在确保自由的情况下实现德国的统一。"② 1986 年 8 月通过的《依尔塞草案》宣称："德意志联邦共和国是我们的国家，我们与其他政党一道并在与它们的激烈竞赛中建设了这个国家。我们懂得对国家负责。"法国社会党 1945 年的《原则声明》说："社会党是一个本国的党……并因为工人们被资本主义的弊害排斥于国家之外以后，曾以一个半世纪的努力和牺牲使他们自己又重新与国家合而为一，因此今天的国家已经是他们的财产，并且在很大程度是他们的手制品，他们是决心要保卫它的。"③ 1959 年社会党国际召开第六次代表大会，奥地利社会党人波拉克说："国家已经不只是资产阶级的，同样也是属于工人的，因为工人们参与管理国家，而且在许多情况下，他们'同其他阶级一起享有管理国家的权利'。据此，工人和全体劳动人民对待国家的态度也应当改变，他们不应反对现存的国家体制，而应当维护和利用它来达到自己的目标。"④ 对现存国家

---

① 《社会党重要文件选编》，中共中央党校科研办公室，1985 年，第 151—152 页。

② 《社会党重要文件选编》，中共中央党校科研办公室，1985 年，第 151 页。

③ 《社会党重要文件选编》，中共中央党校科研办公室，1985 年，第 279 页。

④ 龚加成：《全球化背景下的新探索——冷战结束后社会党国际纲领与政策的演变》，中央编译出版社 2006 年版，第 45 页。

的认可也就是对资本主义国家的认可是政治民主的前提，这就注定了这样的政治民主是在现存国家框架内的一种制度。

（二）强调国家的民主化。所谓国家民主化，就是在民主制度的框架下，国家的决定在很大程度上取决于选民的意向，也就是政治民主。国家要按照大多数人的利益推行政策，不违背所谓民主的原则。“国家是能成为克服人对人的不公正统治的合适手段，还是本身也只是这种统治的一种形式。对这一问题的回答具有深远的战略意义，因为它能决定社会民主党的政治积极性是应当主要用于在民主制国家中夺取议会权力作为实现它的经济和社会改良目标的前提，还是相反，应当用于重新组织国家和社会中的生活关系和劳动关系……”① 英国工党的理论家克罗斯兰说当时的英国社会是“国家的权力大大增加了，它现在成了一个独立的中间权力，支配国家的经济生活。”② 简单说，就是国家问题以所谓的民主形式如议会制或者重大问题以所谓“一人一票”的民主形式进行决策。

（三）突出国家的管理职能，降低或淡化国家的阶级统治功能。民主社会主义的政党制度和议会选举制度的理论前提是国家是各个阶级和利益集团进行角逐的阵地、平台。民主社会主义没有否认目前发达资本主义国家存在阶级差别，但认为可以依靠民主力量掌握国家政权、平衡各集团利益，使国家成为各阶级利益平衡的工具。德国社会民主党的《依尔塞草案》提出：“由于政治民主，我们的国家至少不再是阶级国家，而我们的社会则还是有阶级社会的许多特点”，“国家并不是必然要成为经济上占统治地位的阶级或者有势力的利益集团的工具。国家也能够成为按更加民主的方向变革社会的那种势力的重要工具”。1959 年德国社会民主党《哥德斯堡纲领》写道：“国家应当成为一个从各种社会力量中吸取其内容并且为人的创造精神服务的文明国家。”民主社会主义认为，国家已不是阶级的国家，而是人民权利的共同体。这里的人民，包括社会所有不同利益集团。国家就是

① ［德］托马斯·迈尔：《社会民主主义的转型》，北京大学出版社 2001 年版，第 20 页。

② 殷叙彝：《民主社会主义论》，中央编译出版社 2007 年版，第 137 页。

协调社会不同利益集团的平衡器，是保持各利益集团有序竞争、社会稳定的政治机制的承担者和实践者。社会民主党通过竞争可以掌握政权，推动国家按照更加民主的方向变革社会。很明显，民主社会主义已经根本否定马克思主义的国家观。

可见，从理论上社会民主党表现出了对依靠政治民主掌握国家政权、平衡各阶级利益差别的强大自信。在政治实践中，这种自信面对现实是否还能坚持下去呢？还需要在政治实践中去验证。

民主社会主义的国家理论为社会党政治民主的合理性提供了理论上的支持和解释。社会党人只有对现存国家的认同才能成为合法政党之一，才有可能参与竞争成为执政并将自己的理念付诸实践。

社会党人期冀在认可现存资本主义制度的框架内对现存制度进行民主化改革，以逐步实现所谓的基本价值目标——人的政治自由与平等。

第二节　经济民主与所有制

民主社会主义在对自由主义民主承继的同时，也看到了自由主义民主理论无法解决的困境。“一个没有任何财产的人为了生存被迫在一段固定的时间里为另一个人牺牲自己的自由。”[①] 民主社会主义对资本主义的认识也深入到了经济关系，认为资本的财产关系是带来社会不自由和不平等的根源。《法兰克福宣言》序言中写道：“社会主义的目的，是要把人们从对占有或控制生产资料的少数人的依附中解放出来。”但是，问题的焦点是如何把人们从这种财产关系中解放出来。

《法兰克福声明》讲到，“社会主义政策所立即要求达到的经济目的，是充分就业，增加生产、提高生活水平，实行社会保险与收入和财产的公平分配。”“为了达到这些目的，……它需要对经济作有效的民主管制。”这里的“有效的民主管制”就是民主社会主义改变

① 何秉孟等编著：《欧洲社会民主主义的转型》，社会科学文献出版社 2010 年版，第 31 页。

财产关系的途径。这里的经济民主完全不同于科学社会主义动摇所有制制度，在地位上是从属于政治民主的。

一　经济民主的主要内容

经济民主作为政治民主的补充，是民主社会主义经济纲领的核心内容。1969 年社会党国际第十一次代表大会通过的《关于共产党国家和共产党的发展的决议》认识到："民主社会主义者懂得单纯政治民主制的弱点和短处。因此，社会党人要用经济民主和工业民主的新形式来补充政治民主，其目的在于实现社会民主。"经济民主的核心就是经济权力的分享和监督，反对经济权力的垄断，由国家在形式上和法律上加以控制的同时，由所有社会成员参与的经济决策。

（一）否定所有制经济的根本性作用，以混合经济形式实行经济权力的分享。民主社会主义认为，公有制和私有制具有同等重要的作用，都只是实现经济繁荣的手段，因此，在经济领域采用"混合经济"。这样的经济民主理论从根本上否定了马克思主义的科学社会主义理论。"与共产主义和资本主义适成对照，民主社会主义者代表了另一条道路。我们要变革生产的决策权。我们要变革产品分配的决定权。我们要以许多不同的方式行使这些权利。""变动决定权——而无需变动所有制——是一条实现大众对生产秩序施加影响的更有效，而且也是更适当的途径。"[①]《法兰克福宣言》指出："社会主义的计划并不以所有生产资料的公有为先决条件。它容许在重要生产范围内，例如在农业、手工业、零售商业和中小型企业内，都可以有私有制存在"，"社会主义的计划可以通过各种手段来达到。应根据有关国家的本身机构来决定公有制的范围和所要采用的计划化形式。"民主社会主义在经济上所追求的目标就是经济增长、社会繁荣、人人都能平等地分享成果，在不断扩大的自由中消除屈辱的依附状态和经济剥削。"只有建立把各种形式的所有制和监督手段结合在一起的经济，

① 《社会党国际和社会党重要文件选编》，中共中央党校出版社 1993 年版，第 10 页。

才能实现这些目标。”① 这里的“各种形式的所有制”实质就是国有企业、私人企业和其他经济成分并存的“混合经济”体制。

德国社会民主党领袖勃兰特曾说：“现代社会民主党的思想应放弃随着所有制关系普遍的和模式上的改变，人类可以实现具有决定性意义的突破，以及由于生产资料私人占有形式的消除就会自动产生出人类更大自由的幻想，社会状况受多种因素影响，绝不是，也远不是仅仅受所有制条款的影响……”② 1959 年德国社会民主党的《哥德斯堡纲领》明确表示放弃“国有化这一终极论”，并指出“生产资料私人所有制，只要不妨碍建立公正的社会秩序，有权得到保护和支持。”1956 年英国工党的理论家克洛斯兰在其著作《社会主义的未来》中提出，社会主义的本质是平等而不是消灭生产资料私有制，国有化只是手段而不是目的，建议取消 1918 年制定的工党党章第四条，抛弃生产资料公有制的原则。1989 年，工党发表了《迎接挑战，实行改革》的报告，在所有制问题上，工党主张以社会所有制代替公共所有制，宣称社会所有制“不是指国家所有制或公共所有制，而是通过建立工业民主赋予工人们更多的权利。”1995 年 4 月，工党特别代表大会通过了修改党章第四条的建议，明确放弃了生产资料公有制的社会主义制度的奋斗目标，宣称工党是一个民主社会主义的政党，其目标不再是实行生产资料公有制，而是建立一种“为公共利益服务的充满活力的经济”“一个公正的社会”“一个开放的民主政体”和“一个健康的环境”。

（二）宏观来看，以国家“计划的民主化”“社会化”形式，对国家经济或企业实行监督、调节和控制。民主化就是“社会化”，这里的“社会化”是逐渐脱离国家所有制、合作社所有制或其他的社会所有制形式，对生产资料所有权的使用实行的一种社会监督形式。1983 年社会党国际第十六次代表大会通过的决议声称：“问题不在于是否需要计划，而在于谁来计划和怎样计划。……社会党人主张采取最公开最民主的形式制订计划。……我们把经济民主看作增加生产和

① ［德］托马斯·迈尔：《论民主社会主义》，东方出版社 1987 年版，第 103 页。
② ［德］W. 勃兰特：《社会民主与未来》，重庆出版社 1990 年版，第 61 页。

更合理地分配权力的一种途径。”[①] 民主社会主义认为，可以通过民主形式加强国家和政府权力限制、监督、调解私有经济为社会服务。《法兰克福宣言》指出，民主社会主义绝对不同于资本主义的计划以及任何形式的极权主义的计划，因为这两者都是拒绝对生产的公共管制与对其成果的公平分配。英国工党在1982年的纲领中指出，“我们认为，社会有权制定利用和分配社会资源的计划以满足社会的需要，既承认我们作为消费者的权利，也承认我们作为工人的权利。但是，计划必须和工业民主的发展以及政府更加开放和有反应的程序相联系。它必须能反映地方公众、公司、工人和消费者的需求。……工党将利用计划来克服英国资本主义的失败。我们将对工业实行更广泛的民主监督。”[②]

民主社会主义认为，以民主化的方式制订经济的计划，体现了工人的民主权利。瑞典社会民主党在党纲中表示：“社会民主党愿通过扩大劳动生活的民主和职工能与企业各级决策者改善劳动条件，从而实现企业的民主化，使雇佣劳动者也能影响企业的远期发展。”[③] 德国社会民主党强调，职工和工会更多地参与超企业的，尤其是地区一级的经济计划和经济政策计划是必要的。这种超企业的经济计划，必须由劳资协定双方来制订。社会党国际十八大强调，民主社会主义运动主张在混合经济的框架内实现社会化和财产公有，并提出经济民主的基本原则“不是简单地实行国家在形式上和法律上的控制，而是实行工人本身及其团体对经济决策的实质性参与”，“经济权力集中于少数私人之手的状况，必须由不同的秩序来取代，使作为公民、消费者或雇佣劳动者的每个人都有权利对生产的方向与分配、对决定生产资料的形态和对工作生活条件施加影响。这将通过使公民参与经济政策的制定，保证雇佣劳动者对工作场所实行影响，促成公开和有说明义务的国内和国际竞争以及消费者对付生产者的地位而得到实现。”[④]

---

① 《社会党重要文件选编》，中共中央党校科研办公室，1985年，第79页。

② 《社会党重要文件选编》，中共中央党校科研办公室，1985年，第432—433页。

③ 《社会党国际社会党重要文件选编》，中共中央党校出版社1993年版，第147页。

④ 《社会党国际社会党重要文件选编》，中共中央党校出版社1993年版，第25页。

（三）从企业内部来看，雇员参与企业的管理和监督，努力实现企业经济决策权的民主化和监督。雇员对企业的参与和管理的民主途径主要有：（1）制定民主的、参与性与非集中化的生产政策，对投资进行公共监督；（2）工人参与在公司与工作场所等不同层次上的联合决策。民主社会主义者认为，经济权利就是经济决策权，是跟生产资料的所有权截然不同的概念。德国社会党理论家托马斯·迈尔认为："要使决策权真正民主化，而不仅仅是形式上改变所有制。"只要经济决策权民主化，即使在私有制企业里，也能实现经济自由和公正。经济权利比如企业里的工作和人事权力，招工、解雇、工资结构和投资权力，劳动保护、保健、生产环境保护和基础结构投资权力，工资和总的工作条件权力，结构政策、社会基础结构和投资监督等方面的决策权。由于各国不同的政治文化背景、不同的工人运动历史和特点，雇员参与决策和监督的层次和程度也不尽相同，也就有不同的经济民主和经济决策参与模式。

可见，民主社会主义经济民主的实质内容是以政治权力实现劳动与资本、政府与工会之间的新型合作伙伴关系。社会党人也认为，劳资双方仍然存在利益冲突，但在维护和改善企业或产业的经济效益和市场地位方面劳资双方有着共同的利益关系。社会党人的任务就是在追求繁荣和平等的同时，积极促进工人与资本家、工会和政府之间建立起合作伙伴关系。

民主社会主义的经济民主以"民主管理和监督"的方式被提升到了能够遏制资本主义和集权主义的一种能实现人民整体利益的制度，一种能够代替资本主义的社会状态。《法兰克福宣言》中提到，"社会主义谋求用这样一种制度代替资本主义，在这种制度下，公共利益优先于私人利润的利益。……生产必须是为人民的整体利益而计划。（这种计划化）要求对经济进行有效的民主监督。""民主管理和监督"成为替代"所有制"意义的制度。

二　经济民主的实质

马克思主义的科学社会主义以生产资料公有制为社会主义社会的根本制度特征。生产资料公有制是社会主义取代资本主义的制度前提和物质基础，是实现真正自由与平等的根本保证。这是科学社会主义区别于其他社会主义的根本标志。早期的社会党人是接受马克思主义的这一理论的，并一直把建立和实现公有制作为基本的奋斗目标。但是战后，随着资本主义经济的发展，一些社会党在国有化实践受挫以后，对公有制的认识发生了变化，在理论纲领及具体政策上改变了立场。从其所谓的“经济民主”中可以看出对所有制问题态度的根本转变。

（一）否定了公有制经济作为社会主义的根本特征。公有制不再是目的，而成为与私有制一起实现自由与平等的手段。德国社会民主党在《哥德斯堡纲领》中表示：“公有制是任何现代国家都不会放弃的一种公共监督的合法形式”，“生产资料的私人占有制有权得到保护和促进，只要它不妨碍建立一个公正的社会制度。”① 奥地利社会党领导人克莱斯基表示：“这样看来马克思关于‘对剥夺者的剥夺’这个概念也就根本不再适用了。”② 法国社会党也强调，将社会主义定性为生产资料集体所有的时代已经过去。托马斯·迈尔说，斯堪的纳维亚等社会民主党“早在50年代和60年代就已经放弃了通过计划化和社会化而贯彻一种与市场逻辑完全不同的经济发展逻辑的期望”。1995年，英国工党党章第四条条款的修改，明确放弃了公有制的目标和方向。民主社会主义对公有制经济制度的放弃，完全改变了民主社会主义的性质。“一旦在所有制问题上走出这样的决定性一步，再说什么‘变革’和‘维护’制度的差别就没有什么意义了。”③ 这就从根本上决定了民主社会主义在政治光谱中的位置。

（二）对私有制经济的认识“立足于如何对权力进行监督的政治考虑之中”。民主社会主义提出：“我们谋求把公民权置于所有权之上，谋求使工人的权利高于资本的权利，谋求使消费者权利置于生产者的权利之上。”④ 即私有制经济的权力可以靠民主进行限制，民主

① 《社会党重要文件选编》，中共中央党校科研办公室，1985年，第155页。

② ［德］W. 勃兰特：《社会民主与未来》，重庆出版社1990年版，第38页。

③ ［德］托马斯·迈尔：《社会民主主义的转型》，殷叙彝译，北京大学出版社2001年版，译者前言第7页。

④ 《社会党国际和社会党重要文件选编》，中共中央党校出版社1993年版，第10页。

高于资本和权力。经济民主就是不同利益相互得到兼顾和保障。在混合经济的方案内、民主制国家设定的政治、经济和社会框架下，对私人财产权和市场进行控制，而这种控制也就是民主监督和公民对经济生活的参与。这里的“民主化”“社会化”，在愈来愈多的情况下“被解释成对生产资料所有权的使用实行占有优势的社会监督，它已愈来愈脱离替代性的国家所有制、合作社所有制或其他的社会所有制形式的含义了。”①

民主社会主义对公有制经济在实现社会主义过程中具有决定意义的否定，合乎逻辑地就容易推出两个结论：一是资本主义社会各种弊病的根源并不是私有制本身，而是财产权的使用不当以及由此产生的分配不公。所以，没有必要从根本上消灭资本主义私有制。二是公有制不是社会主义的前提和根本特征，它只是校正、修补资本主义私有制的一种辅助性手段。因此，资本主义私有制的存在是合理的，是有积极意义的，因为它既是效率的前提，又是人的自由的基础。对于私有制，应当通过民主的手段对其加以修正、改进，使之为公众利益服务。

民主社会主义的经济民主，虽然看到了阶级利益的差别和存在，但却否定了公有制经济是实现自由与平等的前提和基础性作用，而认为依靠民主管理和监督手段就可以限定私有制的权力，在民主的框架下可以实现各种利益的均衡，以至于这种“平衡”被作为了“平等”。值得怀疑的是，在存在阶级利益差别的情况下，民主在实现利益平衡的过程中到底能发挥多大的作用？这种各利益的平衡是否就实现了社会平等呢？

第三节　社会民主与福利国家制度

民主社会主义认为，民主不仅应包括政治、经济的民主，还应包括社会民主。社会民主应该作为人们的生活方式而存在，是民主社会

① ［德］托马斯·迈尔：《社会民主主义的转型》，北京大学出版社 2001 年版，第 27 页。

主义的落脚点和归宿。福利国家是实现社会民主的主要形式，也是社会民主的主要内容。

一 社会民主的主要内容

民主社会主义认为，资本主义社会“只是给了少数人，即有产阶级兑现了自由、平等”，而使社会绝大多数的人“那些没有财产的阶级，发现自己仍然处于依附的、不平等的和被剥夺的地位”[①]，绝大多数人并没有真正地享有平等、自由和民主。《法兰克福宣言》关于“社会民主与文化进步”一节中明确规定：“资本主义的指导原则是私人利润，而社会主义的指导原则是满足人类的需要”，“在分配生产成果时，首先须供给人类的基本需要……”根据《法兰克福声明》及系列文献归纳社会民主的内容包括：

（一）保障公民的社会权利是社会民主最基本的内容。《法兰克福声明》宣称，民主社会主义“不仅助长基本的政治权利，并助长经济和社会的权利”。社会权利包括：“工作的权利；医药与生产福利的权利；休息的权利；因年老、残废与失业而不能工作的公民有获得经济保障的权利；儿童福利与青年依照其才能而受教育的权利；适当住屋的权利。”只有实现了上述权利的社会才能称得上是民主社会。基于这些社会权利，一些社会民主党在其执政实践中，都致力于通过各种立法来保障人们的这些社会权利。各国社会党的纲领中几乎都对这些社会权利保障作出了规定。

（二）为公民创造平等的条件是社会民主的重要内容。机会均等始终是社会党的社会民主追求的理想和目标。《法兰克福声明》中讲：“社会主义者为取消性别之间、社会集团之间、城市与乡村之间、地区之间和种族集团之间的所有法律上与政治上的歧视而奋斗。”1973 年勃兰特在与克莱斯基和帕尔梅的信中讲道：“我们重要的历史任务之一将是，通过民主监督的、充分有效的决定体制，创造各种均等机会，在此基础上各方有关人士的广泛参加，将会抵消特权的强

---

① ［德］托马斯·迈尔：《论民主社会主义》，东方出版社 1987 年版，第 11 页。

化。"[①] 瑞典社会民主党在1978年第二十七次代表大会通过的《瑞典社会民主党纲领》中提出："社会民主党的目标是以民主的思想影响整个社会和社会成员的相互关系，使每个人都能有机会享受丰富而有意义的生活。"社会民主党人努力为"满足人类的基本需要"把民主渗透到人们生活的各个方面，使民主成为人们的社会生活方式，体现了他们为自由、平等的民主社会所做的努力。

（三）强调社会伦理道德和自由、平等、互助等原则。《法兰克福声明》中讲："社会主义的意义，不仅止于建立一个新的经济与社会制度。经济与社会的进步具有为了解放与发展人类个性的道德上的价值。"1975年德国社会民主党的《经济政治大纲》中说："在一个象我们这样的自由民主的法制国家中，在社会中占支配地位的道德规范、法律制度和所期望的社会行为准则，尤其是向个人提供教育并将其纳入社会的种种社会设施，更多地是以自由和自决、公正和相助诸价值为依据的。"[②] 各社会党都对这种伦理、道德意义上的价值在社会民主范围内进行了系统而充分的论述。

二　福利国家制度

民主社会主义的社会民主把满足人们的需要作为最终目的，利用国家权力对社会产品再分配以满足大多数人的生活需要，努力实现人们整体的自由与平等。分配领域的平等是民主社会主义社会民主的核心内容。福利国家制度是"分配正义"理论的具体制度。

（一）福利国家的内容

民主社会主义以"福利国家"形式提供全社会一种全民平等的分配结果，认为这样就是实现了所谓的"分配正义"。民主社会主义认为，就经济利益方面的公正来说，社会主义不在于消灭私有制度，而只需要改变它的分配。以此指责马克思主义的错误在于，以为一旦消灭私有制就可以保证自由和公正。收入和财产分配的不公正要归罪于一种只有利于少数人的收入和财产构成而不利于迄今的

① ［德］W. 勃兰特：《社会民主与未来》，重庆出版社1990年版，第65页。
② 《社会党重要文件选编》，中共中央党校科研办公室，1985年，第173页。

无财产者的经济和税收政策。福利国家制度被认为是实现自由与平等的基础，是社会公正的现实体现，是社会主义的实现。如英国工党强调按照需要而不是按照支付能力为一切人提供一流的社会照顾是最首要的任务之一。瑞典社会民主党认为，社会民主党人的社会主义就是福利政策，为福利所做的一切就是社会主义。可见，福利国家制度是民主社会主义的思想根基，是社会民主实现自由和平等的具体政策和形式。

民主社会主义福利国家的主要内容包括混合经济、充分就业、全面福利和公平分配等，它的重要支柱是国家干预和社会保障制度。社会党人通过强化政府权力，加强立法，高额税收、高福利形式建立比较完善的社会保障制度，即通过实行累进税，对高收入者和富人课以重税，再由国家通过社会保障的方式部分地将税收收入补贴到社会中下层收入者。通过高额税收，缩小不同行业、不同性别及财产所有者和雇佣者之间的收入差距，使财富在每个家庭之间的分配以及个人在整个生命周期中的消费大体趋于平等，基本化解由于收入差距而造成的不平等和社会矛盾。比如社会保障项目设置就比较全面。从一些国家的保障制度来看，基本设计了生、老、病、死、伤、残、孤寡、失业、教育等人生必经或偶遇的风险。英国社会学家哈罗德·韦伦斯基认为："福利国家的关键是政府保证所有公民享有最低标准的收入、营养、健康、住房、教育和就业机会。这些保障表现为公民的政治权利而不是以慈善的形式出现"①。

社会党的"社会民主"实践，为确保人的基本社会权利而采取的种种社会福利制度和社会保障制度实施的结果，使欧洲发达的资本主义各国劳动人口普通增加，失业有所下降，一般群众的物质生活水平有了相当的提高，人们受教育的范围得到扩大，妇女、儿童、老人的一些权益有了保障，在一定范围内和一定程度上，对于限制资产阶级的某些社会特权，保障和扩大一般劳动群众在社会生活领域中的某些基本的社会权利，起到了积极的作用。

① 刘丽伟：《政治哲学视域下的福利国家研究》，博士学位论文，黑龙江大学，2010年，第117页。

（二）对“福利国家”的认识

民主社会主义的社会民主表现为“分配正义”理论下的福利国家制度。福利国家是“分配正义”理论的具体制度。“福利国家不是民主社会主义的专利，但它是福利国家的积极倡导者和主要建设者却是一个不争的事实。”[①] 欧洲福利国家在欧洲社会党及所属各党的推动下得到完善并成为了民主社会主义国家的标志性特征。福利国家是民主社会主义社会民主理论的主要内容和实践，也是社会民主党自诩政治理念成功的标志性制度。甚至有人认为，“福利国家制度是国家干预主义在物质分配领域的延伸，是民主社会主义基本价值——自由、平等、公正和团结的具体化和制度化，是社会党国际在20世纪取得的最伟大的成就。”[②] 战后，社会福利国家所取得的成就被认为暂时“驯服了资本主义的结构性危机”，被看作是基本的社会主义思想的实现。“我们生活在一个应该被称为民主社会主义世纪的世纪，而社会福利国家应该被称为是我们时代最伟大的成就。”[③] 可是，福利国家真的是社会主义思想的实现吗？

民主社会主义以在资本主义国家框架内的政治民主，在混合经济基础上，实行福利国家制度，实现所谓的社会平等。民主社会主义的福利国家模式在二战后的前30年取得了巨大成功，以经济增长和福利国家的相互促进带来了民主社会主义发展的“黄金时期”。德国著名学者达伦多夫甚至认为“20世纪还是民主社会主义的世纪”[④]。但这个时期民主社会主义取得的成就是不是就是源于其理论和实践的正确性呢？这需要从一定的历史背景去分析。

福利国家不是社会民主党走向社会主义的独创，是在资本主义世界经济社会发展的大环境下与西方的资本主义共生共长的一种制度，是整个西方资本主义世界历史背景下的产物。凯恩斯主义的国家干预

① 李宏：《从消极福利国家到积极福利国家——民主社会主义探索新福利制度》，《当代世界社会主义问题》2001年第1期。

② 龚加成：《全球化背景下的新探索——冷战结束后社会党国际纲领与政策的演变》，中央编译出版社2006年版，第102页。

③ 戈尔巴乔夫、勃兰特等：《未来的社会主义》，中央编译出版社1994年版，第281页。

④ 张世鹏：《达伦多夫论民主社会主义》，《国外理论动态》1999年第6期。

理论是民主社会主义福利国家的理论基础。“社会民主党政策在战后阶段取得的成功在最主要的方面取决于这一情况：即使在没有实行社会化和经济计划的条件下，它在一个较长的时期内仍旧能有反周期的凯恩斯主义景气调控的全部手段可以作为有效的工具来供它使用，以便至少卓有成效地防止资本主义的周期性经济危机。”① 社会民主党也是以西方凯恩斯主义国家干预手段，来防止资本主义周期性的经济危机的。自由竞争的资本主义不断爆发经济危机，在20世纪30年代酿成世界性的经济大危机。面对日益尖锐的劳资矛盾，工人运动力量的强大，资本家阶级不得不做出让步；两次世界大战对经济的刺激以及苏联社会主义国家取得的巨大成就等因素直接促使了国家干预的凯恩斯主义的出现。凯恩斯主义是一种资本主义的国家干预理论。国家权力与垄断资本结合，通过扩大政府开支，实行财政赤字，增加需求，刺激经济增长。20世纪50—70年代整个资本主义经济发展进入“黄金”时期，造就了西方民主社会主义国家特殊时期的发展。70年代以后，随着资本主义世界的“滞胀”危机，西方的凯恩斯主义理论出现问题，民主社会主义福利国家模式也走到了尽头，经济繁荣与社会公正的结合日渐变得困难，民主社会主义纲领政策的政治承诺也日渐变得虚弱。“社会民主主义的‘黄金时代’在70年代的过程中由于一系列同时变得重要起来的原因而告终，在随后的20年让位给一个危机和自我怀疑的时期。”② 始于2009年的欧洲债务危机再一次证明了，福利国家是以世界资本主义经济的发展、衰退为背景、共进退的。

福利国家的建立和完善使西欧各国社会安定，人民生活得到很大改善，经济得到迅速恢复和发展，社会党的力量和影响也得到了巨大发展。但是从生产关系的角度来看，福利国家的生产和分配并没有改变资本关系。

---

① ［德］托马斯·迈尔：《社会民主主义的转型》，北京大学出版社2001年版，第72页。

② ［德］托马斯·迈尔：《社会民主主义的转型》，北京大学出版社2001年版，第43页。

第四节　三种民主的关系

“民主社会主义者懂得单纯政治民主制的弱点和短处。因此，社会党人要用经济民主和工业民主的新形式来补充政治民主，其目的在于实现社会民主。”[①] 这句话点出了民主社会主义政治民主、经济民主和社会民主之间的关系。

政治民主是民主社会主义民主理论中的首要理论，是其他领域民主形式的基础。社会党十八大《社会党国际原则声明》提出：“对社会党人来说，政治民主是其他权利与自由的必要框架和前提。”社会党人最先承认和继承的就是资本主义社会的政治民主制度。他们认为，议会制等政治民主制度是可以被利用的。政治民主一直都是民主社会主义民主理论的核心，被认为是实现经济和社会领域民主的先决条件。没有政治民主，经济民主、社会民主就没有意义也无法实现。

经济民主是政治民主的补充、实现社会民主的手段。民主社会主义在经济领域实行的民主是对政治民主的补充，又是在政治民主的指导和框架下的民主。“这一方案（混合经济制度的社会民主主义方案）把广泛的，但受社会制约的私人财产权与对经济决策的市场调控结合起来，而市场调控本身在政治上又是受民主制国家设定的社会、经济和政治框架约束的。”[②]

政治民主、经济民主是实现社会民主的手段，最终是为了实现人们在社会生活中的自由与平等。“在这一经验过程结束时形成的社会民主主义经济纲领的核心是这样一种制度化指导思想：对保护雇员在经济中的尊严承担责任，使经济行为的成果以公共福利为准则并且要负责使充分就业和分配公正达到可能实现的程度。”[③]

社会民主是民主社会主义的最终目的和归宿，是政治民主和经济

---

① 《社会党国际文件集》（1951—1987），黑龙江人民出版社 1989 年版，第 224 页。

② ［德］托马斯·迈尔：《社会民主主义的转型》，北京大学出版社 2001 年版，第 27 页。

③ ［德］托马斯·迈尔：《社会民主主义的转型》，北京大学出版社 2001 年版，第 27 页。

民主的最后落脚点。社会民主的状态直接衡量着社会主义的实现程度。无论是社会民主主义时期还是民主社会主义时期，社会民主的目标都没有改变过，是民主社会主义的身份特征、实质和核心。社会民主通过高税收实现经济领域劳动成果的合理分配，促进了人们生存和生活权利的社会保障，促进了人们在工作、家庭和社会一切领域内的平等权利，维护了人们的自由和尊严。民主成为人们生活的方式，直接促进了整个社会领域实现社会主义。社会民主不仅是实现社会主义的手段和途径，也是民主社会主义的目的和归宿。

民主社会主义力图通过民主化方式掌握国家政权，以国家权力的形式推行政治制度，经济领域对私人资本的决策权力转移到政府或工人手中，他们认为，"经济权力的这种转变本身就被认为是民主的进步，它代表着经济民主的一种形式，是对通过充分就业和福利国家所实现的'社会'民主主义的一种补充"①。

民主社会主义的民主理论和在国内的政治实践主要就是三个方面，即政治民主、经济民主和社会民主。政治民主是前提，经济民主是补充、是在政治框架内的经济手段，主要是为了实现社会民主。完全的社会民主实际就是民主社会主义理想的自由与平等的社会主义社会。综合看来，加强国家权力干预是贯穿整个民主理论的线索，以掌握的国家权力保证公民的政治经济社会权利。强化政治民主是民主社会主义的前提和基础，而不是经济方面生产资料的社会主义所有制，这很明显是政治决定经济的逻辑关系。

第五节　以民主实现社会主义的逻辑

承继启蒙运动时期的自由、平等思想，建设自由平等的社会是民主社会主义的政治理想和价值目标，也是民主社会主义理论和实践的原动力、思想本源。

自由与平等的价值贯穿整个民主社会主义纲领文献，是统筹民主

---

① ［英］安德鲁·格林编：《新自由主义时代的社会民主主义》，刘庸安、马瑞译，重庆出版集团、重庆出版社 2010 年版，第 7 页。

社会主义理论的最高价值、逻辑核心和推动力。

民主社会主义理想的社会主义社会就是一个自由、平等的社会，自由与平等实现的程度就是社会主义实现的程度，社会主义成为了以自由平等为核心的道德原则和价值。对这种社会主义的追求是民主社会主义理论的价值落脚点。

自由与平等是民主和社会主义的共同的核心价值，民主也顺乎逻辑地成为实现社会主义社会的主要手段、途径和目的，民主社会主义对民主途径的选择是受其对社会主义的理解所支配和决定的。民主是实现民主社会主义理想的途径，实现了民主就是实现了社会主义，就实现了自由与平等的价值，民主又成为了目的。民主社会主义的主要理论和实践就是有关民主的理论和实践，对民主理论和制度政策的完善是民主社会主义致力的核心工作，是以政治民主统领经济民主和社会民主的逻辑线索。

民主社会主义以自由与平等的价值为核心，试图以政治、经济、生活的民主实现价值的社会主义。这种以民主方式实现社会主义的论证逻辑，没有触动资本主义社会的根本制度，社会基础依然是生产资料的资本主义私有制，社会运转的核心是资本的逻辑。以民主方式实现社会主义的逻辑在现实的资本逻辑面前是无力的、脆弱的。民主的方式改变不了资本的逻辑，动摇不了社会不自由、不平等的基础。因此说，这是从一种良好的道德愿望出发的民主理论，是以政治决定经济，以民主的形式实现社会自由与平等的一种逻辑，是一种从唯心主义哲学观出发的政治理论。

从历史逻辑看，民主的出现早于社会主义，但却落后于社会主义。民主的真正实现只能是在社会主义的发展过程中逐步实现，脱离了社会主义的制度基础，就没有真正的民主。民主社会主义对民主经济根源的忽视，必然以落后的民主形式论证先进的社会主义社会形态，最后社会主义只能沦为一种脱离现实物质基础的价值原则，成为整个民主理论体系充满矛盾和冲突的根源。

第四章　民主社会主义民主逻辑悖论

“社会民主主义的方案从开始起就带有两个矛盾，它们起初对热心致力于这一方案的人们起过激励作用，但是很快就引起不满并且成了实践的负担。”“两个矛盾中的一个出自纲领中宣称的目标与政治实践之间的鸿沟，另一个则是由于这一诺言未能兑现：随着社会民主主义纲领的实现，不仅能达到自由和公正，而且社会矛盾本身也能得到消除。”① 民主社会主义认为，只要能够实现其纲领目标，就能消除资本主义的社会矛盾，就能实现所谓的自由与平等。可实际情况却是，政治实践与政治目标之间存在着巨大的鸿沟，在实践中对未来理想社会状态的承诺并没有得到实现。为适应现实的需要，在实践中，不断采取实用主义的策略，在现实面前逐渐远离其政治目标和价值理想，转向了所谓的“第三条道路”，在政治上日益与自由主义靠近并界线模糊。

民主社会主义民主理论的抽象性、模糊性及经不起逻辑的推敲与实践的验证，致使其政治诺言不能实现，自由与平等的理想落空，传统的政治立场和纲领出现危机。

第一节　“社会主义”概念存在的问题

二战以前，社会民主主义与科学社会主义的主要区别在于改良还

① ［德］托马斯·迈尔：《社会民主主义的转型》，殷叙彝译，北京大学出版社 2001 年版，第 14 页。

是革命，双方都承认社会主义还是一种对资本主义的制度替代和必然性。但是二战后的民主社会主义否定社会主义作为一种制度的结构理论，追求的不再是一种社会制度的社会主义，而是一种价值社会主义。对社会主义认识的这种改变，首先带来的是“社会主义”概念本身出现的不确定性和衡量标准的抽象性。

一 “社会主义”概念的模糊性

民主社会主义认为，社会主义既是一种永恒的价值追求，又是不断适应现实需要接受新的价值的一个过程。从静态来看，社会主义是实现自由与平等的社会状态；从动态来看，社会主义又是实现自由与平等价值原则及不断吸收新价值的变化过程。

社会主义是一种实现了自由与平等价值原则的社会状态。也就是说，在这样的社会状态下，无论是社会的政治、经济还是社会各方面都体现了人们之间的自由与平等。这是一个没有阶级剥削和压迫的和谐社会，是人类追求的最美好状态。那么，自由与平等作为价值，在现实中又是怎样的衡量标准呢？用自由与平等的抽象价值来界定理想社会状态，是否具有客观性和科学性呢？又具有多大的可操作性和可评判性呢？

社会主义既是对自由和平等永恒价值的追求，又要不断在现实中接受新的价值。这样对社会主义的价值追求方面就是一种不确定状态。在现实中，社会主义恐怕就会沦为适应政治需要的一个实用主义概念、被政治把玩的一个理论工具。

社会主义既是实现了自由与平等价值的社会状态，又是不断走向自由与平等的运动。社会主义是一个过程和运动，就是在当前的社会样态里，还没有实现自由与平等，人与人之间还没有达到自由与平等的和谐。那么，根据社会主义是一种实现自由和平等的社会状态，那么处于运动中的状态又怎么能称之为社会主义呢？这样，把社会主义界定为既是一种状态又是一个运动，既是一种未来式又是一种现在式，就会使社会主义的概念存在着难以把握的模糊性和不确定性。

从人类社会发展来看，人们一直处在对自由与平等不断追求的过程中。自从有了人类至今，对自由与平等的追求就是人们孜孜追求的价值目标。人类社会发展的历史可以说就是追求自由与平等的历史。很显然，我们不能说对自由和平等的追求过程就是社会主义。自从有了人类社会以来，对自由与平等的追求都是发自人内心深处的理性呼唤，而自由与平等不同的价值取向导致二者的价值冲突构成了人类的自然法基础。人们对平等的要求是基于不平等现实中弱者的呼唤。人类在原始社会时期，迫于生产力水平的低下和物质资料的匮乏，人们过着自由而平等的生活。但是生产力水平的低下限制了人们生存的自由状态。随着人们征服自然的能力提高，出现了私有制，人们之间出现了经济地位的差别，出现了阶级的差别。自由与平等的价值冲突显现。在奴隶社会，奴隶的自由仅限于为奴隶主做牲畜牛马劳动的自由，平等是奴隶主阶级内部的平等。对自由、平等理想社会的追求就成为人们早期发出的理性呼唤。中国古代《诗经》里对“大同”社会的设想，陈胜、吴广的揭竿而起、西方柏拉图的《理想国》、斯巴达克的起义等无不是表达了对自由与平等追求的理想和实践；在封建专制和神权压制下，封建社会严格的等级社会，人们只有在土地上耕作的自由和阶级内的平等。对自由和平等的向往，使农民阶级聚集在最初的资产阶级“自由、平等、博爱”的旗帜下，向封建制度开始了争取自由与平等的斗争。但是，随着资本主义制度的建立，资本逻辑下虚伪的自由与平等掩盖了人们之间更大的不自由和不平等。人们只有出卖自己劳动力的“自由”，只有“一无所有”条件下的“平等”。自由与平等依然是人们追求的理想。所以，可以说，人类社会的历史就是人们争取自由与平等的历史。而只要存在着不同的阶级就存在着根本的利益对立，就存在着不平等、不自由，就不可能实现人类真正的自由与平等，自由与平等就依然是人类不断追求的一种理想。

所以，把社会主义定位于自由与平等的价值原则和实现过程，其结果就是使社会主义脱离现实基础，成为了一种超越社会历史和现实发展的价值和乌托邦形态，而不是与资本主义相对应的社会形态。

二　“自由平等”尺度的抽象性

自由与平等实现的程度被作为衡量社会主义实现的标准和尺度。

这是按照一种普遍适用的道德尺度对社会制度和社会关系做出的价值判断。这里的道德和价值是超越人类社会现实永恒不变的原则和标准。

自由与平等具有历史性、具体性、阶级性。恩格斯在《反杜林论》中说："我们拒绝想把任何道德教条当做永恒的、终极的、从此不变的伦理规律强加给我们的一切无理要求，这种要求的借口是，道德世界也有凌驾于历史和民族差别之上的不变的原则。相反，我们断定，一切已往的道德论归根到底都是当时的社会经济状况的产物。"①不同的历史阶段、不同的阶级，人们对自由与平等的理解和要求不同。处于奴隶社会时期和封建社会时期以及资本主义时期，不同的生产力阶段，人们对自由与平等的要求不同。在阶级社会里，统治阶级和被统治阶级对自由与平等的要求也不同。资本主义社会，资产阶级要求贸易的自由、竞争的自由、雇佣劳动力的自由，无产阶级是支配自己劳动的自由；平等，对资产阶级来说是消灭阶级特权的平等、是资产阶级内部的平等，而无产阶级要求的是消灭阶级差别的平等。所以，以一种抽象的、一般的、永恒的自由与平等价值作为衡量社会主义实现的标准，而这种自由与平等的价值信念又是以个人的目标、明确的良心决定为前提，很明显，这种衡量尺度不是唯物主义，而是一种主观经验主义的判断。

"基本价值是社会党用来进行时代分析的'规范性参照框架'，但分析本身即对当代社会的经济、政治、社会状况的论断都要以当时的社会科学的有效的标准为根据。社会党没有任何本身特有的社会科学，它对各种社会科学的讨论持开放态度。"② 社会党没有科学有效的分析标准，只能是开放的，采用其他的分析和判断理论。以主观的经验判断为前提采用不同的分析框架和判断标准，又如何做到判断的科学性？"马克思的思维方式是不应当把事物的'一般概念'作为认识和评价经验事实的根本标准。研究的出发点应当从理性、精神的领域向社会现实的物质生活领域转移，只有找到政治现象赖以产生的客

① 《马克思恩格斯选集》（第3卷），人民出版社2012年版，第471页。

② 殷叙彝：《民主社会主义论》，中央编译出版社2007年版，第125页。

观的社会关系根源，具有主观随意性和个人感情性的认识和评价，才可以让位于客观的科学研究。"① 由此可见，对民主社会主义以抽象的"自由平等"价值实现的程度作为衡量社会主义的标准，其科学性是无法得到确定的。

第二节　民主道路的两难处境

民主社会主义期望以民主在社会各领域的渗透，逐渐实现社会主义自由和平等的价值原则。民主道路的被选择，就是排斥了革命暴力，即通过民主方式达成社会各利益集团在国家和社会重大问题上的一致性。那么，这里就存在着一个根本的问题：在人类社会仍然处在不同利益分化的资本世界，不同利益集团的人们能够在民主制度下达成利益一致、实现自由与平等吗？在以资本逻辑为核心的社会，民主能够真正得以实现吗？美国的塞缪尔·鲍尔斯说："在民主乃是保障个人自由权和使权力的运用负有社会责任这个直截了当的意义上面，今天没有任何一个资本主义社会可以合理地成为民主社会。"②

民主社会主义之所以放弃革命的手段，而选择民主，就在于他们认为只有民主方式才能体现自由与平等，也只有民主才能实现社会主义。正是民主社会主义对"社会主义"的界定，民主成为实现社会主义的途径就成为了必然的选择。

民主社会主义认为，通过政治民主方式可以掌握国家政权，使国家成为实现社会各阶级利益平衡的平台，从而实现社会公正。民主是争取和掌握国家政权的方式，也是实现所谓社会主义的途径。这里，民主社会主义认为国家可以被掌握，是"人民利益的共同体"，否定了国家的阶级性，但却是以承认社会存在阶级性为前提的。正是社会存在阶级性，才使用民主方式掌握国家政权来平衡各方面利益。以社会存在阶级差别为理论前提，又否定革命的途径和方式，选择民主的

① 张涛：《马克思关于民主国家与资本主义社会之间张力的分析》，《深圳大学学报》（人文社会科学版）2009 年第 4 期。

② ［美］塞缪尔·鲍尔斯、赫伯特·金蒂斯：《民主和资本主义》，商务印书馆 1993 年版，第 3 页。

方式，恐怕从一开始就使民主陷入了手段与目的的两难境地：

首先，既然承认社会存在着阶级利益的差别，那么，在阶级利益根本对立的情况下，少数人掌握大量的社会财富，这种经济权力渗透到国家与社会的方方面面。而大多数的人只有少数财富和社会资源。这种情况现在被总结为“二八规律”。拥有大量财富的有产阶级通过经济对政治的渗透，必然掌握着国家政权。拥有大量财富的人成为统治阶级，大多数没有财富或拥有少数财富的人成为被统治阶级。被统治阶级要取得与统治阶级一样的权利，恐怕就意味着对统治阶级经济的“掠夺”，这在统治阶级看来应该是非常不情愿的。如果说被统治阶级采取民主的方式平分统治阶级的财富，恐怕不是一厢情愿的事情。因为，“当我们决定与敌人和平相处时，首先要看敌人有没有和你保持和平相处的意愿，其次要看具不具备和平相处的条件，最后也是最重要的一点，要看选择的主动权是否在你手中。”[①] 民主社会主义如果坚持民主原则，就无法取得政权，因为“没有一个压迫阶级会主动放弃阶级统治，除非在力量博弈中它没有看到胜利的希望。”[②] 如果掌握政权的阶级愿意拱手相让权力，就等于放弃自己的利益。如果统治阶级不愿意放弃这种权力，民主就根本不可能；即使统治阶级愿意分权于被统治阶级，恐怕也是缘于力量对比情况下的暂时弱势。因此说，在承认存在阶级利益对立的情况下，凭借民主的原则夺取统治阶级的国家权力，实行各阶级的利益平衡，这本身并不取决于被统治阶级的意愿。

自原始公社解体以后，历史上每一个阶级社会，都是以一种剥削制度代替另一种剥削制度，以一种私有制代替另一种私有制，新的私有制的生产关系都可以在旧的制度内部自发孕育、产生。即使这样，纵观历史上各种社会制度的更替，几乎都是在血雨腥风中完成历史的更迭。社会主义生产资料公有制的生产关系，同资本主义生产资料的私有制关系是根本对立的，社会主义生产资料的公有制不可能在资本

① 张飞岸：《空想的民主社会主义——对中国民主社会主义改良派的回应》，《马克思主义研究》2008 年第 10 期。

② 张飞岸：《空想的民主社会主义——对中国民主社会主义改良派的回应》，《马克思主义研究》2008 年第 10 期。

主义社会内部生长起来。在资本主义社会，无产阶级一无所有，要建立生产资料公有制，就必须把资本家占有的生产资料转为公有。要资产阶级放弃资本的所有权，把资本转归社会所有，这在资产阶级来说，是绝对不会答应的。资本的本性决定了资产阶级不会自动退出历史舞台，必然要用国家机器保护资本主义私有制。因此，无产阶级如果采取民主的方式推翻资产阶级的政治统治，恐怕真正属于一种美好的愿望而已。

其次，即使是历史的偶然、社会各方面的因素导致民众依靠民主的方式取得了政权，但，在存在阶级利益对立的情况下，这种试图调和各阶级利益的民主形式是否能保持政权？是否能有共同的政策表达各阶级共同的利益？都是值得怀疑的。因为民主本身存在权力的分散性，民主的形式本身会使一个政党在政治上处于一种无能状态。在阶级利益对立情况下，经济利益对政治权力的渗透，会使民主早晚受经济利益的摆弄而处于被控制状态，从而失去其本质意义，最终无法控制国家却又回归原来国家权力的窠臼内。

最后，民众依靠暴力革命形式取得政权，依靠民主方式是否能巩固政权呢？毛泽东说："革命不是请客吃饭，不是做文章，不是绘画绣花，不能那样雅致，那样从容不迫，文质彬彬，那样温良恭俭让。革命是暴动，是一个阶级推翻一个阶级的暴烈的行动。"① 民众依靠暴力革命的形式夺取了敌对阶级的经济、政治权利，而敌对阶级绝对是不肯轻易退出历史舞台的，即使在失去政权后，也不肯善罢甘休。利益的根本对立性必然导致两大对立阶级之间的阶级仇恨，这种阶级仇恨是你死我活的斗争。这个时候夺取政权的民众放弃了阶级专政的方式巩固政权，与对立阶级搞民主，恐怕最后的结果必然是再一次沦为被统治阶级。

民主社会主义努力以民主的方式对政治、经济和社会进行控制，对私人财产权和市场经济进行控制，这本身就是民主本身力所不能及的；努力在民主制设定的框架内实行各种不同利益的平衡，也是要取决于私人利益者的主观妥协和雇佣劳动者的力量了。

---

① 《毛泽东选集》（第 1 卷），人民出版社 1991 年版，第 17 页。

民主社会主义既承认社会存在各利益的差别，又想用一种出于良好道德愿望出发的民主手段实现各阶级的利益平衡，从而“长入”“自由而平等”的社会主义，这是本身存在两难处境的民主所不能做到的。

马克思主义认为，在阶级社会里，国家是阶级统治的工具。国家的主要职能是统治阶级镇压被统治阶级，社会职能是其次。在资本主义社会，工人阶级必须夺取政权并且打碎旧的国家机器，才能建立无产阶级专政的社会主义国家政权。在向社会主义过渡的阶段，非社会主义因素和社会主义因素存在于经济、政治和文化等社会各领域，在强大的无产阶级专政下，社会主义因素逐渐战胜非社会主义因素，逐步走向真正的社会主义。

随着工人运动的发展，特别是工人阶级独立政党的建立，马克思、恩格斯并不否定民主的手段性作用，并对工人阶级利用现存国家改变自己经济和政治地位的可能性和必要性以及已经取得的成就作了充分的估计。马克思辩证地指出，工人阶级已把普选权由欺骗的工具变成解放的工具。马克思、恩格斯也曾指出，在个别发达资本主义国家，工人阶级有可能通过议会民主制度达到实现社会主义的目的。但也只是一种设想，并未在任何国家成为现实。这里议会民主制的使用是国家在具备特殊历史文化传统的情况下走向社会主义制度的一种手段。马克思并没有否定民主取得政权的可能性，但民主只是作为一种夺取政权的手段而存在的。在取得政权后的无产阶级专政是走向社会主义的政治保证。

所以说，民主社会主义的民主道路是其自由平等的价值原则所决定的必然选择。但在承认社会存在阶级利益差别的前提下，这种选择在理论逻辑和实践过程中也确实存在两难的处境。

第三节　自由与平等价值的困境

对自由与平等价值的追求是民主社会主义民主乃至整个理论的逻辑核心和政治目标，各国社会党的纲领文献都贯穿了这一基本价值。但是，由于民主社会主义民主理论本身的缺陷和不足，我们从其理论内容的逻辑本身不能导出自由与平等的结果。

一　政治民主——自由与平等的形式化

民主社会主义政治民主的理论存在着品质的缺陷，理论与实践相互脱节，而实践更加远离其追求的核心价值。

（一）理论缺陷

政治民主是民主社会主义民主理论的首要理论，是其他领域民主的基础。但是在其理论的逻辑推论中却不能推导出想要的结果。

1. 政治民主推导不出经济民主。民主社会主义认为，以政治民主对国家权力的掌握，就能实现经济、社会的民主，实现人们的自由与平等。按照这样的理论，政治民主应该能推导出经济民主。所有的人都具有平等的政治权利和地位，并以法律的形式即“法律面前人人平等”来保证。每个公民都平等地享有“一人一票”的选举权利，也都可以自由地参与并享受这种平等权利。这样的形式似乎体现了公民的自由与平等。但是，按照民主的本质精神来说，民主是权力的分散，是“人民主权”下的“多数人统治”。“多数人统治”的政治民主应该是经济上处于弱势地位的大多数雇佣劳动者对国家政治权力的掌握，大多数弱势地位的人民通过其拥有的主权地位以及民主政治的制度架构，就可以改变自己的经济、政治及社会地位，就可以求得与资本相对平等的经济占有。而公民的这种权利又是在国家法律的保障下，那么理所当然就会推出，政治民主下公民在经济、政治和社会地位的平等，最重要的是经济的平等。这是政治民主应然状态的推论。可事实却是，“的确，财富不仅造成了对物的控制，也造成了对人的控制。这种权力在生活的许多不同方面发挥了出来，其中有一部分肯定是通过国家起作用的。”① 也就是说，不是人对财富进行了控制，而是财富通过对物的控制，控制了人。人在财富的控制下成为依附于物的存在。资本的私有确定了人们经济地位的差别，也造就了人们在社会中的不平等地位，形成了不同的人们在政治上不同的权利和地位。所以，政治民主推导不出经济上的自由与平等。资本对人的控制

① ［美］C. 赖特·米尔斯：《马克思主义者》，商务印书馆 1965 年版，第 122 页。

带来的人们经济上的不平等与政治民主的基础作用相悖。这样，就暴露了这种政治民主“其理论的功用只囿于标榜或象征意义”①，所标榜的自由与平等只是形式上的，而并非实质的。

民主社会主义夸大政治民主的作用，他们认为，“这是因为由谁掌权，怎样决定当权者，怎样行使权力，当权者和被治理者之间配合或矛盾的关系如何等问题都是由政治所决定的”②。政治被提到了社会关系的基础层面。可是，“权利决不能超出社会的经济结构以及由经济结构制约的社会的文化发展。”③ 生产力决定生产关系，经济基础决定上层建筑。只要不改变资本主义的生产关系，资本是社会运转的核心逻辑，资本利益关系的本质决定了资本对政治权力的占有和垄断，决定了“民主”“自由”只会对资产阶级有真正的意义。资本权力对政治的渗透，使政治成为资本的工具和手段。经济上的自由必然带来经济地位的不平等，而经济的不平等决定了人们政治地位的不平等。当人们还受制于现实物质关系，为生存和生活而奔波时，又能有多少真正的时间和精力去享受政治的民主呢？“庞大的多数不再受到法律的奴役，不再依附于法律，却受到了贫困的强制。他们依然被束缚于一个地点，一种职业，被迫和雇主的意志保持一致；他们由于出生的偶然性而被剥夺了娱乐，被剥夺了发展心理与道德的有利条件，而其他人则无须努力，不靠赏罚就继承到了这些东西。”④

2. 政治民主的理论基础——国家观存在的悖论。民主社会主义的国家观是政治民主的理论基础和根据。他们认为，社会存在不同的阶级和阶级利益，但国家是“人民的共同体”。在这个共同体内，以民主的方式可以实现各不同利益集团之间的利益平衡。“不同利益集团”的说法说明民主社会主义承认社会存在阶级、存在阶级利益的差

---

① 卜广庆：《自由与平等的张力运动在资本语境下的历史演进》，《江苏大学学报》（社会科学版）2009 年第 1 期。

② ［法］雷蒙·阿隆：《社会学主要思潮》，上海译文出版社 1988 年版，第 208 页。

③ 《马克思恩格斯选集》（第 3 卷），人民出版社 2012 年版，第 364 页。

④ ［英］约翰·密尔：《密尔论民主与社会主义》，胡勇译，吉林出版集团有限责任公司 2008 年版，第 300 页。

别，那么就存在着根本的不平等——物质财富关系的不平等。同时，又指出“民族国家作为不同利益集团凝聚力的保护者，它的作用是基本的”，这里国家的基本作用是调节、平衡各阶级的利益。各阶级在国家民主化的框架下似乎应该能够实现阶级利益的平衡，体现一种社会公正和平等。

可是，“利益的平衡”是不可能体现“社会公正和平等”的。根据马克思在《哥达纲领批判》中关于拉萨尔的“劳动所得应当不折不扣和按照平等的权利属于社会一切成员”的话，提出的质问：“‘属于社会一切成员’？也属于不劳动的成员吗?”那么依此，我们可以推论，民主社会主义国家是“人民利益共同体”也包括“资本利益集团”吗？资本利益与大多数的雇佣工人的利益是根本对立的，他们之间又怎么能够形成利益的共同体呢？所以，这里仅仅是一种在资本能接受的范围内的利益“平衡”，而不可能是“社会公正和平等”。可见，这样的表述本身内含着理论品质的不足。

社会党人是在资本主义制度的范围内坚持的价值社会主义，也就是说，他们认为，选举、议会辩论、工会活动以及合作是比革命更为可取的方式。所以，社会党政府满足于固有的资产阶级民主政治制度，未采取任何重大措施对垄断权力控制下的政治结构进行真正的制度改造。这样的理论前提下，必然带来的是理论的缺陷和不足。

（二）实践对价值的偏离

由于理论本身的缺陷，随着世界资本主义经济政治形势的变化，20 世纪 70 年代以后，许多社会民主党陷入了政治危机，其中“一个很重要的原因就在于西方社会民主党自身的理论主张和竞选纲领严重脱离实际……”① 如果说民主社会主义在理论上与科学社会主义分道扬镳，那么实践中的“民主社会主义”（即“民主社会主义者”的现实政策）比理论上的民主社会主义更加远离“民主”和“社会主义”。把“自由、平等、互助”的价值原则和愿望写进纲领，但在实际执掌政权期间，却大大偏离了其主旨。

① 侯衍社：《“超越”的困境——“第三条道路”价值观述评》，人民出版社 2010 年版，第 32 页。

1. 在政治实践中，社会党逐渐离开其社会基础，党派竞争成为竞争者个人的竞争。政治民主主要包括政党制度、议会制度和选举制度。从理论上来讲，社会党代表的应该是工人阶级，其选民基础也应该是广大工人，其政策价值取向应该是工人阶级的利益。可是，在政治实践中，社会党为了获得执政地位逐渐淡化其这些原则。社会党一旦当选，推行的政策与其他党派的政策几乎没有差别。比如，1968—1971 年丹麦的右翼多数政府就奉行的是前社会民主党人的“支出和税收”政策。英国的布莱尔工党政府则采取了前任保守党的一些政策。党派执政的政策具有连续性和继承性。这样的结果实际上是社会党与其他党派政策实施的继续和发展，并没有真正体现工人阶级的社会基础。反对党在参加竞选的时候，对现任政府进行批评，但是大家都知道，如果他们当选了，他们的政策是不会有根本改变的。最后，党派的竞争会逐渐演化为竞争者个人状态的竞争。“两党之间的差别如此之小，以至于选民的决定只取决于意外的问题——比如一次丑闻、竞选人的个性或一次电视辩论，有时候也取决于现任政府的失误”[①]。20 世纪 80 年代改革后的西班牙工人社会党被认为已经成为一个几乎没有年轻党员的追名逐利的中产阶级政党，党的领袖们更关心自己的权力、仕途、官缺和回报，而不再是本政党的思想、价值目标以及路线、策略和政策。有人提出，当法国“同资本主义的决裂”不再成问题时，法比尤斯、莫鲁瓦和若斯藩之间的争论就绝不再是意识形态或问题之争，而成为他们之间的个人之争。在实践过程中，也是党派之间的竞争，逐渐演化为竞争者个人人格魅力、外表形象等因素之间的比拼，从竞选者到选民都看重的是竞争者个人因素，而忽视了其背后的党派以及所代表的社会基础，远离了其所在政党的价值追求和思想路线。

2. 社会民主党与其他政党之间的合作，身份模糊。如荷兰在 1946—1958 年的历届政府全部是工党与中翼的联合，其中两届还包括右翼。瑞典的社民党第一任主席称瑞典是“一个由妥协者支配的国

---

① ［英］安德鲁·格林编：《新自由主义时代的社会民主主义》，刘庸安、马瑞译，重庆出版集团、重庆出版社 2010 年版，第 307 页。

家”。社民党与保守党、自由党、农民党进行广泛的妥协，二战后这种妥协政治进一步制度化，通过“星期四俱乐部”“哈普森民主”等妥协机制，努力在各大利益集团之间取得谅解与合作。这种不同社会基础的政党之间的合作是脆弱的。利益的差异性导致了政党之间联盟的脆弱性，也正是这种脆弱性使这种联盟能够包罗众多类别的群体。社会民主党的这种做法导致了选民的大量流失，在选举中的得票率下降，出现了所谓的“民主赤字”，即公众对政治家的信誉、政党是否真正关心选民的利益的判断和对政府机构的信任等呈下降趋势，参与热情和信心下降，很多人不再关心选举等情况。社会党人与其他党派的联盟与合作，淡化了自己的身份特征，模糊了自身的社会基础，也远离了其所追求的核心价值和思想。

在实践上，民主社会主义的政治民主只是在所谓自由民主制度框架内的游戏，远离了其“社会主义”追求自由和平等价值的纲领，“自由与平等”仅仅被停留在纲领中，“社会主义”也只是一个“含糊不清的未来”。

在现存国家的框架下，社会党通过选举、政党竞争执政。从理论上讲，社会党一旦执政可以利用国家政权的力量实行有利于工人阶级的政策，保证工人阶级和广大人民的权利。但是实际上，由于没有触动和根本改变资本主义的经济制度，社会党执政在很多方面受到资本主义各种矛盾的制约，受到资本家利益集团的压力，不可避免地会出现，社会党的执政实践不能满足工人阶级的要求，甚至会走向同工人阶级对立的状态，特别是在经济萧条和停滞时期。这样，社会党的执政地位就难以保持，其政策也就缺乏持久性。很明显，民主社会主义的政治民主作为承认现存国家制度下的一种政治目的而存在。

民主社会主义是把现有的民主形式当成理想的状态，把经过改良的资产阶级民主观当成具有普遍性的民主内容，最终造成了民主的普遍价值同民主社会主义民主价值之间的内在矛盾，产生了以民主观念论证社会主义的颠倒的论证逻辑。

由于民主社会主义政治民主“这种生产关系的基础上实行的行政上的改良，因而丝毫不会改变资本和雇佣劳动的关系，至多只能减少资产阶级的统治费用和简化它的财政管理"①。这样的结果只能是社会民主党在执政过程中逐渐损害的是自己的社会基础。不改变资本主义经济制度的政治民主，到底在多大程度上能够引导资本主义国家走向自由与平等，是值得怀疑的。

二 经济民主——自由与平等的冲突

民主社会主义批判自由主义的"财产的绝对权利与平等的自由权相抵触"，无限制的财产自由权是自由的前提条件，这样，"一个没有任何财产的人为了生存被迫在一段固定的时间里为另一个人牺牲自己的自由。"② 这种少数人的自由限制了多数人的自由，必然导致不平等。民主社会主义对自由主义进行批判的同时提出了自己的经济民主主张，即以民主限制经济，以民主的方式限制资本权力的扩张，资本与劳动可以协调相处。"不过国家必须阻止私有者滥用他们的权力。国家可以、而且也应该在计划经济的范围内帮助私有者，使其对增加生产与福利方面有所贡献。"③ 民主社会主义认为，在经济增长的前提下，自由市场社会中的每个人都可以和谐相处。经济的增长，也是工人和资本家共同的利益。当资本家得到更多利润的时候，工人们也可以获得相应的利益，社会上所有的冲突都可以比较容易地得到解决。这实际是把蛋糕做大的理论。

（一）经济民主理论推导不出自由与平等的统一

自由与平等的价值统一是所有民主理论追求的价值目标，也是民主社会主义民主的政治追求。但是按照民主社会主义的经济民主理论，并不能解决自由与平等的实质冲突。

1. 经济民主中经济权力的分享，肯定了生产资料私有制和市场经济的合理性，必然带来对民主基本价值的背离。一方面，生产资料私有制和市场经济的存在是自由与平等实质冲突的根源。柏拉图早在其《理想国》中就阐述过私有制是一切罪恶的根源的思想。亚里士

---

① 《马克思恩格斯选集》（第1卷），人民出版社2012年版，第430页。

② 何秉孟等编著：《欧洲社会民主主义的转型》，社会科学文献出版社2010年版，第31页。

③ 《社会党重要文件选编》，中共中央党校科研办公室，1985年，第5页。

多德表述了私有制经济是自由与平等冲突的根源。私有制经济等于承认了私人占有生产资料的自由，工人出卖劳动力的自由；市场中竞争的自由、贸易的自由。这种自由发展的结果必然是人们之间的不平等。只要资本占有生产资料，工人靠出卖自己劳动力为生的基本关系没有改变，资本占有工人剩余劳动价值的事实根本就没有改变，自由与平等的矛盾冲突就必然存在不可调和的矛盾。另一方面，生产资料私有制和市场经济本身是反人类自由和平等价值的。市场经济的理论本身具有强烈的反人类基本价值的内容。私有制和市场经济下人类的存在法则如同动物世界一样，是“弱肉强食”的丛林法则。这种把人的动物性的一面作为人类的存在法则，违背了人的社会性、人性的一面。如果把私有制经济前提下的市场经济作为实现人们自由和平等的完美的社会设计，市场法则是实现人们自由和平等的天平，真正的结果将是对人类文明、道德的违背，是对人类自由与平等基本价值的背叛。民主是弱者和多数人试图打破这种法则，追求人的真正自由与平等的规则。而市场经济和私有制支配下的竞争法则是对人类的基本价值——自由和平等的背叛。所以，民主与私有制和市场经济存在着基本价值的背离，对私有制和市场经济的认可，就必然带来所谓民主核心价值的缺失，所谓的民主也就必然是对民主本质精神的背叛，是没有自由与平等核心价值的一个躯壳，是虚伪的民主。因此，人类也只有在反“自然法则”的基础上才能有自由与平等的追求和发展。

2. 经济的普遍增长，资本与劳动的调和，带来的不是平等，而是资本获得更大的利益。资本的本性在于获取更大的利益。社会党依靠所谓的国家权力干预经济，资本妥协，出让给工人一定的权力和利益，这是在资本能够承受的幅度之内的。资本与劳动是矛盾的统一体，是彼此相互依赖的关系。资本过于苛刻地剥削，导致工人不能生存，那么资本也不复存在。为了自身的存在，缓和劳资矛盾，其实质就是为了自身更大的利益，这是由资本的本性决定的。而在经济普遍增长的前提下，部分利益的出让，并不消损资本获得利益的总量，资本仍然是最低的成本获取最大的利益。一旦经济普遍增长的前提出现问题，资本与劳动矛盾的尖锐性就会立即凸现出来。因此，这种所谓的“平等”只是一种一定社会条件下暂时的“平衡”，所谓的经济民主只是一种要么自欺要么欺骗世人的手段。只要经济领域自由和平等、矛盾和冲突的前提依然存在，这种依靠经济民主实现自由和平等恐怕只是缘木求鱼。

（二）经济民主的实践证明了理论的不足

民主社会主义经济民主的推行是以资本依然能够顺利进行积累、劳工力量强大为条件的。一旦资本遇到障碍劳资合作就会出现问题，“民主社会主义就会从为劳工利益服务的立场上退却，转而成为维护资本利益的工具。”[①] 下面我们来看这些现实：

1. 在经济民主中，工人和雇员对企业管理方面的参与，无法触及资本这一根本利益。这种“民主化”无法克服资本主义私有经济所固有的弊端。在经济民主中，工人权利的主要表达渠道是工会。工会历来被认为是经济民主中代表工人享受经济权力的组织，最主要的职能就是工资谈判。“由于工会运动在党的路线上发生了严重的分裂，而且也没有充分地独立于国家，所以这种（工资谈判）可能也没有成为现实。”[②] 20 世纪 70 年代末 80 年代初，瑞典工会运动限制资本权力的尝试是失败的。阿萨尔·林德贝克曾分析，在 20 世纪 70 年代后半期，工会曾努力获取限制资本的权力，提出建立不受控制的工会和以税收提供资金的工薪者基金，以接管瑞典公司在股票市场上的绝大部分所有权。这种做法被认为是单方面取消劳动与资本之间的合作合同。分析这种提议，很明显是对雇主资本权力的侵犯，很快招来雇主的进攻。罗伯特·泰勒说，这是一个“将社会民主主义的瑞典变成一个健全的自由市场经济”的计划，目的是“肃清带有平等和团结等集体主义价值观的著名的瑞典经济模式的残余”。关于其中的原因，我们引用卡莱克基在 1943 年的分析来说明，“保持充分就业将给反对工商企业界领导人的人以新的刺激。实际上，在一种持续的充分就业的体制下，‘开除’作为一种惩戒性措施，将不再发挥它的作用。老板的社会地位将被削弱，而工人阶级的自信和阶级意识将提高。为提

① 张飞岸：《空想的民主社会主义——对中国民主社会主义改良派的回应》，《马克思主义研究》2008 年第 10 期。

② ［英］安德鲁·格林编：《新自由主义时代的社会民主主义》，刘庸安、马瑞译，重庆出版集团、重庆出版社 2010 年版，第 15 页。

高工资和改善工作条件而举行的罢工将造成政治上的紧张局势……工商企业界领导人更看重的是‘工厂的纪律’和‘政治稳定’，而不是利润。他们的阶级本能告诉他们，按照他们的观点，持续的充分就业是不正常的，失业是‘正常的’资本主义制度的一个不可或缺的部分。”① 资本“敢于为了节省成本而采取到那时一直在规模上有所顾忌的大批解雇和提早让雇员退休的措施，并且广泛地侵犯雇员权利。”② 因此，工会代表工人参与资方一些企业事宜谈判，这种谈判的弹性幅度是在于雇主的觉悟程度和工人的力量及各部门之间的利益差别情况的。一旦触及雇主真正的资本利益，是绝对不会有民主社会主义希望的“平等”出现的。

2. 工人不可能与资方享有平等的管理地位和权限。尽管各国社会党都主张劳资双方管理企业、共同决策应遵循平等和对等的原则，但由于生产资料掌握在资方手中，再加之种种的立法规定，在实际经济生活中，第一，职工的参与决定权仅限于企业内部与职工的劳动条件和生活条件有关的事宜，如工资协议、劳动保护等，至于企业之外，乃至地方和国家的政治、经济和社会事务均不属于参与决定的范围。第二，企业和公司的权力机关是股东代表大会，其行政管理机构是理事会（或董事会）。监事会只是个咨询机构。所谓“参与决定权”仅仅是让职工在监事会中有一定的咨询权而已，不是实质上的决定权。第三，虽然职工和资方有同等数量的代表参加监事会，但同时又规定，职工代表中至少必须有一名高级职员的代表，而高级职员通常总是站在企业主一方的。再加上监事会的主席总是由资方出任，对任何事情的决定，劳资双方的权力实际上是不平等的。资本的根本属性是获得更多的利润，违背了这个目的，资本就不能称为资本。如果资本家能够让工人掌握企业的资本权力，就改变了资本的性质，变私有制而为公有制了，这是资本家绝对不可能允许的。所以，所谓企业的任何工人都可以民主地参与企业管理，这只是一种资本管理工人的

---

① ［英］安德鲁·格林编：《新自由主义时代的社会民主主义》，刘庸安、马瑞译，重庆出版集团、重庆出版社 2010 年版，第 17 页。

② ［德］托马斯·迈尔：《社会民主主义的转型》，北京大学出版社 2001 年版，第 44 页。

手段，不可能真正实现所谓的自由与平等的。

1983年，密特朗说，“一旦利润得到公平分配，我决不是利润的敌人。对此，是不能有怀疑的。”① 社会党政府对私有制和市场经济中经济民主的期望，在社会层面的影响远远没有产生。瑞典于1983年提出并于1994年生效的雇员投资基金法案是社会民主党在经济民主方面的一项创举，在所有制方面是最为激进的改革措施。由于严重侵犯了资本的利益，雇员投资基金在具体实施过程中遇到了资方的强大阻力。经过几年实践表明，这个法案很难在限制资本权力方面有所作为。资产阶级政党和利益集团把它看作是“西方世界从来未目睹过的最大规模的没收举动”，并予以抵制。最终，该基金法案遇到了许多困难和阻力，未能成功。雇员投资基金的设立和结局说明了一个事实，即不论社会党如何否认生产资料所有制的决定作用，随着实践的不断深入，它都不能不正视、不得不承认所有制是一个根本性的问题。

资本的本性就是获取较多的利益，社会民主党的经济民主在利益面前显得脆弱不堪，工人方面根本不可能有经济权力的分享。20世纪70年代，瑞典工业产量的50%是由100家最大的私营公司提供的，5家最大的工业公司产值占国内生产总值的9%，22家大企业垄断了瑞典50%以上的产品出口。因此说，在保持私有经济存在的前提下，所谓的充分就业、劳资权力的分享都是空幻的。民主社会主义与自由主义、劳动与资本之间的政治妥协破裂，因为资本与劳动之间永远是利益的斗争，是根本不可调和的斗争。“对于社会民主党来说，进步方案的技术和经济方面之所以具有重要意义，也是因为这个党代表那些最有希望从生产力不断向前发展获得好处的阶层和群体的利益，这些阶层和群体迄今是很大程度地被排除在社会财富之外的。”②

由此说明，各国社会党迄今为止的经济民主并没有触动资本存在的根本——生产资料的资本主义私有制。虽然在决策和管理上一定程

---

① ［法］弗朗兹－奥利维埃、吉埃斯贝尔：《密特朗传》，曹松豪译，上海译文出版社1999年版，第566页。

② ［德］托马斯·迈尔：《社会民主主义的转型》，北京大学出版社2001年版，第30页。

度、一定范围内减轻了劳资双方不平等的程度，但没有也不可能从根本上消除两者之间经济利益上的事实不平等，自由与平等依然存在着实质性的冲突。

马克思、恩格斯在《共产党宣言》中指出："共产党人可以用一句话把自己的理论概括起来：消灭私有制。"以生产资料私有制为基础产生的阶级之间根本利益的对立，是阶级社会不可消除的矛盾，而试图在这种阶级利益对立基础上建立阶级的合作，都只是一种空想。生产资料公有制不能解决所有的平等问题，但却是实现社会自由与平等的前提和条件。马克思在《资本论》中说道，"就资本主义社会结构内在的逻辑而言，它无法同时解决'自由''平等'的问题，反而只会使它走向自己否定的方面"。西方近代民主理论不否认民主内涵的自由与平等的价值，却由于不触动其真正的物质基础，自由与平等只是在政治领域得到统一，在经济领域依然存在着冲突，而经济领域占有财产的自由是资本经济不变的逻辑核心。自由与平等在经济领域的矛盾和冲突彰显了近代民主理论本身的不足，说明了他们至多追求的是一种形式上的而非实质上的自由与平等，其理论的功用只囿于标榜或象征意义，而其对形式自由与平等的追捧，遮盖了其为统治阶级既得利益张目的意图。民主社会主义的民主没有能够超越其理论本身的局限性。

三 社会民主——自由与平等的有限性

民主社会主义认为，社会民主是实现广泛的平等的最终表现形式。经济增长、充分就业，是实现社会民主的前提条件；税收的再分配和福利政策是民主社会主义社会民主的核心内容；支持工人运动，以国家力量保证就业权利——限制解雇等，以减少资本所有者单方面的经济权力，提高人们的广泛的社会平等。

（一）福利国家理论的有限性

1. 民主社会主义的福利国家制度是建立在经济繁荣与充分就业的前提下的。福利制度是民主社会主义实现社会民主的具体制度。国家持续的经济繁荣和充分就业是实施福利国家制度必需的物质基础。当经济的发展和繁荣不足以保持福利制度实施的时候，民主社会主义承诺的政治目标——平等、社会公正，就会落空，社会民主理论就失去了实践的机会。“生产率缓慢增长的环境对于扩大福利支出和再分配是不利的，它将缩减实得工资，而且左翼政府在这方面的纪录也是好坏参半。”① 反过来，社会福利制度的实施和递进发展会严重影响经济的发展，一旦出现世界性的经济危机，就会打破经济繁荣与社会福利之间微弱的平衡，出现经济发展与社会公正之间的严重矛盾，这种矛盾和冲突在私有制经济下是无法解决和不可避免的。20 世纪 70 年代世界性的“滞胀”危机，2009 年的欧洲债务危机都充分体现了这一点。

2. 福利国家制度下的税收再分配。为了扩大自由、增进平等，社会民主党采用累进税制，实行社会再分配，以提高“自由的总体水平”。这种按较高税率缴纳税款的人的自由由于这种税制就会被限制了。“由于再分配设计到向比较富裕的阶层征税，所以被认为是不适当的。追求社会中财富和收入的平等化，会削弱以不平等为其动力的市场的运作。”② 税收再分配的实行，与市场经济的自由竞争原则是矛盾的，与资本获取利益的本性是矛盾的，所以当超过一定幅度时就必然会遭到资本所有者的反对。

马克思在《哥达纲领批判》中曾针对拉萨尔主义的“分配”理论给予了深刻的批判。“消费资料的任何一种分配，都不过是生产条件本身分配的结果；而生产条件的分配，则表现生产方式本身的性质。”③ 生产方式决定了社会产品的分配方式。资本家拥有资本的权力，人民大众依靠自身劳动力获得工资。福利国家制度没有改变社会产品的根本分配方式——第一次分配是依然按照资本逻辑规则的分配。“庸俗的社会主义仿效资产阶级经济学家（一部分民主派又仿效庸俗社会主义）把分配看成并解释成一种不依赖于生产方式的东西，

---

① ［英］安德鲁·格林编：《新自由主义时代的社会民主主义》，刘庸安、马瑞译，重庆出版集团、重庆出版社 2010 年版，第 19 页。

② ［英］斯图亚特·特姆森：《社会民主主义的困境：思想意识、治理与全球化》，重庆出版集团、重庆出版社 2008 年版，第 22 页。

③ 《马克思恩格斯选集》（第 3 卷），人民出版社 2012 年版，第 365 页。

从而把社会主义描写为主要是围绕着分配兜圈子。”① 马克思指出：“分配本身是生产的产物，不仅就对象说是如此，而且就形式说也是如此。就对象说，能分配的只是生产的成果，就形式说，参与生产的一定方式决定分配的特殊形式，决定参与分配的形式。”② 原始社会低下的生产力水平不可能采用共产主义社会的分配方式。同样，在生产资料资本主义私有的情况下，资本的权力永远不可能是资本家与劳动者共同拥有的，资本与劳动之间根本不可能存在共同的利益。这种福利国家以“分配正义”实现“结果平等”的措施是极其有限的，因为福利的多少取决于税收，而税收取决资本家获取的利润的多少，资本家只有在获得更大利润的情况下才愿意拿出一小部分作为调和劳资矛盾的福利基金给予广大民众，这个限度是以资本家获取的利益为底线的。

福利国家认为，社会主义不是一种社会制度，而是一些价值。但福利国家并没有消除资本主义国家的阶级结构，不是一个平等的、没有阶级的社会。“就社会主义者而言，当代关于所有权和财富生产与分配的社会安排，作为实现普遍福利的手段，是一种完全的失败。他们说，存在着大批这些社会安排无法加以成功制止的罪恶。这些社会安排所实现的道德或物质福利，同为此而付出的努力相比，只是可怜的一点点，甚至这一点点福利也是靠充满了有害的道德或物质后果的方法才取得的。”③

“由于就业与平等变成了目标，所以生产资料的国有化就不再是必需的了。”“经济刺激是可以通过将收入转给工人实现的，所以他们选民的局部利益与整个社会的利益是相同的。”④ 可见，民主社会主义的再分配理论是没有触动资本的所有制基础的。针对没有改变生产资料所有制的“社会主义”，马克思就明确指出：“这种社会主义

① 《马克思恩格斯选集》（第 3 卷），人民出版社 2012 年版，第 365—366 页。

② 《马克思恩格斯选集》（第 2 卷），人民出版社 2012 年版，第 695 页。

③ ［英］约翰·密尔：《密尔论民主与社会主义》，胡勇译，吉林出版集团有限责任公司 2008 年版，第 302 页。

④ ［英］安德鲁·格林编：《新自由主义时代的社会民主主义》，刘庸安、马瑞译，重庆出版集团、重庆出版社 2010 年版，第 312 页。

所理解的物质生活条件的改变，绝对不是只有通过革命的途径才能实现的资产阶级生产关系的废除，而是一些在这种生产关系的基础上实行的行政上的改良，因而丝毫不会改变资本和雇佣劳动的关系，至多只能减少资产阶级的统治费用和简化它的财政管理。”① 只要生产资料的资本主义私有制不改变，资本和劳动之间的根本对立就存在，福利国家就无非是在资本主义制度框架之内一种改良措施，实现社会平等的作为空间极其有限。

（二）社会民主的现实状态

虽然民主社会主义的社会民主取得了一定的成效，但是在实践中，“社会民主党人能够而且在实际上也确实宣布过对充分就业、平等和公正的承诺。但是用就业、平等或公正作为标准和争取一个平等的或公正的社会不是一回事”②。民主社会主义的社会实践与纲领之间的矛盾随着西方资本主义凯恩斯主义经济的失败而日益凸显。社会民主党随着以民主制度实现自由与平等实践的失败而逐渐转向。

社会民主以平等作为考量一切政策的标准。社会的平等也就是防止财富和收入的极端不均，但实际社会公正问题并没有得到解决。作为社会民主的再分配和福利国家体现的所谓平等状况是我们考察的对象。“在80年代初，在所有经合组织国家中，瑞典的家庭收入分配是最平等的，收入最高的10%的家庭的收入是收入最低的10%的家庭的收入的2.45倍，奥地利（这个比率大约是3）、新西兰和法国（3.5）、澳大利亚和西班牙（4或稍高一点）则在不平等的排名中处于中下水平。”③ “在工党短暂执政期间，不平等就像撒切尔执政下的英国一样迅速扩大。在澳大利亚、瑞典（也许还有奥地利），不平等的扩大和美国一样迅速（尽管在起点上没有很多不平等）。”④ “在90

① 《马克思恩格斯选集》（第1卷），人民出版社2012年版，第430页。

② ［英］安德鲁·格林编：《新自由主义时代的社会民主主义》，刘庸安、马瑞译，重庆出版集团、重庆出版社2010年版，第317页。

③ ［英］安德鲁·格林编：《新民主主义时代的社会民主主义》，刘庸安、马瑞译，重庆出版集团、重庆出版社2010年版，第15页。

④ ［英］安德鲁·格林编：《新民主主义时代的社会民主主义》，刘庸安、马瑞译，重庆出版集团、重庆出版社2010年版，第19页。

年代初的瑞典，有4.9%的单亲家庭生活在贫困之中（收入不到平均收入的一半），而在美国和加拿大这个数字则接近60%（在法国和德国大约是30%）。在英国，在养老金领取者中，20%收入最多的人的收入和20%收入最少的人的收入比率是4∶1；在法国这个比率是1.5∶1。用来衡量收入不平等的基尼系数中的那些乏味而空洞的差异，实际上掩盖了在分配方式上的巨大差异。”①“在实践上，社会民主党一直强调当前西欧发达资本主义国家并未解决社会公正的问题，仍是一个‘三分之二社会’或‘五分之四社会’（德国社会民主党的提法），或者存在所谓的‘新贫民’（法国社会党的提法），而社会党是代表这些人的利益的。”②“南欧模式各国所面临的许多问题，例如‘不发达’的福利国家或较高的贫困率，即使在取得执政地位多年之后，仍然有待改善”③。“社会民主党人认识到，他们不得不奉行的一些政策只是对资本主义经济进行管理。”④

美国共产党主席韦伯在《反思社会主义》中说道，“当我们走出理论抽象，进入具体的政治现实时，会发现阶级斗争和民主斗争相互渗透、深刻存在于与资本积累的逻辑相互塑造的、复杂而动态化的政治和社会进步之中。”民主社会主义力图在资本主义自由民主的框架下加进人类的美好愿望——自由和平等。但自由和平等与资本主义的根本制度是矛盾和冲突的，无论自由和平等的光环多么灿烂，也终究是一种虚幻。E. W. Wood认为，从当前的经济和政治条件下汲取的教训是，一种人道的、社会的、真正的民主和平等的资本主义，是比社会主义还要不切实际的乌托邦。

瑞典社会民主党人伯蒂尔·金努南明确地说：“在很大程度上，那些住在很远地方的人有一种观念：瑞典是一个社会主义国家。但是

---

① ［英］安德鲁·格林编：《新民主主义时代的社会民主主义》，刘庸安、马瑞译，重庆出版集团、重庆出版社2010年版，第6页。

② ［德］托马斯·迈尔：《社会民主主义的转型》，殷叙彝译，北京大学出版社2001年版，译者前言第16页。

③ ［英］斯图亚特·特姆森：《社会民主主义的困境：思想意识、治理与全球化》，重庆出版集团、重庆出版社2008年版，第29页。

④ ［英］安德鲁·格林编：《新自由主义时代的社会民主主义》，刘庸安、马瑞译，重庆出版集团、重庆出版社2010年版，第311页。

我想说的是，瑞典无疑是一个资本主义国家……我们的经济是资本主义的……我们并不是一个社会主义国家……"[①] 1975 年，O. 帕尔梅会见 B. 克赖斯基和 W. 勃兰特讨论当时爆发的经济危机的后果时说："在一定程度上，我们社会党人确实是与资本主义共同生存的。"[②] 著名大学乌普萨拉大学副校长拉尔斯·芒努松也认为："瑞典实行的是资本主义制度。瑞典是一个有很多调控措施的资本主义国家，对市场进行调控，对大企业的行为进行调控，等等。这是一种'植根社会的资本主义'，也就是福利资本主义。从根本上讲，瑞典是一个资本主义国家，因为大多数企业为私人所有。"[③]

民主社会主义以福利国家制度的形式实现所谓的社会民主。在不动摇资本主义私有制的基础上，其分配制度的特征是以经济增长为前提和高税收为特征的。在经济增长出现缓慢或出现危机的情况下，依然保持较高的税收，就等于降低了资本的利润，这样必然会引起资本的不满，而经济增长的缓慢也会引起人们的普遍不满。

可见，民主社会主义在资本主义私有制经济的基础上，无论怎样的分配方式，只要认可资本私人占有的自由，就必然带来人们之间的不平等。因为资本认为人们之间的平等是不正常的，不平等是正常的，正是人们之间的不平等是市场经济运作的动力。这种试图以经济增长为前提下的分配制度同时追求自由与平等，其作用是非常有限的，更不可能走向所谓的社会主义。

四　以民主实现社会主义的逻辑缺陷

自由与平等是民主与社会主义共同的价值目标。以自由与平等的价值界定社会主义，对以民主道路实现社会主义的路径选择就成为必然。以自由与平等的价值贯穿民主社会主义的整个理论，通过政治民主的方式掌握国家政权，以政权力量干预经济、社会，希望以民主在

---

① 何秉孟等编著：《欧洲社会民主主义的转型》，社会科学文献出版社 2010 年版，第 3 页。

② ［德］W. 勃兰特：《社会民主与未来》，重庆出版社 1990 年版，第 113 页。

③ 何秉孟等编著：《欧洲社会民主主义的转型》，社会科学文献出版社 2010 年版，第 3 页。

社会各领域的渗透，实现社会的自由与平等、走向社会主义，这是一种以抽象民主实现抽象社会主义的逻辑思路。

追求自由与平等的价值是民主社会主义理论的政治理想和目标。民主社会主义力图在各领域以实行民主的方式实现自由与平等，但在理论本身的论证中出现的却是自由与平等的悖论，纲领中提出的自由与平等的目标在实践中最终落于空想。民主社会主义民主理论内部出现的悖论，说明了这种以民主实现社会主义的民主理论出现困境。

政治民主以公民自由而平等的选举方式参与国家事务的权利为前提，以政党竞争和议会制度为基础掌握国家政权，国家成为各种利益表达和平衡的机构。从民主“人民主权”的本质来说，国家应该是人民的国家，民主是国家的本质属性。民主社会主义的政治民主似乎体现了民主的本质精神，“一人一票”的游戏规则选举出来的国家机构，似乎在政治领域实现了人们之间的自由与平等关系，自由与平等的价值在政治领域体现了一种统一关系。但是：

民主力量掌握的国家政权在经济、社会领域表现为强制力量干预下的民主。经济领域是经济权力的分散，国家权力保证工人对经济管理的民主参与；但是无论是国家权力对整个社会经济计划的干预还是国家法律保证工人对企业事务的管理，资本家拥有资本的自由权利是绝对没有改变的。繁荣经济、充分就业是经济民主的目的，无论是公有制还是私有制经济都是实现这一目的的手段。只要存在私有制经济，自由与平等的矛盾和冲突就必然存在。私有制经济的存在是自由与平等价值存在冲突、无法解决的根源。

在承认私有制的前提下，在社会领域以国家权力实行福利国家制度的方式实现分配上的平等，以社会整体的结果平等实现个人的自由，这种所谓的平等实际是一种“平衡”。在私有制条件下实现社会分配的平等，是根本不可能的，因为这种结果平等的出现肯定会触动资本的关系，它要求资本关系的消灭。资本自由与社会平等的内在矛盾是不可调和的，“在资产阶级社会里，资本具有独立性和个性，而活动着的个人却没有独立性和个性。”①

---

① 《马克思恩格斯选集》（第1卷），人民出版社2012年版，第415页。

经济领域私有制经济的存在，资本家依靠对资本的拥有，在政治领域对国家权力的渗透，最终必然会使民主背离其“人民主权”的本质精神，而成为资本权力玩弄下的游戏规则。政治民主宣扬下自由与平等仅仅是资本权力控制的国家的一种虚伪的形式而已。

民主社会主义在政治领域的民主以实现个人的自由与平等的权利为前提，经济领域以个体的自由权利为基础和前提，却又以国家的集体控制，实现社会的平等关系，个人的自由与社会追求的平等之间出现紧张关系。整个经济民主理论的论证方法始终没有超越个人权利优先于平等的前提。以个人的自由权利为前提实现所谓的社会平等，社会平等基础上的个人自由。这是民主社会主义民主理论本身的悖论。

正是承认生产资料资本主义私有制经济存在的合理性，导致了民主社会主义民主理论在自由与平等问题上的悖论，决定了以民主实现社会主义理论逻辑的颠倒。生产资料所有制是民主社会主义民主理论困境的根源性问题。

第四节　对民主社会主义民主理论困境的哲学反思

民主社会主义民主理论存在着不能自解的悖论。现实中遇到的问题反映了其理论的困境，其根源就在于对生产资料私有制经济存在的合理性的认可，哲学基础背离了马克思主义。

一　理论逻辑的颠倒

民主社会主义是一种以民主实现社会主义的逻辑思路，也就是：以对自由、平等价值的理想追求，审视自由民主的自由、平等状态，从而激发对真正自由与平等的追求——社会主义。由于民主的本体论价值与自由平等价值的契合性，民主成为实现社会主义的手段，甚至是目的。民主社会主义民主理论强调政治民主的决定性作用，政治民主掌握国家力量，干预经济民主，经济民主与政治民主作为实现社会民主的共同手段，最终实现社会民主的目的。

根据马克思主义民主理论，民主是以“社会决定国家”为理论前提的“人民主权”，国家是人民规定的环节，民主的实现应该是以社会主义的实现为制度前提和社会条件的。而社会主义是以生产资料公有制为制度特征的社会形态，与生产资料私有制为基础的资本主义社会相对立。以生产资料私有制为基础的资本主义社会决定了民主的阶级性和狭隘性，社会主义取代资本主义是历史的趋势，也是民主发展的历史趋势，以社会形态的更替实现民主类型从低级到高级的发展是历史唯物主义的发展逻辑。作为制度的社会主义，生产资料公有制的建立是民主理论合乎历史发展的根基。

很明显，民主社会主义是“国家决定社会”理论基础上的政治决定经济、以民主实现社会主义的理论逻辑。这是与马克思主义社会决定国家、经济决定政治的历史唯物主义逻辑相悖的。历史唯物主义告诉我们，生产力决定生产关系，经济基础决定上层建筑。一个社会的生产方式决定了国家政治，而政治是经济的集中反映。资本主义社会，工业革命带来了生产力的发展，以资本为核心的经济矛盾决定了资本主义发展的历史趋势。资本主义的生产资料私有制决定了资本主义的国家是资产阶级政治统治的工具，而作为上层建筑的民主无非是资产阶级的民主，是资产阶级欺骗人民的工具而已，这种民主对于广大人民只是形式上的，没有实际意义。

民主社会主义的这种“以民主实现社会主义”“政治决定经济”的理论是对马克思主义历史唯物主义的否定、颠倒。民主社会主义认为，政治权力具有独立性，具有高于经济及其他一切力量的地位。“从这个观点看，政治权力是经济保护的关键。政治权力及其控制就是一切。不应该承认，经济权力可以支配政治权利；如果必要的话，经济权力应该受政治权力的打击和控制。”① 他们认为，马克思根本颠倒了政治权力和其他力量的关系。“在马克思看来，现实的力量在于机器的进化；其次具有重要性的是经济的阶级关系的体系；最不重要的影响是政治的影响。”“我们在分析中已经达到一种隐含在这一立场中的、直接对立的观点。它把政治权力视为基本的。从这种观点

① ［英］卡尔·波普尔：《开放社会及其敌人》（第二卷），中国社会科学出版社 1999 年版，第 202 页。

看，政治权力能够控制经济权力。”[①] 从根本上说，政治权力是一个超乎各利益群体之上的独立力量，关键在乎如何去操纵它，使其能限制经济强者的恣意妄为。“这是因为由谁掌权，怎样决定当权者，怎样行使权力，当权者和被治理者之间配合或矛盾的关系如何等问题都是由政治所决定的。”[②] “马克思对政治权力的轻蔑态度，不仅意味着，他忽略了发展一种使大多数弱者过得更好的最重要的潜在手段的理论，而且意味着，他忽略了对人的自由所构成的最大的潜在危险。”[③] 民主社会主义认为政治权力是一种独立自主、凌驾一切之上的力量，因而其独立作用是不言而喻的，关键在于能否加以控制和利用。既然经济权力是经济弱小者所不具有的，那么他们改善处境的唯一方法就是利用政治力量来控制经济权力的滥用。因为他们认为，政治力量能够控制经济力量，那么政治上的民主也是被统治者控制经济力量的唯一方法，他们认为，掌握政治权力可以限制富人经济权力向政治的渗透，而穷人可以通过政治民主的法案得到保护。在这样的理论指导下，走议会道路，取得政权，并推行政治民主就成为民主社会主义民主的首要理论。但这里有一个不可忽视的问题就是，这种政治权力到底有多大的力量能够控制资本？美国历史学界进步学派最重要的代表人物查尔斯·比尔德就认为，美国宪法不过是一部保护商业资本家、股票投机商和大制造商的资产阶级利益的文件。前南斯拉夫理论家弗兰尼茨基在《马克思主义和社会主义》中说，社会党、社会民主党“基本上放弃了革命的斗争形式，逐渐适应了资产阶级议会制的民主条件，而大多数时候民主党即使已掌了权，也在很大程度上只在旧秩序范围内活动。”

这种政治决定经济的理论是国家崇拜的哲学基础。以政治权力的推崇为基础，国家自然就成为行使国家权力的工具。以国家手段行使政治权力，干预经济和社会的不平等，成为民主社会主义整个民主理

---

① ［英］卡尔·波普尔：《开放社会及其敌人》（第二卷），中国社会科学出版社 1999 年版，第 201 页。

② ［法］雷蒙·阿隆：《社会学主要思潮》，上海译文出版社 1988 年版，第 208 页。

③ ［英］卡尔·波普尔：《开放社会及其敌人》（第二卷），中国社会科学出版社 1999 年版，第 202 页。

论和实践的主线。事实是，“付得起千百万元的法律费用的人在法庭中有的机会比付不起这么多钱的人在法庭中有的机会好。在布朗克斯南地区的贫民窟出生的孩子拥有的机会比不上在斯卡斯代尔别墅里出生的孩子拥有的机会。”① 在一个存在着资本私有的社会里，资本的扩张性和渗透性不是靠政治权力能限制的。民主国家最后只能是沦为资本利益下的政治工具。

民主社会主义的逻辑思路是从自由与平等的理想出发，政治决定经济，按照人的主观愿望、人的理性设计、规划社会的发展，而忽视了社会发展的客观规律性。因此，在把理想还原为实践、把理论还原为具体时，就暴露出了理论本身的缺陷和不足，现实远离了其理想。

二　逻辑起点认识的偏差

民主社会主义民主理论的逻辑起点是对“社会主义”的认识。以价值原则界定社会主义，民主社会主义理论逻辑混乱的根源。“对论证民主社会主义政策绝对有效的，并不是一种被提高到意识形态水平的历史观，而是社会主义的原则。……社会主义的目的是确立平等的自由。社会主义政策的每一个步骤，都必须以此为方向。”② “社会主义在理论上和实践中设计并实际建立一个替代的经济制度的尝试应当被看作是最终失败了……只有在经济制度和整个社会之间作出明确的区分，才能挽救社会主义的概念。”③ 民主社会主义放弃了马克思主义的科学社会主义的制度特征，社会主义内涵的普遍价值理念成为了其身份特征，社会主义脱离了作为与资本主义相对的社会形态的含义。

马克思主义以历史唯物主义为基础，通过对资本主义生产方式的分析，发现了资本作为一种社会关系的存在。唯物史观和剩余价值的发现，使社会主义从一种价值概念成为了科学。生产资料公有制成为了社会主义区别于资本主义的制度特征。民主、自由、平等等代表人

---

① ［美］理查德·尼克松：《角斗场上》，新华出版社 1990 年版，第 344 页。

② ［德］托马斯·迈尔：《论民主社会主义》，东方出版社 1987 年版，第 52 页。

③ 中央编译局世界社会主义研究所编：《当代国外社会主义：理论与模式》，中央编译出版社 1998 年版，第 261 页。

类理性的价值观念，都是建立在现实的物质关系上的。也只有建立现实物质关系基础上的民主、自由与平等等价值理念才有实现的现实性和必然性。

民主社会主义把社会主义界定为自由与平等的基本价值原则，否定了生产资料所有制的制度特征，放弃了对资本主义的制度替代，以自由与平等的抽象理想替代现实的物质关系基础，超越“现实的”“一般概念”的自由与平等成为社会主义的原则和评判标准。恩格斯指出：“‘正义’、‘人道’、‘自由’、‘平等’、‘博爱’……这些或多或少属于道德范畴的字眼，……固然很好听，但在历史和政治问题上却什么也证明不了。”①“想用关于正义、自由、平等和博爱的女神的现代神话来代替它的唯物主义的基础。”②

科学社会主义把生产资料公有制作为社会主义制度的基础，民主社会主义把社会主义置于价值理想的楼阁之上，这是民主社会主义与科学社会主义的根本区别。也正是民主社会主义对“社会主义”的认识倒置，抹杀了社会主义作为社会形态的意义，导致了其民主理论逻辑，从理性到理性、从价值到价值的一种循环，毫无现实意义。

三　方法论的混乱

民主社会主义努力超越自由主义和社会主义民主的缺点，努力追求一种所谓的自由和平等的完美结合，既保留自由主义个人权利优先的前提，又克服自由主义在自由和平等方面的尴尬；既追求社会主义民主平等的理想，又克服社会主义民主专政的“缺陷”，以所谓的“第三条道路”超越自由主义民主和马克思主义的社会主义民主，可最终的结果却是以一种矛盾的折中主义论证方法取代了辩证法。

民主社会主义不以意识形态为自己理论的核心和基础，而是时刻以现实问题的需要选择适应自身发展的理论。从客观来讲，民主社会主义是一种实用主义。这种实用主义，总是认为是吸取了各家各派理论的精华，吸取了不同事物中有价值的东西。这种分析问题论证问题

---

① 《马克思恩格斯全集》（第6卷），人民出版社1961年版，第325页。

② 《马克思恩格斯选集》（第4卷），人民出版社2012年版，第522页。

的方法论特征，在民主社会主义的纲领文献中可以看到。

不触动资本主义私有制经济的物质基础，在市场经济条件下承认自由竞争的合理性，本身就使民主社会主义的民主理论建立在个人自由权利优先于公共利益的前提下，并作为一个不证自明的理论基础。在这样的理论前提下，任何所谓的国家干预、福利国家制度等只不过是一些现象，自由与平等只能作为一种价值而存在，不可能在实践中真正实现并统一。

民主社会主义的民主理论，力图超越意识形态的对立，在两种根本对立的理论体系中走出一条“中间道路”。从这一基本立场出发，民主社会主义在理论实质、原则问题上模棱两可，从对立的理论中寻找非本质的东西，把一些似是而非的东西拼凑在一起。这种抹杀不同事物的是非、主次，混淆本质的分析方法，这种理论上的混乱注定了其理论内在的矛盾及解决现实问题的困境。

“马克思的整个世界观不是教义，而是方法。它提供的不是现成的教条，而是进一步研究的出发点和供这种研究使用的方法。”① 建立在唯物主义基础上的辩证法，是我们分析一切问题的基本的方法论。透过事物纷繁复杂的表象，抓住事物内在的本质区别及联系，是我们分析历史和现实问题的基本方法。个人的自由与平等是我们追求的价值和目标，但必须建立在现实的物质基础之上。

四　唯心主义的哲学基础

政治哲学是对政治事务的哲学反思。民主社会主义有其自身的政治哲学，它对现代国家的政治合法性，对自由、民主的内涵及其相互关系以及它们作为政治价值的最终根据都有自己的理解。但是，民主社会主义的政治哲学又是一个内部矛盾重重的体系。民主社会主义以“抽象的人”对人的自由和平等的抽象认识，导致了其民主理论和实践逻辑的混乱和矛盾。首先，自由和平等作为一种价值理想贯穿民主社会主义理论的基本价值、原动力和终极价值关怀。自由与平等成为衡量社会主义的基本尺度。一种抽象的、一般化的概念成为了民主社

① 《马克思恩格斯选集》（第 4 卷），人民出版社 2012 年版，第 664 页。

会主义理论和实践的出发点。其次，以抽象的自由和平等界定民主，又以民主论证、推导出社会主义。以民主理论架构起了整个民主社会主义的理论体系。这是一个以自由和平等界定社会主义，以民主实现社会主义的路径。显然，这是一种脱离了物质基础和现实关系以纯粹理性为主导的理论脉络。再次，从民主社会主义民主理论的内容来看，政治民主、经济民主及社会民主的关系。政治成为决定经济的力量，政治制度成为控制经济、实现社会平等的决定性力量。这是对“社会存在决定社会意识”“社会决定国家”的唯物主义历史观的否定。“这种新的社会制度是一开始就注定要成为空想的，它越是制定得详尽周密，就越是要陷入纯粹的幻想”。①

因此，可以说，民主社会主义的民主理论完全否定了马克思主义的历史唯物主义基本观点。民主社会主义建立在“抽象的人”的基础上，以“普遍性的”“一般的”价值作为衡量社会主义的标准，否定了社会主义价值实现的客观的现实基础；其社会主义观点否定了生产资料公有制的前提性作用，力图在个人自由的前提下实现平等，在现实中使理论陷于无法自洽的境地；颠倒了政治与经济的关系，否定了经济在社会结构中的基础性作用，夸大了政治国家的权力和作用。民主社会主义的这些观点的哲学基础就是一种主观唯心主义。以对人类自由和平等最基本价值的追求作为自己理论的核心，这本身没有错，但是如果这种自由和平等脱离了人类发展的物质因素、客观的现实物质关系，忽视了这种自由和平等价值追求背后的基本动力和发展规律，而纯粹是人对物质和精神需求的满足程度来判断人类的自由和平等，这是一种高度唯心的历史观和民主观。这类唯心史观“至多只是考察了人们历史活动的思想动机，而没有研究产生这些动机的原因，没有探索社会关系体系发展的客观规律性，没有把物质生产的发展程度看做这些关系的根源”②。

民主社会主义以对自由和平等的追求为一种理想价值，以政治、经济、社会领域的所谓民主措施实现“自由和平等”，无论在理论上

① 《马克思恩格斯选集》（第3卷），人民出版社2012年版，第781页。

② 《列宁选集》（第2卷），人民出版社2012年版，第425页。

还是实践上都遇到了难以自解的悖论。悖论的根源就在于民主社会主义抽掉了民主的现实物质基础，把民主仅仅作为一种“一般的”、超出现实性的经验主义判断，而不是对民主本质内在历史唯物主义逻辑的科学性总结。

民主社会主义对资本主义生产资料私有制的肯定，是导致其民主理论逻辑颠倒的根源，也决定了其民主的资本主义性质，同时也说明了其唯心主义的哲学基础。

五　生产资料所有制问题的根源性分析

民主社会主义以民主实现社会主义的理论逻辑出现各种悖论的根源就在于对生产资料公有制作为社会主义制度特征的否定。社会主义与资本主义之间生产资料所有制的制度区别，被转换成了抽象的价值判断，导致民主社会主义民主理论出现困境。

按照马克思主义所有制理论，生产力决定生产关系，生产关系是人们在生产过程中形成的人与人之间的关系，它是人们诸多社会关系中最基本的关系。它包括：生产资料归谁所有，人们在生产关系中的地位和关系，产品的分配。其中生产资料归谁所有决定了生产关系的其他两个方面。生产关系是与社会生产力水平社会发展状况相适应的。生产力的发展，促进了社会分工的发展，出现了不同的所有制形式。“分工的各个不同发展阶段，同时也就是所有制的各种不同形式。这就是说，分工的每一个阶段还决定个人在劳动资料、劳动工具和劳动产品有关的相互关系。”① 按照生产力、社会分工和社会发展的历史逻辑，马克思说：“大体说来，亚细亚的、古代的、封建的和现代资产阶级的生产方式可以看作是社会经济形态演进的几个时代。资产阶级的生产关系是社会生产过程的最后一个对抗形式……”② 由此，根据生产资料所有制基础上的生产关系，社会划分为“亚细亚的”“封建的”和“现代资产阶级的”生产方式及“共产主义的生产方式”，也就是原始社会的共产主义公有制、奴隶社会的奴隶主所有制、

① 《马克思恩格斯选集》（第1卷），人民出版社2012年版，第148页。

② 《马克思恩格斯全集》（第13卷），人民出版社1962年版，第9页。

封建社会的土地私有制、资本主义社会生产资料的私有制及共产主义的生产资料公有制。所以，生产资料的所有制就成为社会形态更替的根本标志。恩格斯在《共产党宣言》的英文序言注中说：资产阶级是指占有社会生产资料并使用雇佣劳动的现代资本家阶级。无产阶级是指没有自己的生产资料、因而不得不靠出卖劳动力来维持生活的现代雇佣工人阶级。“现代的资产阶级私有制是建立在阶级对立上面、建立在一些人对另一些人的剥削上面的产品生产和占有的最后而又最完备的表现。”①

“以往的全部历史，除原始状态外，都是阶级斗争的历史；这些互相斗争的社会阶级在任何时候都是生产关系和交换关系的产物，一句话，都是自己时代的经济关系的产物；因而每一时代的社会经济结构形成现实基础，每一个历史时期的由法的设施和政治设施以及宗教的、哲学的和其他的观念形式所构成的全部上层建筑，归根到底都应由这个基础来说明。”② 历史唯物主义告诉我们，生产力的发展是社会发展的最积极最革命的因素，生产关系一旦确定即具有暂时的稳定性。生产力决定生产关系，生产关系反过来影响生产力的发展。当生产关系形成初期适应生产力状态时，就促进生产力的发展，反之，就阻碍生产力的发展。资本主义生产关系形成于封建社会内部。随着资本经济关系的出现和发展，封建制生产关系被新的生产力冲破，在资本经济需求下，资本主义生产关系得到迅速发展。随着工业革命和世界市场的形成，世界性的社会分工出现，生产力的日益社会化，要求冲破资本主义私有制的限制。生产力与生产关系的基本矛盾，在价值形态上就表现为自由与平等的冲突；在经济上表现为每隔一段时间爆发的经济危机，一方面是财富的无限积累，一方面却是贫困的积累；在社会上就表现为无产阶级与资产阶级之间的矛盾。

无产阶级是与资产阶级相对立而存在的，资产阶级在积累财富的同时，也积累了矛盾。马克思通过“由于剩余价值的发现”而完成

① 《马克思恩格斯选集》（第1卷），人民出版社2012年版，第414页。

② 《马克思恩格斯选集》（第3卷），人民出版社2012年版，第796页。

了对资本主义生产方式的揭露。“无偿劳动的占有是资本主义生产方式和通过这种生产方式对工人进行的剥削的基本形式；……这种剩余价值归根到底构成了有产阶级手中日益增加的资本量由以积累起来的价值量。”① 马克思主义的唯物史观和剩余价值对资本主义生产关系的揭露，使资本主义社会资本与雇佣劳动之间不平等的根源暴露。在资本主义私有制下，“无产者是没有财产的；……法律、道德、宗教在他们看来全都是资产阶级偏见，隐藏在这些偏见后面的全都是资产阶级利益”②。生产资料的私有制日益成为生产力发展的桎梏。不断发展的生产力最终决定私有制的生产方式，且必将被新的生产方式所代替，即生产资料公有制经济对生产资料资本主义私有制经济的代替是社会发展的历史使命。

“过去一切阶级在争得统治之后，总是使整个社会服从于它们发财致富的条件，企图以此来巩固它们已经获得的生活地位。无产者只有废除自己的现存的占有方式，从而废除全部现存的占有方式，才能取得社会生产力。无产者没有什么自己的东西必须加以保护，他们必须摧毁至今保护和保障私有财产的一切。”③“共产主义的特征并不是要废除一般的所有制，而是要废除资产阶级的所有制。”④ 德国社会民主党理论家托马斯·迈尔也认为，生产资料的社会主义公有制不是包治一切社会病的万灵药是符合客观事实的，但生产资料的资本主义私有制却是社会一切不自由不平等的根源和前提，生产资料的社会主义公有化是医治资本主义一切社会弊病的根本前提。只有具备了这个根本前提，资本主义社会的生产社会性和私人占有之间的矛盾，以及资本主义社会在经济基础和上层建筑中种种特有的痼疾，才有可能得到医治。生产资料的社会主义公有制是消灭少数人自由、消除不平等的根源。也只有建立在这种公有制基础上，才能实现真正自由与平等及二者的真正统一。

民主社会主义对生产资料公有制作为社会主义的制度特征的否

---

① 《马克思恩格斯选集》（第3卷），人民出版社2012年版，第797页。
② 《马克思恩格斯选集》（第1卷），人民出版社2012年版，第411页。
③ 《马克思恩格斯选集》（第1卷），人民出版社2012年版，第411页。
④ 《马克思恩格斯选集》（第1卷），人民出版社2012年版，第414页。

定，直接决定了民主社会主义不属于社会主义的性质，民主社会主义的民主也不属于社会主义民主政治的范畴，对资本主义私有制经济存在合理性的认可，说明了其资本主义性质。脱离了现实物质基础的“民主”“社会主义”“自由与平等”都成为了一种单纯的“抽象存在”，而以民主实现社会主义的逻辑思路完全是在人的理性领域的思辨循环。所以，民主社会主义的“民主”“社会主义”“自由与平等”都是与马克思主义完全不同内涵的概念。

通过前面分析，可以总结民主社会主义民主的特征是：第一，民主的超阶级性。民主社会主义认为民主是属于全体人民甚至全人类共享的权利，是超阶级的。他们认为，利用政治民主的方式可以控制国家政权，改变国家的阶级统治职能，保证劳动者获得与资本家平等的政治权利；利用经济民主的方式就可以调和、平衡资本与雇佣劳动之间的利益；利用社会福利就可以保证劳动者摆脱经济奴役，获得自由。显然，这是把民主置于超现实的基础上“纯粹”理性，注定了其理论和实践的荒谬和虚伪。第二，民主的形式化。由于民主社会主义对资本主义私有制经济存在合理性的认可，经济领域存在自由与平等的价值冲突并没有解决，民主只能在政治领域起到作用。而政治领域的普选制、议会制、政党制等仅仅是一种民主形式，这种形式不能改变国家的阶级本质。资产阶级掌握的资本权力渗透于政治民主，民主实质上依然是统治阶级的民主。民主社会主义夸大政治民主的作用，是因为政治民主的“普遍形式”对人们起到欺骗、麻痹的作用。

第五章　三种民主观的比较

民主社会主义认为，自由主义民主没有实现真正的自由与平等，马克思主义的社会主义民主是极权专政，独有其民主理论对自由与平等的追求，既超越自由主义民主又超越马克思主义民主。要对民主社会主义的民主有进一步清晰的认识，有必要从自由与平等的视角对民主社会主义民主跟两种性质截然不同的民主观——自由主义民主和马克思主义民主进行详细的比较。

第一节　民主社会主义民主与自由主义民主

“社会主义”概念在近代的发生和发展，缘于对自由主义的批判。以自由主义为理论基础的资本主义，在给社会带来繁荣的同时，也带来了社会严重的不自由和不平等。“凡是在工业革命已开始对社会产生影响的地方，那里的生活现实都带来了大众贫困和显著的不平等、剥削，拒绝给社会的多数人提供自由权利和享受物质利益的自由机会以及符合人的尊严的工作和生活条件，但是这一切都是在以法国革命的基本价值即自由、平等、博爱为辩护理由的进步的名义下发生的。社会民主主义的推动力就是针对这一生活现实的。”① 民主社会主义就是针对这种制度下人们不自由、不平等的状态提出的政治理论和主张。这样看来，民主社会主义的民主理论应该超越这种制度的理

① ［德］托马斯·迈尔：《社会民主主义的转型》，北京大学出版社2001年版，第7页。

论——自由主义的民主理论。那么，到底是否存在这种超越呢？

一　自由主义民主理论

在一定的历史条件下自由主义与民主结合在一起形成了自由主义民主，自由主义是自由主义民主的理论基础。

（一）自由主义与民主的关系

自由和民主本来是两个不同的概念，既有联系，又有冲突。自由主义民主是自由与民主在一定历史条件下的结合。从自由的本意来说，主要是指个人自由，是个人对自我的统治，即个人对自己的生命、财产和安全享有免受外来侵犯的自主权利。自由被认为是人类与生俱来的一种权利、最高价值。但是，人是属于社会的，没有绝对的自由。个人自由不能超出一定的范围，不能妨碍他人的自由。唯有人与人和谐共存，才能有个人的自由。因此，个人自由必须是一定规则下的自由，必然是一种法制下的自由。

民主的原初含义是“人民主权”，国家的权力属于人民，人民是国家权力的主体。每个人作为人民中的一员，都有权自由而平等地参与公共生活。这里，个人虽然可以自由而平等地参与、评判国家事务，但更重视的是由个人组成的“多数”意志，个人权利要服从于这个“多数”的整体利益。民主定位于一种“多数”组成的整体意志。

自由和民主是不同指向的概念。从根本上来讲，自由定位于个人，是人类的应然价值，一种个体性权利，是一个个体概念。民主虽然由个体权利的行使形成，但定位的是“多数”组成的整体生活，指向的是个体组成的公共生活，是外向于个人生活的社会环境，是一个群体概念。因此，民主的发展可能会带来对个人自由的侵犯，而个人自由的过度发展可能会带来对民主的影响，两个概念是存在张力的。

自由和民主都是早期启蒙思想中人权的基本内容，但却是不同时期发展的政治制度。从历史渊源来看，民主发端于古希腊雅典城邦时代，自由作为一种思想产生于15、16世纪文艺复兴时期。但是作为一种现代国家政治制度，自由却早于民主。自由主义在其发轫的时候，是作为一种革命的批判，在解构中世纪神权政治时出现的。作为一种政治思潮和知识传统，以17世纪英国的光荣革命为起点，洛克是第一个具备自由主义特征的思想家。其后，斯密、洛克、贡斯当、密尔、托克维尔等人在政治体制上都努力发展出一套以个人自由为目的、国家权威为手段的关于个人、国家、社会的基本理论以及制度设计。19世纪中期，欧洲的主要国家和美国大致完成了这方面的任务，建立了宪政政府，自由主义在政治上的主导地位得以确立。民主作为一种政治观念，是反对专制主义和封建特权的一种思潮，但根本没有民主政治的意蕴。民主，是相对于封建专制、极权主义而言的。民主强调分权和法治，强调宪政和对权力的限制。强调法律面前的平等与政治自由、个人自由的含义，在19世纪前还没有和民主联系在一起。1848年革命时，由于君主政体的衰落，国家层次的民主制度才得以发展起来。

从自由和民主的结构来讲，自由蕴含着纵向力量，而民主更强调横向动力。个人的自由是民主的前提，没有个人的自由就不可能有民主，自由主义的彻底发展必然导致民主主义，放弃了自由主义的民主将不能长期自保，同时民主制度是个人自由的保障。无限制的个人自由不可能存在，必须有一些对个人自由限制的规则才能保证个人自由以及不因个人自由而对他人自由造成侵害。民主也不是无限制的权力，没有限制的民主容易导致“多数人”对少数个体自由权利的侵犯，同时也会产生少数人利用民主意志而形成极权政策，对人民或个体的利益带来伤害。因此，需要对民主进行限制。自由和民主内部结构共同的需要，使二者存在了统一的基础——法制。因此说，自由和民主的结合不仅是社会发展的需要，也是自由和民主本身结构的内在需求。

19世纪是自由和民主交织发展的时期，20世纪第二次世界大战时自由主义和民主主义共同发展。自由和民主结合的结果是，民主定位于自由，现代民主既是自由的结果，又必须建立在自由之上。自由在自由主义民主中居于核心地位，民主更多地体现一种程序价值。自由主义接纳民主是力图对自身加以完善，而不是要用民主取代自由主义。自由主义民主意味着，在由民主选举产生的政府统治下，个人的权利和自由是至高无上的，受到宪法和法律的明确保障。宪法和法律也同时对政府权力加以严格限制，保护个人免受他人和政府的侵害和剥夺。从历史唯物主义角度来说，这种以个人自由主义为核心的民主形式是由资本经济中私人拥有财产的自由权决定的。

（二）自由主义民主的实质

理性主义要求，认识、理论建立在可质疑、探究、推导、论证逻辑的基础上，人的经验观察、理性思维、逻辑自洽和推理是伦理、社会和政治原则得以成立的基础和标准。这种理性主义的思维方法是我们理解自由主义民主的基本立场。

自由主义与民主的融合形成了自由主义民主制度。以理性主义为基础的天赋人权论、社会契约论、自然法是自由主义民主的理论基础。自由主义民主理论的前提是一种以人的理性为基础的理论假设，并不是一种实然状态。以自然状态下的人类生活状态推导出人类为了生存和福祉订立社会契约的可能性，这种订立社会契约在现实生活中又是极端的不可能。自然状态理论、天赋人权理论、社会契约理论都是围绕个人主义的自由价值来讲的，是为自由主义中个人的自由和权利建构的理论支撑。

个人的自由和权利是自由主义民主理论的核心价值。在自由民主理论中，个人的自由和权利是核心，民主是对自由的完善、是服务于自由的程序性工具，通过民主完善对个人的自由和权利的保护。“民主只能是自由主义式的”是自由主义民主的信条。“如果民主是一种维护自由的手段，那么个人自由便是民主得以有效运转的一项基础性条件。……民主是个人自由的重要保障，它较之其他政体更能产生自由。”① 由于服务于个人主义本位权的需要，民主改变了“人民主权”的原初概念，成为一种保护个人自由和权利的方法和制度规则。

经济领域拥有私人财产权的自由和市场竞争的自由是自由主义民主的经济基础。财产权被认为是人自然状态的天赋权利。洛克将财产权看作是自由永恒的产物。对私有财产权利的保护是自由主义的中

---

① ［英］弗里德里希·冯·哈耶克：《自由秩序原理》（上卷），邓正来译，生活·读书·新知三联书店1997年版，第131页。

心，是个人其他自由和权利的前提和基础，也是自由主义任何时候都不撼动的原则。资本主义经济的发展，以个人主义为出发点的私有财产权和自由竞争的市场经济是资本逻辑存在的前提，也是自由主义框架下民主的物质条件和社会基础，也注定了自由主义民主理论的内在困境和冲突。

自由主义民主的实质是政治民主。“民主一词形成于公元前 5 世纪，此后大约一直到一个世纪以前，它一直是个政治概念。也就是说，民主只意味着政治民主。”①

本质意义上民主的“多数决定”规则，意味着在数量上占优势的多数穷人对少数富有者的财产权利的侵犯，在经济领域民主意味着经济上的平等，这是与自由主义本质相冲突的地方，所以，自由主义民主的自由主义基础决定了民主只能局限于政治领域。民主由保护多数人的利益变异为保护拥有大量财产的人的自由，民主只能限于在保护少数人自由的制度框架下非此即彼的投票游戏规则，一种形式的平等、抽象的自由。在保护经济自由和市场自由前提下的民主是不可能实现其真正的道德价值的。民主“更确切地说，专指一系列制度化的政治程序。这里强调的是社会生活中的政治方面，这意味着社会的其他领域中的‘民主’问题不在考虑的范围之内”②。

可见，自由主义民主实行的是经济领域的自由和政治领域的民主，民主在政治领域的程序性是服务于经济领域的自由核心的。这是以政治和经济分离的前提下的理论，是由个人主义优先的核心价值决定的，也同时决定了自由和平等在自由主义民主内部的矛盾和冲突。

二　两种理论的比较

民主社会主义认为自由主义民主在经济现实中出现了自由与平等的矛盾和冲突，在提出深刻批判的同时，提出了自己的民主观点，以期超越和解决自由主义民主的缺陷，但由于没有改变自由主义民主存在的物质基础，究其实质，与自由主义民主有着本质的契同。

---

① ［美］乔万尼·萨托利：《民主新论》，东方出版社 1993 年版，第 9 页。

② ［美］彼得·L. 伯杰：《资本主义革命》，经济日报出版社 1993 年版，第 51 页。

（一）分歧

1. 不同的自由、平等观

“左和右的本质区别在于自由和平等问题上的基本分歧。自由是个体获取的自由（也可以通过继承和种族特权），但是必须保证其获取的独立性，这是右翼的原则。自由必须是为代表绝大多数人的利益而奋斗，尤其是为那些生下来就缺少机会的人，这是左翼的原则。自由同特权所有者以及国家的联系是民主右翼的基本主张。自由同分配的公正和国际主义的联系是民主左翼的基本原则。”① 这些话清楚地说明了民主社会主义和自由主义的民主都在追求自由和平等价值的同时，对自由和平等的内涵又有着不同的理解。

（1）自由主义民主以个人自由为核心价值，自由优先于平等，自由就是平等，自由是民主建构的前提条件。个人主义、自由主义是自由主义民主的理论基础。个人自由是指一种免受他人打扰的纯粹个体私人领域的自由，主要关注个体的一种身体、思想、精神的状态，这是一种消极的自由概念。民主社会主义主张以总体的积极自由实现个体自由，提出“拒绝消极的自由概念，而支持一个对消极与积极的自由一视同仁的普世的自由概念”②。“自由民主制把自由视为只是消极的自由，无可避免地将最低国家干预、私人对所有经济物品无限的所有权以及自我调节的市场制度等联系在一起。”③“民主社会主义的目的，是在经济、社会保险与日益繁荣的基础上，扩大个人的自由。”④

（2）自由主义民主的平等被解释为“自由的平等”或“机会的平等”，平等价值从属于个人自由的价值，为了自由可以牺牲平等，平等局限于民主政治程序上的形式平等。罗尔斯提出了解决平等问题的差异原则，却是在自由价值优先的前提下，“第一个原则：每个人对与其他人所拥有的最广泛的基本自由体系相容的类似自由体系都应

---

① 龚加成：《社会党国际纲领和政策的新变化——社会党国际二十二大述评》，《国外理论动态》2004 年第 1 期。

② 何秉孟等编著：《欧洲社会民主主义的转型》，社会科学文献出版社 2010 年版，第 33 页。

③ 何秉孟等编著：《欧洲社会民主主义的转型》，社会科学文献出版社 2010 年版，第 31 页。

④ 《社会党重要文件选编》，中共中央党校科研办公室，1985 年，第 6 页。

有一种平等的权利"①。民主社会主义更重视平等的价值，追求结果的平等，分配的平等，以平等实现总体的自由。民主社会主义以扩大政府权力，加强国家干预，以税收、福利等形式限制少数人追求财富无限扩大的自由，缩小个体之间的贫富差距，实现社会经济领域的结果平等。

（3）自由主义的民主是实现自由、保证自由的工具，民主体现为实现自由的工具性价值。"自由主义就是通过宪政国家而对个人政治自由和个人自由予以法律保护的理论与实践"②，自由主义民主是"自由人的民主政体"，只限于政府对自由的保护，自由主义者一向认为，"自由高于民主，民主不过是自由的一个手段"③。民主之所以有意义，仅仅是它可以维护私人领域的个人自由；民主社会主义民主的基本含义是"平等"，平等价值的优先性体现为政府权力的强化，以民主手段推进、实现平等，政治民主体现为政治权利的平等，经济民主体现为人们参与经济生活的平等权利，社会民主体现为人们参与公共生活等社会地位和权利的平等。

（4）自由主义民主只局限于政治民主，在政治领域以民主程序实现自由和平等形式上的统一。个人自由权利的平等，注定了人们在财富和利益分配上就可能是不平等的；而如果要求财富和利益上的分配平等，那么就会限制一些人的自由权利。经济领域的自由实质就是不平等。经济领域自由和平等的冲突和矛盾使自由主义民主脱离经济领域而只限于政治上的民主。萨托利说，民主"一直是个政治概念。也就是说，民主只意味着政治民主"④；民主社会主义把民主从政治领域拓展到经济和社会领域，以政治民主、经济民主实现社会民主。政治民主是整个民主社会主义理论的出发点和核心，是取得社会主义政权的前提；经济民主是政治民主的补充，就是经济权力的分享；社会民主是政治民主在社会领域的具体化，是民主社会主义的目的和归宿。

---

① ［美］罗尔斯：《正义论》，中国社会科学出版社 1988 年版，第 60—61 页。
② ［美］乔万尼·萨托利：《民主新论》，东方出版社 1993 年版，第 387 页。
③ 刘军宁：《共和，民主，宪政》，生活·读书·新知三联书店 1998 年版，第 89 页。
④ ［美］乔万尼·萨托利：《民主新论》，东方出版社 1993 年版，第 9 页。

2. 不同的民主逻辑思路

自由主义民主和民主社会主义不同的自由平等观导致了不同的民主逻辑：自由主义民主对个人自由价值的过高追求，导致了经济领域自由和平等价值的冲突，民主理论在经济领域的不能自洽，使其只能局限于政治领域。政治是经济的集中体现，经济基础决定了上层建筑，政治民主也无非是自由和平等的程序和规则，是抽象自由和平等的形式统一，民主也成为虚伪、形式的民主，是资本权力运作的政治工具。这是一种以个人自由为民主理论的出发点，政府权力仅限于保护个人自由，从而导致自由和平等在经济社会领域的困境，民主和平等只能局限于政治领域的形式化的逻辑思路。

民主社会主义是以追求平等为理论出发点，扩大政府权力，民主权力从政治领域扩展到经济、社会领域，以实现总体的积极自由进而实现个人自由的逻辑思路。也因此，民主社会主义认为这种“把私有财产权与所有相关各方面获得平等的自由的条件联系起来”的民主化途径，就可以走出自由民主“财产与自由之间模棱两可的关系”① 之困境。

（二）相同的本质

尽管自由主义民主和民主社会主义民主对自由和平等有着不同的理解，但二者有着共同的经济基础——生产资料的资本主义私有制。民主社会主义对自由主义民主在经济领域自由和平等的矛盾和冲突提出了深刻的批判，提出了以平等为优先价值的民主修正自由主义民主悖论的政治主张，但由于没有根本改变资本私有的物质基础，民主社会主义与自由主义民主没有根本性质的差别，都被囿于资本主义民主制度的框架内。

财产的私有制度是自由主义政治哲学的核心和标志，是一切自由主张的前提基础。资本的自由使资本权力渗透到政治领域，资产阶级又以掌握的政治权力保护资本剥夺他人劳动的权力。“生产资料所有权和政权仍然掌握在剥削者的手里，因而根本谈不上被剥削者即大多

① 何秉孟等编著：《欧洲社会民主主义的转型》，社会科学文献出版社 2010 年版，第 31 页。

数居民的真正自由和真正平等。”[①] 民主实际是有产者的民主，“任何一个用‘民主’‘自由’的字眼来反对我们的人，都是站在有产阶级一边，都是欺骗人民，因为他不懂得，自由和民主直到现在都是有产者的自由和民主，对无产者来说不过是残羹剩饭”[②]。自由主义民主以生产资料的资本主义私有制为前提和经济基础，那么理所当然就是资本主义民主性质。

民主社会主义以民主追求平等，也是建立在资本私有的前提下。二战后，民主社会主义不再以变革生产资料私有制为社会主义的制度特征，生产资料公有制仅仅是实现自由和平等社会的一种方式、手段。“社会主义的计划并不以所有生产资料的公有为先决条件。”[③] 1995 年 4 月，工党特别代表大会通过了修改党章第四条的建议。民主社会主义对生产资料所有制的具有决定意义的否定，很容易合乎逻辑地推出资本主义私有制存在的合理性。对资本私有性质的肯定，决定了民主社会主义的民主观也并不能真正解决自由和平等的困境，进而实现自由和平等的统一。

相同的经济基础决定了二者相同的民主本质。民主社会主义的民主虽然在形式上把民主从政治民主拓展到经济民主、社会民主，但经济民主中自由与平等价值的冲突导致说明了经济民主存在的虚伪性、社会民主的有限性，所以与自由主义民主一样，民主其实依然是一种形式化的超阶级的政治民主。民主仅仅是一种超现实的、“一般的”“纯粹的”概念而已。

马克思主义认为，生产方式决定社会产品的分配方式，在不改变生产资料所有制，不否定财产权自由的前提下，任何试图实现自由和平等的方式都是有限的，都是在资本主义制度框架内“左”和“右”的摇摆。无论自由主义还是民主社会主义的民主观都由于资本所有制的限制而无法解决自由和平等价值的冲突和困境，充分彰显了其民主理论本身的品质缺陷。这种理论自足性的缺乏说明了它们都仅限于是

① 《列宁选集》（第 3 卷），人民出版社 2012 年版，第 684 页。

② 《列宁选集》（第 3 卷），人民出版社 2012 年版，第 814 页。

③ 《社会党重要文件选编》，中共中央党校科研办公室，1985 年，第 5 页。

一种形式上的而非实质上的自由与平等。

因此说，民主社会主义虽然以对平等的追求充实了民主的内容，以增添了的“社会主义”因素对自由主义民主进行批判和超越，但是这种批判不是本质的，没有超出自由主义民主中个人自由和权利的框架。

第二节　民主社会主义民主与马克思主义民主

民主社会主义与马克思主义有着历史渊源关系。民主社会主义源于第二国际时期的社会民主主义。当时，社会民主主义是以马克思主义为指导思想的。随着第一次世界大战的爆发，社会民主党内在关于实现社会主义方面出现了途径上的分歧，后来演变为社会民主主义与列宁领导的现实社会主义的分裂。民主社会主义一直是以马克思主义的正统自居，但是以列宁为代表的社会主义对其进行了严肃的批判，称之为马克思主义的修正主义。二战后的民主社会主义越来越强调民主的作用，放弃了社会主义制度追求的目的，最终丢失了其社会主义身份，与马克思主义彻底分道扬镳。

一　与马克思主义民主观的比较

以“平等”“社会主义”实现最终的“自由”，是民主社会主义与马克思主义共同的政治理想和目标。由于民主社会主义和马克思主义不同的哲学基础，不同的民主性质，决定了对“平等”和“社会主义”的理解不同，实现政治理想的途径也截然不同。

（一）对“平等”“社会主义”的共同追求

“平等”是民主的本义，也是社会主义的基本规定，是民主和社会主义的价值契合点，对“平等”价值的追求是所有社会主义者的基本思想。虽然民主社会主义和马克思主义对“平等”“社会主义”的理解不同，但从一般意义上都以追求一种“平等”的“社会主义”社会为目标。

1. 二者都以“平等”“社会主义”的价值对抗自由主义民主，都是自由主义民主的进一步发展。“社会主义”从开始出现就是针对个人主义张扬的自由价值而提出的关注平等的思想、理论。恩格斯在论述空想社会主义时指出："现代社会主义……就其理论形式来说，它起初表现为18世纪法国伟大的启蒙学者们所提出的各种原则的进一步的、据称是更彻底的发展。"[①]"当社会主义作为与资本主义对立的思想和运动开始出现时，它并不是要否定革命的资产阶级通过启蒙学者提出的原则本身，而是认为这些原则并没有真正得到实现。"[②]所有社会主义者包括民主社会主义者和马克思主义者都提出了不同的方案以解决自由主义民主的困境，并都认为是对自由主义的进一步发展，是自由和平等原则的彻底实现。

2. 民主社会主义以"社会主义"为标识，源自马克思主义，都把平等从政治领域拓展到经济、社会领域。民主社会主义源于第二国际时期的马克思主义，第二次世界大战后，民主社会主义理论成熟，以"民主"界定社会主义，以区别于列宁领导下的社会主义。虽然民主社会主义经历了淡化意识形态，后又重新意识形态化，但其始终自诩自己走的是一条新形势下的"社会主义"道路，始终没有放弃民主在政治、经济、社会领域对平等价值的追求。

马克思主义以历史唯物主义和剩余价值理论为基础使社会主义成为了科学，社会主义从一种对"平等"社会的价值追求，成为与资本主义制度相对立并将替代资本主义制度的一种社会形态、社会制度。"社会主义制度下的民主、平等"始终是科学社会主义的价值追求，并被赋予了现实的基础。

我们且勿论民主社会主义的实践、"社会主义""平等"的含义，单就其在理论上对"社会主义"的标签和定位、对"平等"价值的不懈追求，可以断定其是与马克思主义民主有着共同的精神追求。

（二）根本分歧

建立在不同哲学基础、政治立场上的民主社会主义和马克思主义的民主根本性质的差异，就决定了二者哲学基础、政治立场的本质区别，决定了二者不同的平等观及实现民主的不同途径。

---

① 《马克思恩格斯选集》（第3卷），人民出版社2012年版，第391页。

② 殷叙彝：《民主社会主义论》，中央编译出版社2007年版，第69页。

1. 哲学基础不同

民主社会主义民主从主观唯心主义世界观出发，以自然法、人的理性为基础，建立在“抽象的人”的基础之上。“人”成为了脱离物质生产活动和社会关系的孤立存在，自由和平等也成为了超越现实物质关系的永恒真理、永恒正义，民主也成为了超阶级的价值而存在。从“抽象的人”出发，一个国家的一切人都应当是自由而平等的。人脱离了现实的物质基础，没有了阶级利益的根本区别。可是资本主义社会资本利益的存在决定了现实的物质关系，“生产资料所有权和政权仍然掌握在剥削者的手里，因而根本谈不上被剥削者即大多数居民的真正自由和真正平等”①。“一当它们不再是抽象的人的意志而转为现实的个人的意志，转为两个现实的人的意志的时候，平等就完结了。”②

马克思主义民主建立在“现实的人”的基础上。“人的本质不是单个人所固有的抽象物，在其现实性上，它是一切社会关系的总和。”③ 人是现实的、具体的，是处于一定的具体的社会关系之中的人。诸多的社会关系并不是平行的，其中起决定作用的是生产关系。“现实的人”的思想使马克思主义民主建立在唯物主义基础上，民主的阶级性是马克思主义民主的核心，而脱离了现实物质关系的人的自由和平等也是不存在的。阶级斗争和阶级分析是马克思主义民主的主要方法论。到了共产主义社会，消灭了阶级、消灭了剥削，人摆脱对物的依赖关系，真正回归人的本质的时候，实现了“人的自由个性”，民主成为自由人联合体中人们的生活方式，而失去了存在的必要，将随着国家的消失而消失。

2. 民主根本性质的差异

民主社会主义的政治民主形式——议会制、多党制和普选制是在资本主义的国家框架内，经济民主是在劳资关系一致基础上的一种管理权的参与和监督权的持有，没有触动到资本的所有制；社会民主是

---

① 《列宁选集》（第 3 卷），人民出版社 2012 年版，第 684 页。

② 《马克思恩格斯选集》（第 3 卷），人民出版社 2012 年版，第 480 页。

③ 《马克思恩格斯选集》（第 1 卷），人民出版社 2012 年版，第 139 页。

"分配正义"实现社会结果平等，未触动资本劳动之间根本的生产方式，实现平等的空间是很有限的。很显然，民主社会主义民主拓展了平等的内容和范围，但平等的本质含义与自由主义民主没有本质差别，是一种超现实、超阶级的"平等"观。这是一种不断以民主内容的添加和实现形式的优化来验证"社会主义""平等"的论证逻辑，其基础依然是生产资料的资本主义私有制，依然是资本主义民主的性质。

马克思主义的社会主义民主是走向真正民主的过程、阶段。"工人革命的第一步就是使无产阶级上升为统治阶级，争得民主。"① 社会主义是以消灭资产阶级的私有制，建立社会主义的公有制为经济基础的。民主是人民的民主与对敌人的专政的统一。民主是社会主义的内在要求、题中之义，民主也是社会主义最适合的政治形式、社会管理形式，实现了社会主义就实现了人类有史以来最广泛的民主，并逐渐在社会主义的发展中得到完善乃至最终消失。"只有共产主义才能提供真正完全的民主，而民主愈完全，它也就愈迅速地成为不需要的东西，愈迅速地自行消亡。"② 这是以社会主义实现完全民主的合乎历史发展的政治思维。

3. 平等观的不同

民主社会主义民主蕴含的平等是"一般意义"上的抽象概念，在实践中主张以一种结果的平等实现机会的平等，也就是以国家权力对政治、经济、社会进行干预以实现"人们支配自己生活条件的同样的机会"，"我们的目标不仅局限于最初的机遇均等……公正的基本价值不以平均主义为目的，而是以均等总能实现为目的，也就是说，在于生活机遇的平等所能实现的程度"③。马克思主义民主主张的平等是历史的、具体的，是消除阶级差别的平等，平等建立在现实的物质关系基础上，提出，"资产阶级的平等要求，也有无产阶级的平等要求伴随着。从消灭阶级特权的资产阶级要求提出的时候起，同时就出现了消灭阶级本身的无产阶级的要求"，"无产阶级抓住了资产阶级

① 《马克思恩格斯选集》（第1卷），人民出版社2012年版，第421页。

② 《列宁选集》（第3卷），人民出版社2012年版，第192页。

③ ［德］W. 勃兰特：《社会民主与未来》，重庆出版社1990年版，第101—102页。

所说的话，指出：平等应当不仅仅是表面的，不仅仅在国家的领域中实行，它还应当是实际的，还应当在社会的、经济的领域中实行"①。马克思主义民主追求的是消灭阶级的平等，是政治、经济、社会领域无阶级差别的相对平等，不是绝对平等。

4. 实现平等的途径不同

民主社会主义提出了以"民主"实现人们之间的"均等总能实现"、衡量"平等实现的程度"的观点，就是以政治、经济、社会的民主建立起全体人民伙伴关系的社会取代阶级基础上建立起来的社会秩序。也因此，实现民主的程度成为衡量社会主义因素的标准。这是一种以民主方式实现平等的途径的；马克思主义认为，"'平等'……如果同劳动摆脱资本的压迫相抵触，那就是骗人的东西。这是我们说的，而且这是千真万确的真理。我们说，实行目前那种平等的民主共和国是虚伪的，是骗人的，在那里没有实现平等，也不可能有平等；妨碍人们享受这种平等的，是生产资料、货币和资本的私有权。"② 生产资料的资本主义私有制决定了资本主义平等的不彻底性，只有从根本上消除不平等的根源才能实现真正的平等。这是以根除不平等的社会制度的方式实现平等的途径。

5. 不同的民主和社会主义观

民主社会主义的民主是超现实的、超阶级的、形式化的虚幻民主；马克思主义的民主建立在现实基础上，具有具体性、阶级性、历史性、社会性等特征。

民主社会主义的社会主义是价值原则即自由与平等。抽象的自由平等的价值原则成为社会主义状态的判断和实现社会主义的判断尺度。

马克思主义的社会主义是与资本主义相对立的社会制度、社会形态，其制度特征就是生产资料的社会主义公有制。

6. 民主的逻辑思路截然不同

民主社会主义是以生产资料的资本主义私有制为基础，以超现

---

① 《马克思恩格斯选集》（第3卷），人民出版社2012年版，第484页。

② 《列宁选集》（第3卷），人民出版社2012年版，第815页。

实、超阶级、“普遍化”的民主形式的不断优化、改良及内容的添加来论证“社会主义”“平等”的论证逻辑。由于其唯心主义的世界观和哲学基础，注定了其理论和发展路径的不合历史逻辑性。

马克思主义民主是建立在生产资料公有制基础上，以制度社会主义的发展来不断健全和完善民主，随着社会主义发展逐步走向共产主义，民主走向其终极状态的过程。这是合乎历史发展规律的政治思维，是一种彻底颠覆资本主义民主的经济基础，在一种新型的社会制度框架内逐渐完善、实现民主的内容与形式统一、自由和平等统一的逻辑进路。

因此，到底是选择以民主实现社会主义的价值原则，还是以社会主义的制度的不断完善和发展健全民主的途径，导致了民主社会主义民主和马克思主义民主根本性质的不同。生产资料所有制的性质是民主社会主义民主和马克思主义民主区别的试金石。

二 与中国特色社会主义民主的比较

中国特色社会主义民主政治的主要内容包括：工人阶级领导的、以工农联盟为基础的人民民主专政的国体，人民代表大会制度的政体，中国共产党领导的多党合作和政治协商制度、民族区域自治制度以及基层群众自治制度，社会主义法治，等等。中国特色社会主义民主制度是国体和政体的统一，是国家根本政治制度和基本政治制度的统一，也是民主与法治的统一。

中国特色社会主义民主的关键是坚持党的领导、人民当家作主、依法治国的有机统一，三者统一于中国特色社会主义民主政治的伟大实践中。中国特色社会主义民主实质就是社会主义民主。中国特色社会主义是马克思主义在中国的继承和发展，是马克思主义民主在实践中的具体形态。中国特色社会主义民主与民主社会主义民主有着根本的区别：

（一）经济基础的不同。中国特色社会主义主张坚持和完善以社会主义公有制为主体、多种所有制经济共同发展的社会主义初级阶段的基本经济制度。1956 年我国完成了社会主义改造，确立了生产资料的社会主义公有制，但是我国的社会主义还处于初级阶段。我国的社会主义从旧社会脱胎而来，在经济、政治、文化等社会各领域都还不可避免地带有旧社会的痕迹，很多非社会主义因素还存在。我国还没有完全进入社会主义阶段，还处于社会主义初级阶段，这就决定了以公有制为主体、多种所有制经济共同发展的基本经济制度，以按劳分配为主体、多种分配方式并存的分配制度。公有制经济和按劳分配制度的主体地位和不可动摇的经济地位，保证了我国的社会主义的基本经济制度特征。多种私有制经济和多种分配制度的存在和发展，不具有社会主义的制度特征，是由我国社会主义的阶段性决定的。社会发展阶段和程度决定了多种所有制经济和多种分配制度存在的历史正当性，但是社会主义的制度特征决定了多种所有制经济和分配方式是服从、从属于公有制经济和按劳分配制度的。公有制经济决定、主导了社会的性质和发展方向。随着我国经济的发展、生产力水平的提高，多种所有制经济将随着其存在的历史条件和社会基础的消失而消失。公有制经济的主体地位，引导着多种所有制经济走向社会主义。我国经济和社会在公有制经济的主体引导下，其方向必然是逐渐走向完全的、成熟的社会主义。

我国目前的社会主义初级阶段的经济制度和特征与民主社会主义的混合经济不同。民主社会主义主张的是混合经济，即公有制经济和私有制经济并存发展。民主社会主义并不认可公有制经济是社会主义的本质特征，认为公有制经济和私有制经济一样是实现自由、平等、美好社会的手段。公有制经济作为社会主义制度的根本特征的地位大大降低，是作为与私有制经济同等地位的繁荣经济的手段而存在的。从根本上否定了所有制在社会主义替代资本主义上的制度特征。对公有制经济的否定，必然导致对在此基础上的按劳分配制度的抛弃。但为了实现自由与平等的价值目标，民主社会主义拔高了分配制度。实行的是福利国家的分配制度形式。试图在不触动私有制经济的基础上以高税收的第二次分配形式实现所谓的自由和平等。这样的经济制度由于没有触动私有制经济的基础地位，无论怎样的分配方式，最终走不出资本主义划定的圈子。

（二）民主的实质和内容不同。中国特色社会主义民主是内容与形式的统一。中国特色社会主义民主实质就是社会主义民主，人民当家作主、人民主权是民主的核心价值和精神本质。体现在制度内容上就是，“中华人民共和国是工人阶级领导的、以工农联盟为基础的人民民主专政的社会主义国家，社会主义制度是中华人民共和国的根本制度”。“中华人民共和国的一切权力属于人民；人民行使国家权力的机关是全国人民代表大会和地方各级人民代表大会；人民依照法律规定，通过各种途径和形式，管理国家事务，管理经济和文化事业，管理社会事务。”“全国人民代表大会和地方各级人民代表大会都由民主选举产生，对人民负责，受人民监督。”等等。《宪法》明确规定了我国的国体——人民民主专政的社会主义国家，政体——人民代表大会制度。人民代表大会制度是我国的根本政治制度。人民民主专政的国体、人民代表大会制度的政体和共产党领导的多党合作、政治协商制度、民族区域自治制度、基层自治制度等，构成了中国特色社会主义民主政治制度的主要内容。我国实行的是议行合一的政治制度，这与民主社会主义认可的西方议会制度、政党制度、选举制度等有着本质的区别。

社会主义民主建立在生产资料公有制基础上，经济基础和上层建筑相协调，经济的公有制性质限定了政权性质和政治制度。政治内容和形式相一致，人民民主是社会主义的生命，是对民主本质精神的追求。人民民主、人民当家作主是社会主义民主政治的本质和核心。民主社会主义的民主没有根本否定生产资料的资本主义私有制，但否定了经济决定政治的历史唯物主义民主观，试图以政权、政治民主的力量实现社会各阶级在各领域的民主。

中国特色社会主义是人民民主专政的国体，公开承认自身的阶级性，既承认对大多数人民的民主，也承认对敌对势力的专政，是民主与专政的相辅相成。民主社会主义的民主在承认生产资料私有制的基础上，试图以民主形式抹杀阶级差别、实现各阶级的协调，因此也就以民主为自己的标志，否认阶级和阶级剥削。也因此，民主社会主义的民主在努力以各种完备的民主形式消除不平等、不自由的同时，陷入了自由主义民主的窠臼中。

（三）在发展逻辑上，中国特色社会主义坚持以社会主义实现民主的发展路径，社会主义的发展阶段决定了民主的状况，民主的发展以社会主义的现实状态为基础。坚持民主的“人民主权”精神，在社会主义向共产主义发展的过程中制定和展开相应民主政策和实践，这是一个科学社会主义理论与中国国情统一的过程，是民主价值和社会主义价值在中国特色社会主义实践中相统一的过程。民主社会主义民主是以民主的不断优化和内容的添加逐渐实现社会主义价值原则的过程。这是一个超现实的理性构想，一旦遇到现实就暴露出理论本身的缺陷。

中国特色社会主义属于马克思主义民主的特殊形式，是马克思主义民主在中国实践过程的中国化、具体化，属于马克思主义民主性质，但与民主社会主义截然不同的社会发展道路。我们只有分辨清楚了二者的根本区别，才能坚定我们走中国特色社会主义民主政治道路，建设中国特色社会主义民主的信心和决心。

第三节　三种民主观 两种性质判断

任何政治理论都有其内在的逻辑，而价值的追求是任何民主政治理论和实践的原动力。自由和平等自从成为近代资产阶级革命的旗帜和民主政治建构的价值核心以来，就一直以一种高于一切的“普世价值”姿态审视、检验着每个国家政治、政权的正当性、合法性。但人们政治立场的不同，对自由和平等的理解和阐释不同，出现了不同的民主观。我们循着民主共同的逻辑出发点和价值追求——自由和平等，分析、比较、鉴别自由主义、民主社会主义、马克思主义的民主内在逻辑理路的不同，乃至其根本的分歧。最后得出了“三种民主观，两种性质判断”的结论，民主社会主义没有超越自由主义民主的资本主义框架。

一　对自由与平等价值的共同追求

从古希腊民主到现代民主，自由与平等就是所有思想家、政治家进行理论思考和民主政治制度设计的认识起点和最终价值关怀，因为“这两个理想（自由和平等）是我们的基本观念，其重要性凌驾于其他任何理想之上。将生气勃勃的精神注入我们的民主政治，使它具有独一无二的特征以及使它与其他制度不同的，主要就是这两种价值观。如果要将民主制度的特征以最简单的话来概括，可以这样说，民主制度就是尽可能使其人民同时获得更多的自由和最多的平等的政治制度”①。民主内蕴的自由、平等理念，在根本上符合了人类对未来社会的理想追求。“人类在道德层面上对优良的社会生活的追求，在理念形态上对自由、平等的道德理念的认同，是民主政治的先决条件。”② 自由和平等的价值理想是所有民主理论一以贯之的追求和思想。

自由主义民主源于资产阶级启蒙运动时期提出的自由平等思想。“人人生而自由平等”是早期启蒙思想家反对封建制度提出的口号，是对人类理性的一种呼唤。随着资产阶级革命的胜利，自由主义民主作为自由和平等价值的一种政治建构成为资本主义国家制度的主要内容。自由主义民主以自然法、理性主义、个人主义为基础，认为自由和平等是人类的一种应然状态，是最接近人类本质的判断。近代资产阶级的启蒙运动使自由和平等成为资产阶级民主政治建构的道德标准和理想，成为支撑自由主义民主理想的价值体系。1787 年的《美国宪法》、1789 年法兰西的《人权和公民权利宣言》、1948 年的《世界人权宣言》，说明了自由主义民主政治在制度设计上实现着启蒙思想家对自由和平等的承诺。

民主社会主义的本源思想是法国大革命以后近代自由主义思想的继续，以克服自由主义对经济和社会中不符合平等的东西为自己的任务。在政治实践中，民主社会主义以民主对社会的渗透、以民主实现社会主义的路径实现自由和平等。

民主社会主义认为，社会主义就是“进而创造一个社会，使自由人能以平等地位在社会中共同工作”③，“社会民主主义的推动力从一开始起就是要建立一个由团结互助共同工作和生活的，自由和平等的

① 张文显：《二十世纪西方法哲学思潮研究》，法律出版社 1996 年版，第 522 页。
② 孙晓春：《民主政治的道德基础》，《天津社会科学》2002 年第 1 期。
③ 《社会党重要文件选编》，中共中央党校科研办公室，1985 年，第 2 页。

人们组成的社会"①。社会党国际十八大提出"民主这个概念是以自由与平等的原则为基础的"。民主以其内含的"自由和平等"的基本价值与社会主义契合，从而奠定了民主社会主义以民主实现社会主义、以民主对社会的渗透实现社会主义的理论基础。

马克思主义是真正关于人的科学，无产阶级乃至全人类的解放是马克思一生的追求。对人的真正自由和平等不懈追求是贯穿整个马克思主义理论的道德情怀和价值核心。马克思主义是历史观和价值观的统一，历史观以价值观为核心，价值观以历史观为基础。建立在历史唯物主义基础上的马克思主义，通过对资本主义社会和人类整个社会历史发展规律的揭示，揭示了实现人类真正自由和平等的科学道路，赋予了民主、自由和平等完全崭新的内容。

可见，自由主义、民主社会主义、马克思主义的民主理论承继了早期启蒙思想家对民主、自由和平等的理想，对人类自由和平等的价值追求是三种民主观共同的道德基础。

二　自由前提下的不同民主观

自由主义民主以自由为首要价值，消极的个人自由在经济、社会领域的困境使其民主局限于政治民主；民主社会主义以结果的平等追求一种总体的积极自由，民主从政治领域拓展到经济、社会领域，并把社会民主作为理论的归宿点。虽然两种民主观对自由和平等价值认识不同，却都建立在私有财产权自由的前提下，性质相同，都属于资本主义民主。

（一）对自由与平等认识的分歧

自由主义民主主张自由价值的优先性，平等被解释为"自由的平等"、"机会的平等"、政治领域形式的平等。为了自由可以牺牲平等、限制民主，这是一种消极的个人自由。自由主义民主的理论基础是个人主义、自由主义，个人的自由和权利是自由主义民主的核心价值。自由主义民主是"自由人的民主政体"，只限于政府对自由的保

① ［德］托马斯·迈尔：《社会民主主义的转型》，北京大学出版社 2001 年版，第 7 页。

护。民主只需要制度——一种对所有人都开放的公平程序就是实现了平等，这种“平等”是一种机会的平等、程序规则的平等、形式的平等。托克维尔是最早讨论自由和平等的民主主义者，他说：“在思想上我倾向民主制度……但我并不热爱民主。……我无比崇尚的是自由，这便是真相。”[①] 罗尔斯提出了解决平等问题的差异原则，却是在自由优先的前提下，“社会的和经济的不平等应这样安排，使它们被合理地期望适合于每一个人的利益，并且依系于地位和职务向所有人开放”[②]。萨托利则直接提出：“只要自由主义的民主死了，民主也就死了。”[③] 自由主义民主其实是在用民主保证自由。民主之所以有意义，仅仅是它可以维护私人领域的个人自由。

自由至上的自由主义民主，在经济领域遇到了困境：自由和平等出现了冲突。“如果自由权利是平等的，那么在财富和利益分配上就可能是不平等的；如果要求财富和利益分配平等，那么就可能限制某些人的自由权利。”[④] 经济领域的自由实质就是不平等。“在‘民主制的’资本主义的自由下，经济上的差别并没有缩小，而是日益扩大，日益加深。”[⑤] 经济领域自由和平等的冲突和矛盾与早期启蒙思想家提出的自由平等的理想相矛盾，资产阶级思想家无法在经济领域实现曾经对自由和平等的承诺，于是就只能脱离经济领域而只限于政治上的权利。自由主义的政治民主意味着“政治权利的平等”，但是，“权利决不能超出社会的经济结构以及由经济结构制约的社会的文化发展”[⑥]。政治是经济的集中体现，经济基础决定了上层建筑。经济领域自由和平等的冲突决定了自由主义民主只限于政治民主、政治上的形式平等，政治民主也只是自由和平等的程序和规则，是虚伪的、形式的民主，是资本权力运作的政治工具。这是一种以个人自由为民主理论的出发点，政府权力仅限于保护个人自由，从而导致自由和平

① ［法］托克维尔：《旧制度与大革命》，商务印书馆 1992 年版，“序言”第 4 页。
② ［美］罗尔斯：《正义论》，中国社会科学出版社 1988 年版，第 60—61 页。
③ ［美］乔万尼·萨托利：《民主新论》，东方出版社 1993 年版，第 402 页。
④ 张志伟：《写给大众的西方哲学》，中国人民大学出版社 2004 年版，第 247 页。
⑤ 《列宁选集》（第 2 卷），人民出版社 2012 年版，第 6 页。
⑥ 《马克思恩格斯选集》（第 3 卷），人民出版社 2012 年版，第 364 页。

等在经济社会领域的困境，民主和平等只能局限于政治领域的形式化的逻辑思路。

民主社会主义更重视平等的价值，追求实质平等，以总体的积极自由实现个体自由。“自由民主制把自由视为只是消极的自由，无可避免地将最低国家干预、私人对所有经济物品无限的所有权以及自我调节的市场制度等联系在一起。”① 民主社会主义提出了“拒绝消极的自由概念，而支持一个对消极与积极的自由一视同仁的普世的自由概念。”② “民主社会主义的目的，是在经济、社会保险与日益繁荣的基础上，扩大个人的自由。”③ 如果说自由主义民主的自由和民主在价值上存在冲突、悖论的话，那么民主和社会主义就存在着基本规定性的一致性，就是平等。扩大政府权力，以国家权力干预少数人追求财富无限扩大的自由，缩小个体之间的贫富差距，在基本实现社会平等的基础上扩大个人的自由。民主社会主义对实质平等的追求，使其把民主从政治领域拓展到经济和社会领域，以政治民主、经济民主实现社会民主。

民主社会主义主张，政治民主是整个民主社会主义理论的出发点和核心，是取得政权社会主义的前提。社会党国际十八大《社会党国际原则声明》提出：“对社会党人来说，政治民主是其他权利与自由的必要框架和前提。”内容主要就是议会制、多党竞争以及保证公民的政治权利。经济民主是政治民主的补充，就是经济权力的分享，以雇员对企业的参与管理与监督构建一种社会秩序“来取代少数私有者集中控制经济权力的状况”；社会民主是政治民主在社会领域的具体化，是民主社会主义的目的和归宿。社会民主以“高额的税收形式”实现结果的平等，为“满足人类的基本需要”把民主渗透到人们生活的各个方面，使民主成为人们的社会生活方式。这是以追求平等为理论出发点，扩大政府权力，民主权力从政治领域扩展到经济、社会

① 何秉孟等编著：《欧洲社会民主主义的转型》，社会科学文献出版社 2010 年版，第 31 页。

② 何秉孟等编著：《欧洲社会民主主义的转型》，社会科学文献出版社 2010 年版，第 33 页。

③ 《社会党重要文件选编》，中共中央党校科研办公室，1985 年，第 6 页。

领域，以实现总体的积极自由进而实现个人自由的逻辑思路。也因此，民主社会主义认为这种“把私有财产权与所有相关各方面获得平等的自由的条件联系起来”的民主化途径，就可以走出了自由民主“财产与自由之间模棱两可的关系”[①] 之困境。

（二）私有财产权的自由——共同的前提和基础

资本主义商品生产和交换方式决定了自由主义成为资本主义时代主要的意识形态。财产权和生命权、自由权是民主政治的基本权利，财产的私有制度是自由主义政治哲学的核心和标志，是一切自由主张的前提基础。自由主义民主以资产阶级掌握的国家制度保护资产阶级拥有资本的自由、交换的自由、竞争的自由，保护的是资本剥夺他人劳动的权力。“你们的自由如果同劳动摆脱资本压迫的利益相抵触，那就是骗人的东西。文明的先生们，你们忘记了一件小事情，忘记了你们的自由是写在把私有制法定下来的宪法上的。问题的实质就在这里。”[②] 生产资料资本主义的私有制就是自由主义民主制度的社会制度基础，自由主义民主就理所当然成为资本主义国家的政体。

民主社会主义追求一种平等为核心的民主社会，但却是建立在资本私有的前提下。二战后，民主社会主义不再以变革生产资料私有制为社会主义的制度特征，生产资料公有制仅仅是实现自由和平等社会的一种方式、手段。1956 年英国工党的理论家克洛斯兰出版了《社会主义的未来》，提出社会主义的本质是平等而不是消灭生产资料私有制，国有化只是手段而不是目的，并建议提出取消 1918 年制定的工党《党章》第四条，抛弃生产资料公有制的原则。1995 年 4 月，工党特别代表大会通过了修改《党章》第四条的建议。民主社会主义对生产资料所有制的具有决定意义的否定，就很容易合乎逻辑地推出资本主义私有制存在的合理性。

针对民主社会主义不改变生产资料占有方式以“分配正义”实现平等的理论，马克思曾指出：“消费资料的任何一种分配，都不过是

① 何秉孟等编著：《欧洲社会民主主义的转型》，社会科学文献出版社 2010 年版，第 31 页。

② 《列宁选集》（第 3 卷），人民出版社 2012 年版，第 812 页。

生产条件本身分配的结果；而生产条件的分配，则表现生产方式本身的性质。”[①] 生产方式决定社会产品的分配方式。在不改变生产资料所有制，不否定财产权自由的前提下，任何试图实现自由和平等的方式都是有限的，都是在资本主义制度框架内“左”和“右”的摇摆。无论自由主义还是民主社会主义的民主理论都无法解决自由和平等价值的冲突和困境，彰显了其民主本身的不足。这种理论自足性的缺乏说明了他们至多追求的是一种形式上的而非实质上的自由与平等，其理论的功用只囿于标榜或象征意义，而其对形式自由与平等的追捧，遮盖了其为统治阶级既得利益张目的意图。

三 “平等”价值追求下的不同民主观

平等是社会主义的基本规定性。“社会主义”“平等”是民主社会主义与马克思主义共同的价值追求，但由于平等观的不同，实现平等的途径截然不同，导致两种根本性质不同的民主观。

（一）对“平等”价值的共同追求

民主社会主义和马克思主义以“社会主义”“平等”的价值追求对抗自由主义民主，是自由主义民主的进一步发展。“社会主义”从开始出现就是针对个人主义张扬的自由价值而提出的关注平等的思想、理论。平等是“社会主义”的核心。恩格斯在论述空想社会主义时指出，“现代社会主义——就其理论形式来说，它起初表现为18世纪法国伟大的启蒙学者们所提出的各种原则的进一步的、似乎更彻底的发展”[②]。“当社会主义作为与资本主义对立的思想和运动开始出现时，它并不是要否定革命的资产阶级通过启蒙学者提出的原则本身，而是认为这些原则并没有真正得到实现。”[③] “真正的理性和正义至今还没有统治世界。”[④] 正是都看到早期自由主义者提出的原则没有真正实现，所有社会主义者都提出了不同的“平等”方案以对抗自由主义自由带来的困境，并都认为是对自由主义的进一步发展，是自由

① 《马克思恩格斯选集》（第3卷），人民出版社2012年版，第365页。
② 《马克思恩格斯选集》（第3卷），人民出版社2012年版，第391页。
③ 殷叙彝：《民主社会主义论》，中央编译出版社2007年版，第69页。
④ 《马克思恩格斯选集》（第3卷），人民出版社2012年版，第393页。

和平等原则的彻底实现。

民主社会主义以“社会主义”为标识，源自马克思主义，把平等从政治领域拓展到经济、社会领域。民主社会主义是从19世纪的社会民主主义演变过来的。第二国际时期社会民主主义与科学社会主义同义，领导着国际工人运动不断向前发展。第一次世界大战时期，改良与革命之争导致了社会民主党与共产党的分裂。第二次世界大战后，民主社会主义理论成熟，与列宁领导的社会主义分道扬镳，成为社会党国际及其所属各党正式的思想理论体系的名称。虽然民主社会主义经历了淡化意识形态，后又重新意识形态化，但其始终认为自己走的是一条新形势下的社会主义道路，始终没有放弃民主在政治、经济、社会领域对平等价值的努力。

如果说以前的社会主义是建立在人的理性基础之上的对自由和平等价值追求的理想社会、人的精神价值的一种追求、设想，那么马克思主义使“社会主义”从天上回到了地上，从理想回到了现实、从价值回到了制度、社会形态的层面。历史唯物主义和剩余价值理论使社会主义建立在了科学基础之上，社会主义成为与资本主义制度相对立并将替代资本主义制度的一种社会形态、社会制度。“社会主义制度下的民主、平等”成为科学社会主义的价值追求，并赋予了其现实的基础。

我们且勿论民主社会主义的实践、“社会主义”“平等”的含义，单就其在理论上对“社会主义”的标签和定位、对“平等”价值的不懈追求，是与马克思主义民主有着共同的精神追求。

（二）不同平等观下民主性质的根本差异

民主社会主义主张以一种结果的平等实现机会的平等，也就是以国家权力对政治、经济、社会进行干预以实现“人们支配自己生活条件的同样的机会”，“我们的目标不仅局限于最初的机遇均等……公正的基本价值不以平均主义为目的，而是以均等总能实现为目的，也就是说，在于生活机遇的平等所能实现的程度”①。如何“均等总能实现”，如何衡量“平等实现的程度”？民主社会主义的回答就是“民主”！就是以政治、经济、社会的民主建立起全体人民伙伴关系

① ［德］W. 勃兰特：《社会民主与未来》，重庆出版社1990年版，第101—102页。

的社会取代阶级基础上建立起来的社会秩序。但是其政治民主形式——议会制、多党制和普选制却是在资本主义的国家框架内，经济民主是在劳资关系一致基础上的一种管理权的参与和监督权的持有，没有触动到资本的所有制；社会民主是“分配正义”实现社会结果平等，未触动资本劳动之间根本的生产方式，实现平等的空间是很有限的。很显然，民主社会主义民主拓展了平等的内容和范围，但平等的本质含义与自由民主没有本质差别，是一种超现实、超阶级的“平等”观。这是一种不断以民主内容的添加和实现形式的优化来论证“社会主义”“平等”的论证逻辑，其基础依然是生产资料的资本主义私有制，依然是资本主义民主的性质。

“‘平等’……如果同劳动摆脱资本的压迫相抵触，那就是骗人的东西。这是我们说的，而且这是千真万确的真理。我们说，实行目前那种平等的民主共和国是虚伪的，是骗人的，在那里没有实现平等，也不可能有平等；妨碍人们享受这种平等的，是生产资料、货币和资本的私有权。”① 生产资料的资本主义私有制决定了资本主义平等的不彻底性，只有从根本上消除不平等的根源才能实现真正的平等。“资产阶级的平等要求，也有无产阶级的平等要求伴随着。从消灭阶级特权的资产阶级要求提出的时候起，同时就出现了消灭阶级本身的无产阶级的要求”，“无产阶级抓住了资产阶级所说的话，指出：平等应当不仅仅是表面的，不仅仅在国家的领域中实行，它还应当是实际的，还应当在社会的、经济的领域中实行”②。马克思主义民主追求的是消灭阶级的平等，是政治、经济、社会领域无阶级差别的相对平等，不是绝对平等。

民主的阶级性是马克思主义民主的核心观点。资本主义民主的“普选权不是为了每三年或六年决定一次由统治阶级中什么人在议会里当人民的假代表，而是为了服务于组织在公社里的人民”③。在阶级社会，民主是实现阶级利益的政治形式，是一个阶级对另一个阶级

① 《列宁选集》（第3卷），人民出版社2012年版，第815页。
② 《马克思恩格斯选集》（第3卷），人民出版社2012年版，第484页。
③ 《马克思恩格斯选集》（第3卷），人民出版社2012年版，第100页。

的统治。资本主义民主是资产阶级范围内的民主，是资产阶级内部成员之间的平等，“极少数人享受民主，富人享受民主，——这就是资本主义社会的民主制度”[①]。

马克思主义认为社会主义是资本主义和共产主义社会之间的一个过渡时期，社会主义不仅仅是自由平等的价值原则，更是社会发展的历史必然性，是与资本主义制度相对立、替代资本主义制度的更高级、更先进的社会形态。社会主义的根本特征是：经济上建立生产资料的社会主义公有制，实行按劳分配，逐步走向共同富裕；政治上是无产阶级掌握政权，实行无产阶级的民主和专政的统一。民主是社会主义的题中之义，是社会主义的必然要求，民主也是社会主义最适合的政治形式、社会管理形式，“工人革命的第一步就是使无产阶级上升为统治阶级，争得民主。”[②] 实现了社会主义就实现了人类有史以来最广泛的民主，并逐渐在社会主义的发展中得到完善乃至最终消失。“只有共产主义才能提供真正完全的民主，而民主愈完全，它也就愈迅速地成为不需要的东西，愈迅速地自行消亡。”[③] 这是以社会主义实现完全民主的合乎历史发展的政治思维，是一种彻底颠覆资本主义民主的经济基础，在一种新型的社会制度框架内逐渐完善、实现民主的内容与形式统一、自由和平等统一的逻辑进路。

四　根本性质的判断

任何政治理论都有其内在的逻辑。民主社会主义以自由和平等的价值原则诠释社会主义，以民主实现自由和平等的社会，其理论逻辑是颠倒的，因此导致了其理论体系内部、理论与实践之间的矛盾和冲突。从哲学的角度来说，民主社会主义是以“抽象的人”“抽象的价值”为出发点的唯心主义；从政治的角度来说，民主社会主义的民主政治根本没有触动现实的物质关系，资本权力在现实世界的核心主导作用决定民主社会主义的民主在实现真正自由和平等面前的困境。

---

① 《列宁选集》（第3卷），人民出版社2012年版，第189页。
② 《马克思恩格斯选集》（第1卷），人民出版社2012年版，第421页。
③ 《列宁选集》（第3卷），人民出版社2012年版，第192页。

从自由和平等的视角分析自由主义民主、马克思主义民主、民主社会主义的民主，三种民主观都把自由和平等作为自己理论和实践的价值追求。自由主义民主和民主社会主义民主虽然对自由和平等有着不同的理解，但私人拥有财产自由权的前提决定了二者的资本主义民主性质。民主社会主义和马克思主义都以“平等”价值为核心的“社会主义”追求为基本出发点，努力超越政治民主寻找最终自由的路径，但民主社会主义以民主实现“平等”的路径终究没有超越资本主义国家的制度框架。马克思主义民主以生产资料公有制为基础的社会主义制度的建立作为民主实现的社会制度基础，使民主不断得到完善和发展，真正实现自由和平等历史与价值的统一，完全超越了自由主义和民主社会主义对民主的经验主义判断，完成了民主根本性质的转变。

对本原意义的“人”的判断，是全部政治哲学和政治理念的逻辑起点。自由主义民主和民主社会主义民主的自由平等观是一致的，都以自然法、人的理性为基础，建立在“抽象的人”的基础之上的。“人”成为了脱离物质生产活动和社会关系的孤立存在，自由和平等也成为了超越现实物质关系的永恒真理、永恒正义，民主也成为了超阶级的价值而存在。从“抽象的人”出发，一个国家的一切人都应当是自由而平等的，可是“生产资料所有权和政权仍然掌握在剥削者的手里，因而根本谈不上被剥削者即大多数居民的真正自由和真正平等”①。“一当它们不再是抽象的人的意志而转为现实的个人的意志，转为两个现实的人的意志的时候，平等就完结了。”② 因此说，这种观点不是从现实的物质关系中，而是从人的主观思维、纯粹观念出发，去考量自然界和人类社会的发展是否符合永恒正义的价值标准，颠倒了物质和意识的关系，是典型的唯心主义。

马克思主义民主建立在“现实的人”的基础上。人是现实的、具体的，是处于一定的具体的社会关系之中的人，而诸多的社会关系并不是平行的，其中生产关系是最基本的关系。“‘现实的人’的思想

---

① 《列宁选集》（第3卷），人民出版社2012年版，第684页。

② 《马克思恩格斯选集》（第3卷），人民出版社2012年版，第480页。

不但使马克思的历史唯物主义有了坚实的立足点，也使马克思的历史唯物主义对人的关注同以往任何思想相比更具有真实性。"[①]"现实的人"的思想使马克思主义民主建立在唯物主义基础上，民主的阶级性是马克思主义民主的核心，而脱离了现实物质关系的人的自由和平等也是不存在的。只有到了共产主义社会，消灭了阶级、消灭了剥削，人摆脱对物的依赖关系，真正回归人的本质的时候，实现了"人的自由个性"，民主成为自由人联合体中人们的生活方式，而失去了存在的必要，随着国家的消失而消失。

自由主义民主和民主社会主义民主对私人拥有财产自由权、资本权力肯定的前提决定了二者的资本主义民主性质。民主社会主义和马克思主义都以对"平等"价值为核心的"社会主义"的追求为基本出发点，努力超越政治民主寻找最终自由的路径，但民主社会主义以民主实现"平等"和"社会主义"的路径终究没有超越资本主义国家的制度框架。马克思主义民主以生产资料公有制为基础的社会主义制度的建立作为民主实现的社会制度基础，使民主不断得到完善和发展，以实现真正自由和平等历史与价值的统一，完全超越了自由主义和民主社会主义对民主的经验主义判断，完成了民主根本性质的转变。

"自由与平等的价值统一是政治哲学自身发展的应然逻辑。"[②]自然状态下的自由和平等应该是统一的。自由与平等的和谐关系在近代思想家和早期的资本主义自由经济的现实中只是得到了暂时的论证。但自由与平等毕竟是人在应然状态下的双重价值。基于不同的政治理想和政治立场，三种民主观对待自由和平等以及二者的关系出现了分歧，导引出不同的民主理论和不同的政治道路，但民主社会主义的民主没有超出自由主义民主的窠臼，三种看似不同的民主观，实质是两种性质的民主观——资本主义民主和社会主义民主的区别。

---

① 郑冬芳：《从发展逻辑和整体性视角论马克思人道主义思想》，陕西人民出版社2010年版，第75页。

② 卜广庆：《自由与平等的张力运动在资本语境下的历史演进》，《江苏大学学报》（社会科学版）2009年第1期。

第六章　坚持中国特色社会主义民主逻辑

生产资料公有制是马克思主义科学社会主义的制度性特征。民主社会主义对生产资料公有制——社会主义制度性特征的否定，导致了整体理论逻辑的颠倒，理论与实践、理想与现实之间的脱离。把民主社会主义理论的逻辑出发点——对“社会主义”的认识从一种价值原则“扳”过来，建立在现实的物质关系基础上，以民主实现社会主义就转变为以社会主义实现民主的逻辑思路，民主与社会主义的逻辑就被厘清，民主转变为合乎历史唯物主义发展逻辑的发展路径。

中国特色社会主义民主政治是马克思主义民主理论在我国社会主义实践中的运用和发展，是马克思主义民主理论的实践状态，也是马克思主义民主的中国化、具体化，是走向真正民主的过程和阶段。社会主义制度是中国特色社会主义不可动摇的制度前提和理论基础。以生产资料公有制为根本特征的社会主义制度为中国特色社会主义民主确定了合乎历史发展规律的逻辑出发点，奠定了中国以社会主义逐步实现民主的发展路径。

第一节　中国特色社会主义民主的逻辑性

《中国共产党第十九次全国代表大会会议报告》提出：“中国特色社会主义政治发展道路，是近代以来中国人民长期奋斗历史逻辑、理论逻辑、实践逻辑的必然结果，是坚持党的本质属性、践行党的根本宗旨的必然要求。”中国特色社会主义民主是以社会主义制度实现民主的发展逻辑，是理论逻辑和实践逻辑的统一，是中国特色社会主义民主发展的历史逻辑与科学社会主义发展逻辑的统一，是合乎历史发展规律的民主逻辑。

一　中国特色社会主义民主的历史逻辑

中国特色社会主义民主的产生和发展是科学社会主义在中国发展的历史使然，是中国历史传统政治文化在近现代乃至当代中国历史发展的必然，更是近现代中国历史发展的必然结果。

社会主义从概念出现到空想社会主义思想，再到马克思主义的科学社会主义，自由与平等特别是平等一直都是贯穿其中的核心价值和理想目标。对自由与平等价值的追求一直都是社会主义者对理想社会不懈追求的动力。在资本主义时期，对自由与平等的追求成为工人争取自身权利的深层次价值，社会主义思想与工人争取自身权利的运动相结合，社会主义从一种思想转化为运动。无产阶级要争取自身的解放，首先要夺取政权，争取无产阶级民主。巴黎公社对无产阶级民主进行了初步尝试。俄国的十月社会主义革命取得胜利，建立了社会主义的国家，科学社会主义从理论转化为实践，建立了社会主义国家政权和无产阶级民主政治制度。俄国十月革命给中国送来了马克思主义，先进中国人的眼光从向西方转向东方。马克思主义的科学社会主义在近代中国得到传播和发展。近代中国在科学社会主义理论指导下结合中国实际走出了一条属于中国自己的革命和发展道路。

中国古代的传统政治文化只有民本、民生思想，没有民主思想。中国长期的封建政治文化没有民主产生的思想根基。到了近代，在世界工业革命、资本主义的冲击下，中国被迫离开了原生态的社会发展轨道，在被掠夺的民族屈辱中踏上了近代化的历程。在世界资本的掠夺和竞争下，近代中国失去了民族的尊严和国家的独立，祖国山河失色，整个中华民族在血泪中匍匐着。晚清的封建王朝摇摇欲坠大厦将倾，被帝国主义百般蹂躏的中国将何去何从？从最早睁眼看世界的第一批先进中国人魏源、严复、林则徐等，到开明地主发起的洋务运动；从谭嗣同“有心杀贼无力回天”的仰天长啸到武昌深夜刺破天空的枪声；从开始认识西方的“船坚炮利”到学习西方的民主思想、政治制度；从拜东洋为师到学习西洋；从“戊戌变法”试图寻找一条自上而下的宪政民主道路，到辛亥革命学习西方的资产阶级民主制度……，近代先进的中国人不断地试错再试错，以生命和鲜血在寻求救国救民的民族生存和发展道路。可是所有的努力最终都失败了。这一切都说明了在资本主义一统世界的环境下，国际国内的各种因素都不允许中国走出一条独立自强的民族解放和自强道路。

孙中山领导的资产阶级民主革命没有给中国带来当时先进的资产阶级民主政治。在中国封建主义和外国资本、官僚资本的双重压力下，资产阶级最终没有能够担负起争取国家独立和民族解放的历史使命。在中国共产党领导下的无产阶级开始走上了近代中国的历史舞台。马克思列宁主义思想与中国革命的具体实际相结合，毛泽东领导下的中国共产党人走出了一条独立自主的新民主主义革命道路。这是一条追求人民解放和民族独立的革命道路。

抗日战争取得胜利，面对着中华民族未来政治的走向问题，民主党派给出了既不同于国民党又不同于共产党的所谓“中间道路”，期望建立西方的资产阶级民主政治制度，寄希望于国民党建立有各民主党派参与的民主国家，最终以民主党派李公朴、闻一多的被杀，民主党派走“中间道路”幻想破灭。事实证明，民主党派以所谓“中间道路”的形式建立资产阶级的民主共和国的政治方案，在中国行不通。历史的选择表明了，“专制”“独裁”的政治道路在中国行不通，属于精英民主的资产阶级民主在中国也行不通，中国只能走人民民主的社会主义民主道路。

中华人民共和国成立，中国共产党以《共同纲领》形式，确定了我国是无产阶级领导的、以工农联盟为基础的各革命阶级联合专政的新民主主义共和国。中国共产党领导全国人民取得了民族解放、民主革命的伟大胜利，完成了中国资产阶级的历史任务，但不会停留在资产阶级的历史使命驻足不前，它必将继续努力完成自己的历史使命。

随着社会主义革命的完成，确立社会主义制度，建立了人民民主专政的社会主义国家制度。人民代表大会制度成为我国的根本政治制度。中国共产党领导人民在经历了土地革命、抗日战争不同时期的民主政府组织形式的不断发展，也经过了在党政军内不同的民主形式的不断实践，人民代表大会制度成为适合我国国情的、体现人民当家作主的政权组织形式。

中国特色社会主义政治制度基本内容是中华人民共和国成立后确立的社会主义民主政治制度在新的形势下的丰富和发展，但基本制度没有发生变化。历史已经并将继续证明，人民当家作主的社会主义民主政治是人民的选择、历史的选择。“人民的选择”“历史的选择”注定了中国特色社会主义民主是社会主义发展历史与近代中国、中国革命和社会主义发展历史逻辑的统一。

二　中国特色社会主义民主的理论逻辑

中国特色社会主义政治制度实质就是社会主义民主，主要内容包括：人民民主专政的社会主义国家制度，人民代表大会制度的政权组织形式，还有中国共产党领导下的政治协商制度和民族区域自治制度、基层群众自治制度等。社会主义民主制度是国体与政体的统一；是坚持党的领导、人民当家作主和依法治国三者的有机统一；体现了以人民为中心的政治立场、对大多数人自由与平等价值的追求。

马克思主义是建立在历史科学基础上关于无产阶级解放同时争取全人类解放的思想理论，有着严密的逻辑性、深刻的科学性和彻底的批判性。马克思主义对人的全面而自由发展的理想价值的追求，对资本主义社会进行科学与价值的批判，目的是使人从被自然的统治和人类社会关系的统治中解放出来，从不断被种种异化的状态中解放出来，以无产阶级自身的解放争取全人类的彻底解放。建立在历史唯物主义基础上的马克思主义本身具有的理论品格为中国特色社会主义民主政治奠定了理论基础。

马克思主义的科学社会主义对共产主义理想社会的描绘，与中国千百年来人们对“大同社会”的理想憧憬相契合；对自由与平等的追求，在中国“不患寡而患不均”的思想中找到价值契合点。中国的传统思想文化成为马克思列宁主义在中国扎根发展的丰厚的思想土壤。

中国特色社会主义民主理论是马克思主义民主理论在中国特殊历史阶段的具体化，是以马克思主义为基本立场和理论基础的社会主义民主理论。中国特色社会主义民主理论是马克思主义民主理论、毛泽东思想关于人民民主理论的丰富和发展，具有鲜明的阶级性和严密的理论逻辑性，是科学性和价值性的统一。

中国特色社会主义民主与西方议会民主制度不同，坚持党的领导、人民当家作主和依法治国三者的有机统一，是坚持社会主义民主的关键。

坚持中国特色社会主义民主的关键是坚持党的领导、人民当家作主和依法治国的有机统一，最广大人民的根本利益、人民的民主权利是坚持党的领导、人民当家作主和依法治国有机统一的理论基础与共同价值。

在党的十八届四中全会的《中共中央关于全面推进依法治国若干重大问题的决定》中，鲜明地提出了中国特色社会主义法治要坚持中国共产党的领导，坚持人民民主的主体地位，肯定了“人民是依法治国的主体和力量源泉，人民代表大会制度是保证人民当家作主的根本政治制度”。

党的领导是中国特色社会主义民主发展的主导性力量。中国共产党的宗旨决定了党与人民根本利益的一致性。党作为执政党，人民是党的领导的合法性基础；党的领导是人民民主、社会主义法治的政治保证。

人民民主专政的社会主义国家的国体是对人民民主和对敌人专政的结合。在社会主义的初级阶段，政治、经济、社会、文化等各方面非社会主义因素还大量存在，干扰和影响着社会主义因素的健康发展。对各种敌对势力的专政是为了保证人民的当家作主。人民民主的主体是包括工人阶级在内的最广大人民群众，不再是少数人的民主。人民当家作主是社会主义民主的核心价值，是对民主本质精神的追求和超越，也是实现马克思主义“真正民主”的过程和初步阶段，是对资产阶级民主虚伪的“人民主权”的否定，是“多数人民主”理论的政治实践。人民代表大会制度是人民当家作主的制度形式，人民代表来源于人民，代表人民参与国家和社会事务。

社会主义民主是民主作为国家制度发展的高级阶段，但还没有到民主作为制度消失的阶段。由于各方面因素的限制，为保证民主制度对“人民当家作主”“人民主权”精神的追求，党的领导作用是必不可少的。那种将民主的发展完全寄托在个体自由、社会自主的观点，是不符合民主发展的历史逻辑和社会主义发展的阶段的。社会是生产关系与交往关系的有机统一，既包含着经济力量，也包含着社会力量；既体现为独立性和对抗性，也体现为参与性与合作性。中国共产党没有自身的利益，只有无产阶级和最广大人民的利益。作为执政党，需要引领国家积极而有效地反映人民和社会的利益和要求。

我国处于社会主义初级阶段，社会主义的法代表的是人民的根本利益。我国的社会主义法治，是在党的领导下，带领人民制定的反映人民根本利益的法治。社会主义的法治，首先是保证了人民的根本利益，保证了人民当家作主的民主权利，保证了人民民主政权的稳固。社会主义的阶段性，注定了国家也存在独立性和自己的意志，存在国家对人民利益偏离的可能性，国家权力对民主的侵害性。“客观的现实要求和政治权力的本质决定了国家权力会一直生活在我们身边。”①党是执政党，掌握着国家权力。法对党也有同样的约束力。社会主义法治也是对国家权力进行有效制约，防止偏离人民利益的轨道的工具。

法治，需要界定清楚国家权力的边界及公民的正当权利。如果界定不清，法治就可能成为国家权力的扩张过程。不是国家权力被法律限制和约束，而是凭借法治侵犯社会领域。这就要求法律的制定必须首先符合人民的利益，以人民利益为根本，规范社会和国家的行为，使国家在明确的权力范围行为。党的十八届四中全会的《决定》明确提出了要建立法治政府，党要依宪治国，政府要依宪执政。党和政府的行为要依照社会主义宪法规定的范围进行治国理政。

按照马克思主义法的观点，法、法律是统治阶级意志的体现，是统治阶级进行统治的工具。我国是社会主义国家，人民当家作主，人民是国家的主人，社会主义的法自然是人民利益和意志的体现。社会主义初级阶段，各种非无产阶级因素的存在，使阶级、阶级斗争还将在一定范围内长期存在，因此，以法、法律的形式保证人民民主专政的国家政权、保证人民当家作主、保证社会主义国家各项事业顺利进

① 郑永年：《政治改革与中国国家建设》，《战略与管理》2001 年第 2 期。

行依然是必须的。依法治国是党代表人民的利益进行治国理政的方略，是保证最广大人民利益的手段和工具。所以说，从理论上来讲，党的领导、人民当家作主和依法治国三者之间有着根本利益的一致性、价值追求的同一性，在理论逻辑上是统一的、自洽的，合乎马克思列宁主义的理论逻辑、合乎中国革命和社会主义建设的理论逻辑。

以“人民利益”为核心的中国特色社会主义民主自身的理论逻辑是严密的、自洽的，与马克思主义的民主理论逻辑是一致的，与追求自由与平等本质精神的民主逻辑是一致的，是马克思主义民主蕴含的“自由与平等”价值在中国现实社会主义基础上的阶段性的理论体现。

三　中国特色社会主义民主的实践逻辑

理论来源于实践。理论逻辑是实践逻辑的反映。中国特色社会主义民主的政治选择是近代中国的政治现实与中国革命和建设的实践逻辑发展使然。

针对近代中国深厚的封建主义和国外资本的双重势力，中国的民族资本没有能力承担起反对帝国主义和封建主义的双重革命任务，以辛亥革命的失败宣告了在中国建立资产阶级民主共和国是行不通的。无产阶级的兴起及国内外因素的具备使中国共产党的出现成为历史的必然。中国共产党承担起了中国民族资产阶级没有完成的历史使命，以新兴的无产阶级为自己的阶级基础，以马克思列宁主义为理论指导，以争取大多数人民的利益为使命，在新民主主义革命时期的土地革命时期，尝试建立了工农民主联合政府；抗日战争时期，建立了抗日民主联合政府，实行“三三制”政权，建立了最广泛的抗日民族统一战线；解放战争时期，反对“专制”“独裁”的国民党政府，联合民主党派，提出建立有各民主党派参与的民主联合政府。中华人民共和国成立后，建立了“以工人阶级为领导、工农联盟为基础的包括各革命阶级的联合专政”的国体，人民代表大会制度的政体，在党的领导下多党合作与政治协商制度等体现人民民主的社会主义民主制度。

随着社会主义改造的结束，我国进入社会主义建设时期，资产阶级作为整体已经被消灭，我国的国体成为“以工人阶级为领导的、工农联盟为基础的人民民主专政的社会主义国家”，工人、农民是“人民”的基础力量。随着改革开放的不断深入和发展，“人民民主专政”的社会主义国体、人民代表大会制度等政治制度以及“人民当家作主”“一切权力属于人民”的人民民主在原来的基础上得到了丰富和发展，但社会主义人民民主的根本性质没有变化。

中国特色社会主义政治发展道路的实践逻辑是植根于中国的历史和现实，准确把握不同时期的历史方位，把“人民民主”的价值和理论逻辑运用于现实的政治实践的必然结果。中国特色社会主义民主政治的实践逻辑统一于社会主义“人民民主”的理论和实践中，统一于中国共产党追求“人民民主”的价值和理论逻辑相统一的政治实践中。

由此可见，中国特色社会主义政治发展道路，其历史逻辑厚实、实践逻辑牢实、理论逻辑坚实，它的选择、开创与推进是三者的辩证统一，是根植于中国大地、反映中国人民意愿、适应中国和时代发展进步要求的社会主义民主发展道路。

第二节　对中国民主状态的现实思考

我国《宪法》明确规定：“国家一切权力属于人民。”人民不仅当家作主，还有管理国家、社会事务的权力。我国实行议行合一的政治制度，议行合一的基础就是“一切权力属于人民”。人民代表大会制度是人民当家作主的根本途径和最高实现形式，是充分发扬社会主义民主的最好实现形式。实践证明，我国社会主义民主制度从理论到实践都是统一的，切实提高了人民的社会地位，保障了人民当家作主的权利。

社会主义制度下“人民主权”“人民当家作主”的民主本质，使人民获得了政治和经济上的解放。经济上人民的生活获得长足的发展，逐步摆脱贫困状态。1949 年，城镇居民人均年收入不足 100 元，到 2016 年全国城镇居民可支配收入增加到 23821 元。改革开放以来，2 亿多人口的温饱问题得到解决，贫困人口从 1978 年的 2.5 亿到

2017 年减少到 4000 多万。整个西方世界都不得不承认，“中国在解决绝对贫困问题上所取得的成就举世公认”。

经济上生产资料的公有制保证了人民享有自由与平等的基本权利；政治上，人民依法享有和行使管理国家和社会事务、管理经济和文化事业的各项权利。人民享有生存权和发展权、人身人格权、民主政治权利、经济社会和文化等广泛的人权和基本自由。社会主义制度保证了人民的政治解放和经济解放的有机结合。人民权利与国家权力相统一，民主政治与人民主体相统一，从根本上确立并保证了中国特色社会主义民主的多数人的民主。

我国实行的是议行合一的人民代表大会制度，不是三权分立，也不是议会选举制。人民代表大会制度是我国的基本政治制度，人民代表大会是我国的最高权力机关。一方面，人民代表大会制度为人民当家作主提供了合理的组织形式。全国人民代表大会和地方各级人民代表大会作为人民行使国家权力的机关，人民通过普遍的民主选举，产生自己的代表，组成各级人民代表大会，各级人大都对人民负责，受人民监督。人民代表来源于人民，代表人民，对人民负责。人民有权力撤换和罢免人民代表。选举是实现人民民主的重要形式。我国《宪法》中明确规定，除了依法被剥夺政治权利的人以外，凡年满 18 周岁的公民，不分民族、种族、性别、职业、家庭出身、宗教信仰、教育程度、财产状况和居住期限，都有选举权和被选举权。从参加选举的情况看，全国的参选率基本上一直保持在 90% 以上。1989 年以来中国的县乡人大代表选举始终保持在 93%—94.5% 之间。在各级人民代表大会中，各地区、各民族及各个阶层、各个团体都有自己的代表，代表分布经济、科技、国防、政法、教育、宣传、文化、卫生、体育和社会管理等各领域，省、市、县、乡镇和街道社区等各个层级，以及机关、企事业单位、人民团体、非公有制经济组织和新社会组织等。另一方面，人民代表大会制度为国家机构高效运转提供了有力的制度保障。人民代表大会是国家权力机关，统一行使国家权力。国家行政机关、审判机关、检察机关由人大产生，对人大负责，受人大监督。

改革开放以来，人民代表大会制度建设和人民代表大会的工作得到不断推进，人民民主不断扩大和深入。直接选举人民代表大会代表的范围扩大到县，实行普遍的差额选举制度；完善了全国人民代表大会常务委员会的职权；在县级以上各级人民代表大会设立常务委员会并赋予相应职权；等等。在具体措施上逐步完善人民代表大会制度，如支持人民代表大会依法履行职能，使党的主张通过法定程序成为国家意志；保障人民代表依法行使职权，密切人大代表同人民的联系，逐步实行城乡按相同人口比例选举人大代表；加强人大常委会制度建设，优化组成人员知识结构和年龄结构；等等。在实际工作中，各级人民代表大会代表逐渐改变“开会举手”现象，越来越多地意识到自己的代表作用，对所代表的人群进行深入调查、提出合理提案议案，以“人民代表”的角色发挥着更大的作用。

我国的政党制度不同于西方的政党制度。我国实行的是共产党领导下多党协商政治制度，中国共产党与各民主党派之间按照“长期共存、相互监督、肝胆相照、荣辱与共”原则，建立新型的党际关系。民主党派作为参政党，不是在野党。民主党派参政议政，参与国家大政方针和国家领导人选的协商，参与国家事务的管理和国家方针、政策、法律、法规的制度的监督。政协组织通过政治协商、民主监督和参政议政，在国家政治生活中发挥着重要作用。

社会主义民主的本质决定了人民是民主的主体，民主的形式——人民民主专政即在人民内部实行民主，人民依法享有各项人权和自由；同时对敌对阶级和势力实行专政，保证国家政权的人民性。这是社会主义民主的具体内容，也是由社会主义处于走向共产主义的过渡阶段决定的。

我国建立了以社会主义制度为基础的民主，是最高历史类型的民主，但不等于民主的发展程度处于最高形态。民主类型是由民主的阶级性所决定的。民主的发展程度取决于人、社会的发展程度及对国家的驾驭能力。社会主义民主是最高类型的民主，具有优于资本主义民主的先进性，但是从中国的现实和历史来看，我国的社会主义都还处于初级阶段，经济、社会的发展阶段制约了社会主义民主的发展。

（一）社会主义公有制的建立，根除了不自由、不平等的根源，为社会主义民主的发展提供了制度前提，但生产力的发展水平却制约了社会主义民主的发展。我国经济发展水平的落后，决定了整个社会还缺乏发达的社会主义民主所需要的雄厚的物质基础。如今的中国从站起来、富起来到强起来的历程，国家进入了社会主义建设的新时代，但是目前依然存在着人民对美好生活的需要与发展不平衡、不充分之间的矛盾。总体水平的物质基础、经济发展程度依然是制约社会主义民主发展的主要因素。改革开放以来，为发展经济，建立社会主义市场经济，在确立公有制经济为主体的前提下，允许了多种所有制经济的发展。近四十年的市场经济和非公有制经济的存在和发展，在带来经济自由和繁荣的同时，也出现了不同的私人利益集团。新的利益集团与人民普遍利益的对立，增加了社会的不公正问题，社会主义的自由和平等价值受到挑衅，人民当家作主的权利和地位受到影响。

（二）社会主义的阶段性，注定了中国特色社会主义民主制度的不完善。从民主制度来看，社会主义民主制度赋予人民当家作主的权利，但由于我国处于社会主义初级阶段，导致中国特色社会主义民主也是社会主义民主的初级阶段，对人民民主权利的追求也还处于初级阶段。社会主义初级阶段基本经济制度中非公有制经济的存在，导致社会利益的分化，出现不同的利益集团，反映在政治上就会有一些对利益集团保护的具体制度，虽然这些制度仅仅具有历史的暂时性，但还是会影响广大人民的民主权利及社会的自由与平等。

中国特色社会主义民主的社会主义性质决定了对实质民主即对民主本质精神的追求，但是，在民主的程序上、形式上对人民民主的实现还存在一定的障碍，对实质民主的追求还不能从程序上、形式上的得到完善和统一。各项具体制度还有待进一步完善和丰富。对民主本质精神的追求还存在着理论与实践的脱离。比如，我国的人民代表大会制度、政党制度、民族区域自治制度、基层群众自治制度等具体还存在一些问题，比如党内民主和监督、民主党派的民主和监督以及广大人民民主和监督等方面还有待不断完善。不过，这些都是社会主义民主发展过程中特别是我国的社会主义民主发展过程中必然经历的历史阶段和过程。

（三）中国长期传统封建思想的残留和资产阶级小资产阶级思想

的影响依然存在，也会影响社会主义人民民主的健康发展。我国的社会主义可以说，直接脱胎于封建社会，完整而长期的封建政治思想中的官本位思想、特权思想、“为民做主”的思想在人们头脑中根深蒂固，形成巨大的历史沉淀；在当今社会主义市场经济还不规范的条件下，中国共产党作为执政党，党的建设还面临着严重的挑战，官僚资本、权力经济、腐败懒政等行为致使社会主义民主受到歪曲。依法治国是对人民利益的保护，在一些官僚主义思想的影响下还容易出现对人民民主权利的侵犯和限制。

西方自由主义宪政民主、民主社会主义的民主等各种非社会主义民主思想都还对我国的社会主义民主思想带来很大干扰和冲击，严重制约了我国社会主义民主的发展，影响了社会主义自由和平等价值的体现。党的思想上、组织上的纯洁性还需要进一步加强建设。

（四）从民主的主体——人民自身的能力来讲，随着社会的发展，我国教育科学事业有了很大的发展，人们的权利意识和民主意识不断提高，但是依然还没有足够的参与和管理国家事务的能力。列宁曾说，文盲是站在政治之外的。文化水平的低下，限制了人们参与管理国家事务的能力，也很难形成普遍的民主意识。随着现代化的发展，社会管理日益复杂化，就要求人们的民主参与能力必须具备相应的文化修养、政治素养及技术水平。中华人民共和国成立以来，国家在普遍提高人民的文化水平方面作出了很大努力，特别是改革开放以来，大力普及义务教育，拓展大学教育，人们的整体文化水平得到很大提高，但是，在市场经济的冲击下，基层家庭的孩子被经济能力限制在受教育之外，“读书无用论”也再一次泛起；教育体制的僵化带来的教育资源的被垄断、社会地位的被固化等现象，导致社会上依然有很大比例的文盲、半文盲，而有文化不一定有政治素养的情况也是一种普遍现象。受过高等教育的大学生对政治的无知和冷漠，也是一种不可忽视的现象。这些问题都相应地会影响社会主义民主优越性的发挥。提高全民整体的政治参与意识和能力是亟须解决的问题。否则，人民当家作主的权利只能是一种理想。

当然在人民代表大会制度和国家机构的组织方面还有缺陷，人民代表大会对人民意志和利益的表达和代表方面还有不足，人民代表的范围、知识素养和政治修养、对人民的代表性方面都还需要不断加强和完善，等等。各级政府、法院和检察院、政协与人民代表大会之间的理论和实践关系还需要进一步厘清；在各级国家机构中，如何加强党的领导等方面都是需要进一步不断完善的内容。

由于我国具有自己特色的历史文化和现实国情，在自由和平等方面，既没有英美典型的自由主义民主的特征，也没有民主社会主义民主的特征。社会主义民主的发展不是简单的自由与平等的问题，也不是单靠一些西方的民主理论和民主的具体形式能解决的问题。我国社会主义民主的政治建构，必须立足于中国的现实国情，依照马克思主义的历史唯物主义观点，建构适合历史发展逻辑的社会主义民主理论。

第三节　坚持以社会主义制度实现民主的逻辑

以社会主义制度实现民主的逻辑理路是符合社会主义发展逻辑和人类社会发展的历史逻辑的。中国特色社会主义民主也必然要坚持以社会主义实现民主的发展逻辑。

中国特色社会主义民主的性质是社会主义民主。社会主义的社会形态决定了民主的高级发展阶段，为民主的发展奠定了社会载体和制度基础，是实现人的真正自由和平等的正确的发展道路。社会主义的制度特征注定了中国特色社会主义民主是以社会主义实现民主的发展逻辑。这是因为：

1. 社会主义制度的国家与人民根本利益的一致性决定了国家对其本质规定性——人民性、民主性的靠近，而不是偏离。社会主义社会消除了人们不自由不平等的根源——生产资料的私有制，人民应该最大限度地摆脱国家异化带来的奴役、增强了驾驭国家的能力，减少了国家异化于社会的能力。马克思把人民在国家空间中实现的自我统治视为民主制。社会主义民主的本质就应该是人民不仅是社会的主人，而且也是国家的主人，人民不是为国家而存在，而是国家掌握在人民手中，是人民实现自我管理和自我统治的工具。社会主义民主在人与国家的逻辑关系上，应该是人民掌握国家权力，安排国家制度，使国家完全服从于人民的利益。这是社会主义民主的最基本的逻辑关系。当然由于社会主义的阶段性，还会存在国家与人民利益的偏离，但是社会主义制度下生产资料公有制的根源性特征，决定了国家与人民根本利益的一致性，国家对其基本规定性——人民性的靠近。

2. 以社会主义制度实现民主是社会主义与民主发展逻辑和人类社会发展历史逻辑的统一。社会主义与民主是不同层面的概念。社会主义是取代资本主义的社会制度、社会形态，民主是一种“类概念”的国家制度，是政权组织形式、权力分配形式。民主需要依附于不同的社会制度，既可以被资本主义所用也可以被社会主义所用。不同社会制度下的民主，民主的地位和作用不同。近代资产阶级民主突出民主在国家中的作用，强调民主制度，民主成为了目的，成为了绝对的意识形态。但是由于资本主义社会的私有制度对民主“人民主权”精神实质的背离，使民主被空心化。民主成为脱离了其现实性的抽象的价值外壳。对民主实质精神的背离导致资本主义制度下的民主只能追求民主的形式。对民主完备形式的追求成为资本主义民主的一种目的性追求。

社会主义与民主有着共同的基本价值——对人的自由和平等的追求，民主是社会主义的基本内容和特征，但是，民主不等于社会主义。社会主义以生产资料公有制为基础的基本经济制度，赋予了民主存在的现实性基础，也为民主的真正实现提供了物质条件，使民主具备了历史唯物主义的逻辑基础。失去了生产资料公有制的社会主义制度基础，任何民主的实现都仅仅是一种善良的愿望，终究会沦为一种脱离现实的抽象的价值原则，成为建立在抽象理性基础上的唯心主义民主观。

社会主义阶段的民主具备了回归其本质精神的基础和条件。随着社会主义的发展，人类进入社会主义，社会实现了真正的自由和平等，国家回归其真正的本质，民主也就随之而消失。民主的真正实现只能依靠社会主义制度这一社会形态。

按照马克思主义社会形态理论，社会主义必将代替资本主义，并走向共产主义。社会主义民主必将取代资本主义民主，并逐渐走向共产主义的形态——逐渐消失。生产资料的社会主义公有制的基本经济制度为民主的真正实现的制度载体。以社会主义制度实现民主的路径是建立在现实物质关系基础上的合乎历史唯物主义发展规律的路径。社会主义民主的逻辑决定了中国民主政治建构的内在逻辑，至于在形式上可以是多样的、务实的，但民主实践和制度需要围绕这样的社会主义理论逻辑，不然，中国特色社会主义民主就违背了社会发展的历史规律，违背民主发展的历史逻辑。

生产资料的社会主义公有制的基本经济制度、人民民主专政的国家政权，对实质民主的追求以及坚持党的领导保证了中国特色社会主义民主以社会主义制度实现民主的逻辑进路；从基本制度上给予了人民当家作主以政治保证；在社会主义制度基础上对彻底的“人民主权”精神的追求，是民主的历史唯物主义发展逻辑，坚持以人民为中心是社会主义民主的永恒价值追求；坚持党的领导，是坚持中国特色社会主义民主的关键。

一　坚持社会主义公有制的基本经济制度

恩格斯曾经指出，社会主义社会虽然同任何其他社会制度一样是经常变化和改革的社会，但有一点是不会变的，即它是以生产资料公有制为基础的。这一点正是社会主义制度与资本主义制度的“具有决定意义的差别”。生产资料所有制的根源性特征决定了民主社会主义与科学社会主义的根本区别，也导致了二者截然相反的逻辑理路。

中国特色社会主义理论逻辑是科学社会主义理论逻辑在中国具体国情下的发展。中国特色社会主义只要坚持社会主义道路，就必须坚持生产资料的社会主义公有制。只要放弃了生产资料公有制的基本经济制度，中国特色社会主义就失去了科学社会主义的根本特征。生产资料的社会主义公有制的基本经济制度消灭了阶级对立和阶级差别的根源，根除了人们不自由、不平等的物质基础，消灭了人剥削他人的权力。生产资料社会主义公有制的建立，从物质关系上承认和保障人民当家作主，全体人民共同享有生产资料不同形式的所有权、支配权。社会主义公有制的建立，不一定会解决人们各方面的自由和平等，但却是实现人们自由和平等的前提和基础。只有在这个基础上才能使民主作为国家的本质属性体现出来，消灭了阶级产生的物质基础，拓展了“人民”的范围。“人民”的普遍性使个人的特殊利益与社会的普遍利益取得根本性的一致，为国家从虚幻的共同体回归现实提供了物质基础和制度保障。1956 年我国完成了社会主义的三大改造，建立了生产资料的社会主义公有制的基本经济制度，为我国的社会主义民主政治奠定了经济基础。

我国目前处于社会主义初级阶段，但还没有进入完全的社会主义。在对社会发展的历史唯物主义分析的基础上，马克思、列宁和毛泽东都提出了社会主义不同阶段的问题。马克思在《哥达纲领批判》和《1844 年经济学—哲学手稿》中根据生产力水平的不同，把共产主义划分为按劳分配阶段和按需分配阶段。列宁在《国家与革命》中明确提出第一阶段就是社会主义，第二阶段就是共产主义，并针对第一阶段提出了不同的说法，如“初级形式的社会主义”“没有稳固基础的社会主义”，针对第二阶段提出了如“充分发展的社会主义”“发达的社会主义”“完全的社会主义”等说法。在我国进入社会主义建设时期以后，毛泽东提出了我国也有一个认清国情、正确判断社会所处历史方位的问题。1956 年 1 月，毛泽东说，我国已经进入社会主义，但尚未建成。1957 年 2 月提出区分“建立”与“建成”两个概念。1959 年 2 月提出社会主义建设要经历不同阶段。1959 年年底至 1960 年年初，毛泽东组织中央领导学习苏联《政治经济学教科书》时又提出：“社会主义这个阶段，又可能分为两个阶段，第一个阶段是不发达的社会主义，第二个阶段是比较发达的社会主义。后一阶段可能比前一阶段需要更长的时间。”“在我们这样的国家完成社会主义建设是一个艰巨任务，建成社会主义不要讲得过早了。”还指出，我们要建设一个伟大的社会主义国家，没有 100 年时间是不行的。马克思主义经典作家在不同环境下的结论，都说明了社会主义既要有生产资料公有制的基本制度特征，又要有充分发展的生产力要求。马克思在《共产党宣言》中写道：“无产阶级将利用自己的政治统治，一步步地夺取资产阶级的全部资本，把一切生产工具集中在国家即组织成为统治阶级的无产阶级手里，并且尽可能快地增加生产力的总量。”列宁认为，“当无产阶级夺取政权的任务解决以后……必然要把创造高于资本主义的社会结构的根本任务提到首要地位，这个根本任务就是提高劳动生产率”①。一些国家和地区可以在前资本主义社会的基础上跨越“卡夫丁峡谷”，直接进入社会主义，但是社会主义的基本价值内含着两个方面：一是效率；二是平等。对平等的要求是建立在对社会劳动生产率要求的基础上。所以，由于国情等原因，在生产力水平比较低的情况下进入社会主义的国家和地区，首要的任务就是利用国家的力量大力发展社会生产力。

党的十三大系统阐述了我国处于社会主义初级阶段的理论，提出我国处于并将长期处于社会主义初级阶段，这一阶段是指从我国建立社会主义制度到基本完成现代化。

社会主义初级阶段，为繁荣经济、发展生产力，提出了以生产资料公有制为主体，多种所有制经济共同发展的基本经济制度。社会主义的阶段性，赋予了多种所有制经济在当前存在的历史正当性，但是多种所有制经济不属于社会主义的本质内容。随着生产力水平的提高，多种所有制经济必须被社会主义公有制经济完全代替。这是由社会主义的本质和价值取向所决定的，也是人类社会发展的历史必然。

公有制经济在我国经济中的主导地位决定了我国的社会主义国家性质，决定了国家的本质以及社会主义的发展方向。其他多种所有制经济只在当前阶段具有存在的合理性。随着生产力的不断发展，社会主义公有制经济的发展壮大，非公有制经济会逐渐被消化吸收，直至最后退出历史舞台。非公有制经济不能动摇公有制经济的主体地位。这与民主社会主义的混合经济是有根本区别的。民主社会主义的混合经济否定了公有制作为“社会主义”制度存在的基础和前提性作用，成为与私有制经济同等的工具性手段，降低了公有制在社会主义制度中的作用，二者都成为实现社会主义“自由和平等”价值的手段。生产资料公有制的主体地位保证了我国人民民主的社会主义性质，保证了社会—国家—人民之间利益的一致性。而社会—国家—人民之间利益的一致性是中国特色社会主义民主的本来含义，保证了中国特色

① 《列宁选集》（第3卷），人民出版社2012年版，第490页。

社会主义民主的“人民主权”实质。我国生产资料社会主义公有制的确立，为我国社会主义民主政治奠定了物质基础，是民主回归“人民主权”本质的历史唯物主义逻辑基础。我国只要坚持走社会主义道路，就必须坚持公有制经济的主体地位，坚持生产资料社会主义公有制作为社会主义的根本制度特征，否则，否定了生产资料的社会主义公有制，就背离科学社会主义，就难以再说社会主义的国家性质，民主也会陷入民主社会主义的唯心主义泥淖。

二　坚持人民民主专政的国家政权

社会主义民主是对民主本质精神的追求。在社会主义阶段，人民民主专政是社会主义民主健康发展的政治保证。

社会主义国家制度的建立是以无产阶级取得政权为前提。无产阶级与资产阶级相伴而生，具有历史的先进性、革命的彻底性，并肩负着埋葬资本主义制度、以自身解放争取全人类解放的历史使命。无产阶级的阶级特征和历史使命是由其在生产力和生产关系中的地位所决定的。无产阶级是先进的生产力的代表者，是新的生产关系的主体。无产阶级要追求真正的自由与平等，必须首先夺取政权，“剥夺剥夺者”，建立无产阶级专政的政权，争取民主，建立社会主义制度，逐步走向共产主义阶段。无产阶级夺取资产阶级的政权，建立属于自己的政权和政治制度，这是社会主义民主的政治前提。我国《宪法》规定：“我国是以工人阶级为领导，以工农联盟为基础的人民民主专政的社会主义国家。”人民民主专政实质就是无产阶级专政。人民民主专政的国家政权必须坚持无产阶级的领导权。

人民民主专政就是对人民的民主、对敌人的专政。在我国，人民是指以工人、农民为基本力量的所有社会主义建设者。建立了社会主义制度的国家，这个时期还存在着社会主义因素与非社会主义因素的斗争。这是因为生产力和发展阶段的限制；社会主义国家或者脱胎于前资本主义社会、或脱胎于资本主义社会，旧社会中各种历史思想沉渣都还具有历史的惯性，甚至还有强劲的历史和社会的影响力；阶段性的限制，人们的思想也存在变化的因数，作为无产阶级政党的执政党掌握着国家权力，寄生在权力上的腐败现象还会存在；国内外敌对社会主义的势力也还存在；等等，这些非社会主义因素对社会主义国家的人民民主还存在很大的威胁。对人民的民主，必须以加强对敌人的专政为前提。只有强有力的对敌专政，才能保证真正的人民当家作主。这就必然要求建立了社会主义制度的国家还需要不断加强工人阶级的领导，带领人民，加强人民民主专政的国家政权力量，逐渐增强社会主义因素的压倒性力量，保证社会主义发展方向，保证人民当家作主。否则，只搞民主，没有专政，看不到社会主义阶段的非社会主义因素的干扰和影响，最后就很有可能失去人民民主专政的国家政权。一旦失去人民民主专政的国家政权，社会主义的人民民主就无从谈起。

我国目前处于社会主义初级阶段的社会主义建设新时代，在经过了四十年的改革开放后的发展，我国社会的主要矛盾发生了变化：由原来的“人民群众日益增长的物质文化需要同落后的社会生产力之间的矛盾”转化为“人民日益增长的美好生活需要和不平衡不充分的发展之间的矛盾”。我国的社会主义阶段的发展又上了一个新的台阶。但是并不等于说目前就没有社会主义的干扰因素。从目前来说，阶级和阶级斗争不是社会的主要矛盾，但并没有消失。从国内来说，社会主义市场经济下，出现的经济利益的分化、社会结构的变化反映在政治上思想上出现不同的利益代表，他们试图用西方不同的社会思潮，以民主的形式发出声音，以此影响我国的政治方向，否定共产党和社会主义道路的合法性、合理性。最典型的就是民主社会主义在我国不断引起一波又一波的影响，其实质是伴随以西方宪政民主制度瓦解中国特色社会主义民主制度。从国外来说，西方敌对势力从来没有放弃过对我国社会主义意识形态的“和平演变”。当前的国际形势进一步证明了，即使我们放弃以意识形态来划定国际关系，但以美国为首的西方国家的冷战思维和霸权主义思想依然存在，他们时刻在压制和围剿社会主义中国的发展壮大。

因此，从理论和现实的角度来说，都需要坚持人民民主专政的国家政权，坚持无产阶级的领导权，依靠最坚强的工人、农民的基础力量，团结尽可能多的人民力量。以强有力的国家政权的力量保证对人民最广泛、最真实的社会主义民主。

三　坚持对人民民主实质的追求

民主的本质，就是“人民主权”“人民统治”。在人民与国家的关系上，马克思说，“必须使国家制度的实际体现者——人民成为国家制度的原则”[①]，“人民是否有权来为自己建立新的国家制度呢？对这个问题的回答应该是绝对肯定的，因为国家制度如果不再真正表现人民的意志，那它就变成有名无实的东西了”[②]。社会主义的公有制度决定了社会主义国家、社会与人民根本利益的一致性，奠定了民主的历史唯物主义基础，厘清了以社会主义实现民主的发展逻辑，厘清了国家、社会、人民利益关系。

在国家、社会和人民根本利益一致的基础上，社会主义民主对民主本质精神——人民主权的追求：首先，“人民民主”不仅是对完备形式的程序民主的追求，更是对实质民主的追求；其次，民主的主体是人民，人民是大多数的广大劳动者，与公民概念不同；第三，人民民主指“一切权力属于人民”，更体现在人民对国家、社会事务的管理权。

社会主义国家、社会与人民根本利益的一致性，是人民民主理论和实践的逻辑基础，注定了人民民主的基本内容。

（一）社会主义民主追求完备的民主程序，更追求实质民主。生产资料的社会主义公有制根除了私有制的罪恶根源，奠定了人民普遍获得了自由与平等的经济基础，使社会主义国家、社会和人民在根本利益上具有一致性。国家、社会和人民根本利益的一致性是社会主义国家人民民主追求实质民主的理论基础和逻辑起点。

国家、社会与人民根本利益的一致性，使社会主义的国家归之于其本质属性——人民性。“人民主权”成为国家和作为国家制度的民主的核心价值。

我国是社会主义国家，生产资料的社会主义公有制根除了资本控制政治的根源，消除了人们不自由、不平等的经济基础。“国家一切

① 《马克思恩格斯全集》（第1卷），人民出版社1956年版，第315页。

② 《马克思恩格斯全集》（第1卷），人民出版社1956年版，第316页。

权力属于人民”“人民当家作主”是社会主义民主的核心价值和本质精神，也是社会主义民主的实质内容。虽然在社会主义阶段，特别是我国目前的社会主义发展初级阶段，国家还会有偏离于人民利益的独立的国家意志。从理论上也说明了，民主在社会主义阶段作为国家制度存在的必要性。同时，人民民主对实质民主的追求，使国家不断向其本质规定性——人民性回归。

民主是形式与内容的统一。历史和实践证明，人民代表大会制度是适合我国国情最体现人民意志的根本民主制度。由于历史和现实阶段的限制，人民代表大会制度还有不完善的地方，还需要随着民主各方面因素的不断发展，以便更充分体现人民的利益和意志。

（二）对人民民主主体——人民的理解

社会主义民主与资产阶级民主的主体范围不同。资产阶级的民主只是资本控制下的少数人的民主，民主的主体是掌控着资本的资产阶级。社会主义的民主是人民民主，主体是人民，最大多数的人民。在我国，人民是指以工人、农民为基本力量的最广大人民群众；人民是一个政治概念，在不同历史时期有不同的内容；人民与公民是不同的概念。

首先，在我国，人民是指以工人阶级为领导阶级，以工农联盟为基础的最广大人民群众。由于工人阶级的先进性，工人阶级作为领导阶级，保证了我国人民民主的无产阶级民主性质。工人、农民是人民的基础力量，也是最广大人民的最大多数，保证他们的根本利益就是人民民主的基本内容。其次，人民是一个政治概念，与敌人相对，在不同历史时期有着不同的内容。社会主义阶段，非社会主义因素的存在，注定了人民概念存在的必要性，人民民主的必要性。这个阶段的人民民主就是对人民内部的民主，对敌人的专政。只有对人民的民主，才能确保对敌人的专政；对敌人的专政，才能保证对人民的民主。再次，人民概念与公民概念不同，不能以公民概念混淆人民概念。公民是一个法律概念。在我国“公民”概念的正式出现是在1953年《中华人民共和国全国人民代表大会及地方各级人民代表大会选举法》，1954年的《宪法》在序言、总纲、国家机构之后专章设立了公民的基本权利和义务，我国的公民身份制度基本确立。1982

年《宪法》明确规定凡具有中华人民共和国国籍的人都是中华人民共和国公民。在结构和内容上，“公民的基本权利和义务”比原来更加完善。但是公民不是人民的概念。人民民主的“人民”不是“公民”，不应包括敌对势力。公民一旦成为社会主义敌对因素，就不在“人民”范围。这样的理解，是建立在国家、社会与人民根本利益一致的基础上的。

“公民社会”的概念和理论源于西方语境，西方现代国家提出的“公民社会”是由“政治国家”概念衍生，又与“政治国家”相对立的一个政治概念。按照人的理性塑造国家，同时国家也在塑造着社会及社会中的人。人不能离开社会和国家而独立存在，那么基于国家制度安排而拥有基本权利的人，就是公民，也只有成为公民，才能成为拥有政治与法律权利的“真正的人”。马克思说，“作为市民社会成员的人是本来的人，这是和公民不同的人，因为他是有感觉的、有个性的、直接存在的人，而政治人只是抽象的、人为的人，寓言的人，法人。只有利己主义的个人才是现实的人，只有抽象的公民才是真正的人”①。市民社会是公民社会的实体形式，而公民社会是市民社会的政治虚幻体，是公民在国家生活中的政治身份和政治角色。现代西方国家出现的“公民社会”概念，凸显的是个人的自由和权利。把社会属性的人分解为原子式的个体，是资本的需求在政治上的反映。社会中的政治、经济、文化等组织都是自由而平等的独立的个人组成的联合体，以此显示公民个体自由而平等的权利及社会的自治性，并以此种所谓社会组织对抗国家权力，成为监督国家权力的力量。“公民社会”概念和理论的出现，其前提是国家与社会、人的根本利益的对立性，实质是国家基于政治制度塑造现实社会的产物。

我国社会主义民主发展逻辑是以社会主义制度实现实质民主，社会主义的国家与人民、社会没有根本利益的差别。我国是社会主义初级阶段，《中华人民共和国宪法》序言明确指出，在我国，剥削阶级作为阶级已经消灭，但是阶级斗争还将在一定范围内长期存在。由于国际国内一些因素的影响，阶级和阶级斗争还会长期存在，这是不可

① 《马克思恩格斯全集》（第1卷），人民出版社1956年版，第443页。

否认的事实。只是由于我国现阶段的主要矛盾决定了阶级斗争不再是社会的主要矛盾，但不能否认其存在。那么也就不能抹杀作为“人民”与“公民”概念的区别，不能以法律概念的“公民”完全取代政治范畴的“人民”概念。

（三）人民民主不仅是“一切权力属于人民”，也包括人民对国家、社会事务的管理权。《中华人民共和国宪法》第二条规定：“中华人民共和国的一切权力属于人民”，“人民行使国家权力的机关是全国人民代表大会和地方各级人民代表大会”，“人民依照法律规定，通过各种途径和形式，管理国家事务，管理经济和文化事业，管理社会事务”。《宪法》第二条通过三款依次递进把人民的权力、人民权力的组织机关及人民管理权给予了明确规定，既明确了国家的权力归属，体现了中华人民共和国的合法性，又规定了人民权力的组织方式及人民的基本权利——管理权。如果只有“国家一切权力属于人民”，没有切实的人民权力组织机关保证人民行使权力，人民没有具体的管理权，那么“一切权力属于人民”就只是形式的、抽象的价值存在。

关于人民的管理权，毛泽东曾说，人民“最大的权力是管理国家”。他认为，社会主义制度下劳动者最大的权利、最根本的权利就是管理国家和社会各种事务的权利。没有这种管理权，劳动者的劳动权利、休息权利、受教育权利等，就没有保证。他认为，“国家一切权力属于人民”，而管理权是一切国家权力中最重要的权力，人民有权力管理国家和社会各种事务，只有这样，才算真正实现了人民民主。另外，建立有人民广泛参与的、有效的民主监督体系也是人民管理权的一种体现。人民广泛参与的民主监督，限制了国家权力为少数人所把持，侵害人民利益的行为。真正的民主监督，其行为主体是人民大众，不是任何所谓的代言人。

四　坚持中国共产党的领导

中国共产党第十九次全国代表大会明确指出，中国特色社会主义最本质的特征是中国共产党领导，中国特色社会主义制度的最大优势是中国共产党领导，党是最高政治领导力量。坚持共产党的领导是人民当家作主的政治保证，这是因为，共产党是无产阶级的先锋队，是最广大人民群众根本利益的代表，它从来没有自己特殊的利益。马克思早在《共产党宣言》中就指出“共产党人同全体无产者的关系是怎样的呢？共产党人不是同其他工人政党相对立的特殊政党。他们没有任何同整个无产阶级的利益不同的利益。他们不提出任何特殊的原则，用以塑造无产阶级的运动。”

中国共产党的章程中明确规定：“中国共产党党员是中国工人阶级的有共产主义觉悟的先锋战士。中国共产党党员必须全心全意为人民服务，不惜牺牲个人的一切，为实现共产主义奋斗终身。中国共产党党员永远是劳动人民的普通一员。除了法律和政策规定范围内的个人利益和工作职权以外，所有共产党员都不得谋求任何私利和特权。”中国共产党与人民利益的一致性，全心全意为人民服务的宗旨是党的领导的合法性基础，也是坚持党的领导的逻辑前提。

首先，中国共产党的领导是历史的选择、人民的选择。近代中国革命的历史和社会主义建设的历史证明，中国共产党一直代表最广大人民的根本利益，为争取民族的解放、国家的独立和富强，为建立真正人民当家的民主国家做出了巨大的牺牲和努力。

其次，中国共产党是按照马克思列宁主义的政党理论建立起来的组织，具有鲜明坚定的无产阶级党性立场、先进性和纯洁性。为建设思想上政治上组织上完全巩固的布尔什维克化的中国共产党，建设“一个有纪律的、思想上纯洁的、组织上纯洁的党”，毛泽东致毕生精力于这一伟大的工程。从党的二大提出，中国共产党是“中国无产阶级的先锋军”，到党的十六大提出，“中国工人阶级的先锋队，中国人民和中华民族的先锋队”；从党的七大，“全心全意为人民服务”作为党的宗旨写进党章，毛泽东提出党“进京赶考”，接受人民的考验，到习近平提出，“我们正在征程中，‘考试’仍在继续”，都说明了党从来都没有过自己特殊的利益，把自己高高置于人民利益之上，而是时刻都代表了人民的利益，与人民的根本利益是一致的。中国共产党这样的为人民服务的根本宗旨，保证了国家和社会发展的社会主义方向，能够切实保证人民当家作主的社会主义民主方向。

以“全心全意为人民服务”为宗旨的中国共产党代表了人民的利

益，是保证人民民主的政治核心。

第四节　借鉴民主社会主义有益的民主制度

党的十九大报告指出："世界上没有完全相同的政治制度形式，政治制度不能脱离特定社会政治条件和历史文化传统来抽象评判，不能定于一尊，不能生搬硬套外国政治制度模式。"民主作为一种国家制度的具体形式，没有固定的模式，必须建立在具体的国情的基础上。任何民主政治理论，只有在符合国情的情况下，才会是有用的，才能发挥积极的作用。即使是西方的民主理论在各个国家的民主形式也不相同，有英美国家的民主理论和形式，也有法国、德国的民主理论和形式。它们都是建立在自己历史文化背景和现实国情的基础上的。"橘生淮南则为橘，生于淮北则为枳"，任何照搬行为，都会给本国经济社会的发展带来伤害。在所谓的民主"第三波浪潮"中，据统计，截至1990年，世界上45%的国家依照西方民主形式建立了民主政体，但绝大多数发展中国家，由于经济、社会、文化等方面的因素制约，不仅没有实现所谓的大众民主，反而带来了很多社会问题，影响了社会的发展。

建设中国特色社会主义民主不是闭门造车，也不是全部吸收。需要我们在坚持社会主义民主基本原则的基础上，吸收和借鉴一切有益于我国发展的人类文明成果。我们对待民主社会主义应该"采取这种实事求是的具体分析态度，在否定其中必须否定的东西的同时，又肯定其中应该得到肯定的东西"①。

民主社会主义民主理论逻辑存在不可调和的矛盾和冲突，说明了其理论品格的缺陷，但是我们并不否定社会民主党在民主的具体政策和实践中所作出的努力和获得的成绩。民主社会主义在长期的实践中也有许多具体的民主政策可以为我所用。如，在保障公民基本权利、保障公民参与民主活动方面，民主社会主义有很多具体可行的措施，都具备一定的可借鉴性。"基层行政区多数公民的利益优先于少数公

① 徐崇温：《民主社会主义评析》，重庆出版社1995年版，再版序言，第2页。

民的私人利益”，“城市全部土地的利用适应公众的要求，而不是个别人的经济利益具有优先性”，“人人行使司法权，诉讼免费”，“通过保护工人生命和健康的法律”，“工人越来越广泛地、积极地参加企业和国家的管理”，“解雇不再是雇主任意行使的权利”，民主渗透到社会生活的各个领域，逐渐培养成为人们的生活方式，等等；在党同人民的关系上，加强沟通渠道。《德国社会民主党一九七五年至一九八五年经济政治大纲》把“党争取信任的工作”单列为一节，其中提到党争取信任的工作主要有五项任务，都是围绕争取和加强与民众的联系和沟通所做的工作任务安排。帕尔梅在致勃兰特和克莱斯基的信中说道：“社会民主党今后要从同人民的牢固联系中取得力量”，“同人民的牢固联系时常提醒我们，必须以人们的日常生活来衡量我们政策的成就”，“社会民主党在日常生活中，要与民众打成一片……社会民主党在议会之外在民众中继续生存，如同鱼儿在水里一样。正因为它深深扎根于人民之中，它是不可能被彻底消灭的”①。

特别是民主社会主义的经济民主观点，对我国目前具有非常重要的现实意义。我国处于社会主义初级阶段，多种所有制经济导致多种利益的存在。如何协调各方利益，使不同的利益集团成为促进我国社会主义经济发展的动力是我国目前需要解决的问题。由于我国的民族资产阶级发展比较晚，“不具备与发达国家资产阶级在国际上争夺资本积累空间的能力”，在我国大力发展经济的任务前提下，一直以来形成了廉价弱势的劳工，资本与劳动之间形成鲜明的不平等关系。在利益关系面前，劳工与资本没有对等的话语权。民主社会主义的经济民主，其中所谓的工人参与决策管理的参与民主、工会代表工人阶级利益发挥的作用等在协调各方利益方面有着积极的作用。在欧洲国家，工会在为工人争取利益方面发挥了重要的作用。“工会要为职工公正地分得一份社会劳动成果和为在经济和社会生活中争取参与决定的权利而斗争”，“工会要为争取更大的自由而斗争，并且要代表全体劳动人民而进行活动。所以，工会是不断民主化过程中的重要

① ［德］W. 勃兰特：《社会民主与未来》，重庆出版社 1990 年版，第 91—92 页。

支柱"[①]。不断加强工会力量，让工会真正成为争取工人利益、工人参与企业决策管理的表达渠道，祛除工会成为利益的魅影及官僚化现状对于我国协调各方利益方面有着借鉴作用。社会民主党在社会福利和保障的广泛程度及对每个人的福利内容方面都很具体细致。对民主社会主义社会福利具体政策层面的借鉴和学习是非常有必要的。建设中国特色社会主义民主政治在需要社会发展规律的基础上，结合本国的基本国情，吸收和借鉴人类文明的积极成果，不断地积累、创新、发展、完善，这是一个不断超越和扬弃的辩证过程。

历史与逻辑是统一的。中国特色社会主义民主是社会主义制度与"真正民主"实质精神的统一，是科学社会主义发展逻辑与中国社会民主发展逻辑的统一，是民主走向真正自由和平等的必然过程。中国特色社会主义民主的理论和实践必须以马克思主义为理论基础，以"人民主权"的实质民主为核心，真正实现人民主权、人民当家作主的权利，发挥人民的监督作用，坚持马克思主义的民主法治观，以保障人民权利为核心、为基本立场和出发点，以人民群众的根本利益为根本出发点，保证人民民主的真正实现。否则，中国特色社会主义民主就会走向反民主反社会主义的方向，背离民主的本质精神。

民主社会主义不仅是一种社会思潮，还是一种政治理论、意识形态。它对我国意识形态的冲击超越了西方其他政治理论和思潮。随着世界政治经济的变化，民主社会主义会以不断变化的实用主义形态出现。对民主社会主义及其民主理论的研究，不是一个政治时髦的话题，而是一个需要长期研究的理论问题和政治问题。因此，对民主社会主义的研究，对坚持中国特色社会主义民主有着重要的理论意义和政治意义。

马克思主义民主理论告诉我们，共产主义与真正的民主是一个同质的形态，社会主义民主是实现真正民主的过程和阶段。建立在生产资料社会主义公有制基础上的民主有一个逐步完善和发展的过程。但是，生产资料公有制是实现民主的制度基础和基本条件。没有社会主义制度的保障，就不可能有彻底的"人民主权"。社会主义制度是社

① 《社会党重要文件选编》，中共中央党校科研办公室，1985 年，第 158 页。

会—国家利益一致性的制度前提，是国家还权力于人民的经济基础。

我国建立了社会主义制度，保证了民主发展的合历史逻辑性。但是由于还处于社会主义初级阶段，社会生产力的发展阶段限制了民主的发展。坚持中国特色社会主义民主是建立在社会主义基础上逐步走向真正民主的发展道路。随着生产力水平的提高和社会主义的发展，民主将不断得到完善和发展。一方面中国特色社会主义民主还有很大的民主发展空间，无论是实质民主还是程序都需要不断加强和完善；另一方面，面对许多具体的、现实的问题，要在坚持社会主义民主逻辑的基础上不断丰富和发展中国特色社会主义民主理论和实践，完善民主制度。这是一个不断完善的发展和研究过程。

参考文献

（一）经典著作

《马克思恩格斯选集》（第 1 卷），人民出版社 2012 年版。

《马克思恩格斯选集》（第 2 卷），人民出版社 2012 年版。

《马克思恩格斯选集》（第 3 卷），人民出版社 2012 年版。

《马克思恩格斯选集》（第 4 卷），人民出版社 2012 年版。

《马克思恩格斯全集》（第 1 卷），人民出版社 1956 年版。

《马克思恩格斯全集》（第 3 卷），人民出版社 1960 年版。

《马克思恩格斯全集》（第 4 卷），人民出版社 1958 年版。

《马克思恩格斯全集》（第 6 卷），人民出版社 1961 年版。

《马克思恩格斯全集》（第 7 卷），人民出版社 1959 年版。

《马克思恩格斯全集》（第 13 卷），人民出版社 1962 年版。

《马克思恩格斯全集》（第 19 卷），人民出版社 1963 年版。

《马克思恩格斯全集》（第 20 卷），人民出版社 1973 年版。

《马克思恩格斯全集》（第 21 卷），人民出版社 1965 年版。

《马克思恩格斯全集》（第 23 卷），人民出版社 1956 年版。

《马克思恩格斯全集》（第 42 卷），人民出版社 1979 年版。

《马克思恩格斯全集》（第 46 卷）（上），人民出版社 1979 年版。

《马克思恩格斯全集》（第 46 卷）（下），人民出版社 1980 年版。

马克思：《资本论》，中国社会科学出版社 1983 年版。

《列宁选集》（第 1—4 卷），人民出版社 2012 年版。

《毛泽东选集》（1—4 卷），人民出版社 1991 年版。
《邓小平文选》（第 3 卷），人民出版社 1993 年版。
《孙中山选集》，人民出版社 1981 年版。

（二）国内学者文献

卜广庆：《自由与平等的张力运动在资本语境下的历史演进》，《江苏大学学报》（社会科学版）2009 年第 1 期。
曹长盛等主编：《世界社会主义共产主义运动》，东北师范大学出版社 1995 年版。
曹长盛：《论民主社会主义的思想理论渊源——兼谈“马克思主义的正统”的问题》，《中国特色社会主义研究》2007 年第 3 期。
曹长盛：《民主社会主义同科学社会主义的对立和区别》，《中国高等教育》1990 年第 9 期。
曹长盛：《欧洲社会民主党理论和实践的新调整》，《国际政治研究》2002 年第 1 期。
曹长盛：《世界社会主义纵论》，当代世界出版社 2006 年版。
曹长盛：《正确认识和对待民主社会主义》，《人民日报》2007 年 5 月 25 日，第 8 版。
陈林、林德山：《第三条道路：世纪之交的西方政治变革》，当代世界出版社 2000 年版。
陈先达：《马克思主义哲学原理》，中国人民大学出版社 2004 年版。
程恩富：《五个方面的本质区别》，《人民论坛》2007 年第 14 期。
甘绍平编：《对话中的政治哲学》，人民出版社 2004 年版。
高放：《百年来科学社会主义与民主社会主义关系的演变》，《理论学刊》2007 年第 6 期。
龚加成：《全球化背景下的新探索——冷战结束后社会党国际纲领与政策的演变》，中央编译出版社 2006 年版。
龚加成：《社会党国际纲领和政策的新变化——社会党国际二十二大述评》，《国外理论动态》2004 年第 1 期。
何秉孟等编著：《欧洲社会民主主义的转型》，社会科学文献出版社 2010 年版。

侯衍社：《"超越"的困境——"第三条道路"价值观述评》，人民出版社 2010 年版。
黄素庵：《西欧福利国家面面观》，世界知识出版社 1985 年版。
金重远：《战后西欧社会党》，上海人民出版社 1997 年版。
靳辉明：《关于当前影响我国的四种社会思潮的剖析和思考》，《重庆邮电大学学报》2009 年第 3 期。
李波：《民主的四大渊源》，《开放时代》2001 年第 5 期。
李宏：《另一种选择：欧洲民主社会主义研究》，法律出版社 2003 年版。
李良栋：《"第三波"与 21 世纪中国民主》，中共中央党校出版社 2001 年版。
李普森：《民主的基本原理》，载《国际事务杂志》，中译文见《交流》1986 年第 3 期。
李慎明主编：《世界社会主义跟踪研究报告》（三），社会科学文献出版社 2007 年版。
李兴耕：《当代西欧社会党的理论与实践》，黑龙江人民出版社 1989 年版。
李永清主编：《科学社会主义与民主社会主义》，济南出版社 1992 年版。
李永胜：《社会民主主义复兴的实践探索及其有关启示》，《理论探索》2006 年第 5 期。
刘娟凤：《福利国家》，国家行政学院出版社 2014 年版。
刘军宁：《共和，民主，宪政》，生活·读书·新知三联书店 1998 年版。
刘丽伟：《政治哲学视域下的福利国家研究》，黑龙江大学，博士论文，2010 年。
刘书林：《关于民主社会主义思潮起源的考察与论辩》，《马克思主义与现实》2003 年第 4 期。
刘书林：《论民主社会主义思潮》，高等教育出版社 2004 年版。
刘玉安、蒋锐：《从民主社会主义到社会民主主义》，人民出版社 2010 年版。
漆明春：《关于民主社会主义批判的综述》，马克思主义研究网，

2008-12-12。
秦德占:《民主社会主义的伦理世界观及其局限性》,《北京行政学院学报》2009年第6期。
裘援平、柴尚金、林德山:《当代社会民主主义与第三条道路》,当代世界出版社2004年版。
苏力:《现代化进程中的中国法治》,江西教育出版社1998年版。
孙晓春:《民主政治的道德基础》,《天津社会科学》2002年第1期。
王捷、杨祖功:《欧洲民主社会主义》,社会科学文献出版社1996年版。
王绍光:《警惕对"民主"的修饰》,《读书》2003年第4期。
王学东、曹军:《第三条道路与社会民主主义的转型》,《当代世界与社会主义》2000年第3期。
向文华:《斯堪的纳维亚的民主社会主义研究》,中央编译出版社1998年版。
辛向阳:《20世纪西方民主理论论析》,山东人民出版社2011年版。
徐崇温:《当代外国思潮流派的社会主义观》,中共中央党校出版社2007年版。
徐崇温:《科学社会主义和民主社会主义既不"同祖",也不"同根",更不是"同义语"》,《红旗文稿》2008年第7期。
徐崇温:《论民主社会主义与科学社会主义、马克思主义的区别》,《红旗文稿》2010年第8期。
徐崇温:《民主社会主义评析》,重庆出版社1995年版。
徐崇温:《如何认识民主社会主义》,《毛泽东邓小平理论研究》2010年第4期。
徐崇温:《中国特色社会主义与民主社会主义是两股道上跑的车》,《求是》2007年第13期。
殷叙彝:《民主社会主义论》,中央编译出版社2007年版。
殷叙彝:《社会民主主义和民主社会主义——概念的起源和历史演变》(上),《当代世界社会主义问题》2001年第3期。
殷叙彝:《社会民主主义和民主社会主义——概念的起源和历史演变》(下),《当代世界社会主义问题》2001年第4期。

俞可平：《马克思论民主的一般概念、普遍价值和共同形式》，《马克思主义与现实》2007 年第 3 期。

俞可平：《民主是个好东西》，社会科学文献出版社 2006 年版。

曾瑞明：《民主社会主义的民主理论与实践的批判性解读》，《云南社会科学》2006 年第 5 期。

张传鹤：《全球视野下的民主社会主义研究》，中共中央党校出版社 2009 年版。

张飞岸：《空想的民主社会主义——对中国民主社会主义改良派的回应》，《马克思主义研究》2008 年第 10 期。

张分田：《从社会普遍意识角度看民本思想与统治思想的关系》，《中国社会历史评论》2005 年第 2 期。

张世鹏：《达伦多夫论民主社会主义》，《国外理论动态》1999 年第 6 期。

张世鹏：《德国社会民主党纲领文件汇编》，北京大学出版社 2005 年版。

张世鹏、殷叙彝编译：《全球化时代的资本主义》，中央编译出版社 1998 年版。

张树华：《民主化悖论：冷战后世界政治的困境与教训》，中国社会科学出版社 2015 年版。

张涛：《马克思的民主观及其当代启示》，《马克思主义研究》2008 年第 5 期。

张涛：《马克思关于民主国家与资本主义社会之间张力的分析》，《深圳大学学报》（社会科学版）2009 年第 4 期。

张文显：《二十世纪西方法哲学思潮研究》，法律出版社 1996 年版。

张志军：《20 世纪国外社会主义理论思潮及流派》，当代世界出版社 2008 年版。

张志伟：《写给大众的西方哲学》，中国人民大学出版社 2004 年版。

赵永清：《德国民主社会主义模式研究》，北京大学出版社 2005 年版。

郑冬芳：《从发展逻辑和整体性视角论马克思人道主义思想》，陕西人民出版社 2010 年版。

郑永年：《政治改革与中国国家建设》，《战略与管理》2001 年第 2 期。

郑永年：《中国模式经验与困局》，浙江人民出版社 2010 年版。

中共中央宣传部理论局编写：《六个为什么——对几个重大问题的回答》，学习出版社 2009 年版。

中央编译局世界社会主义研究所编：《当代国外社会主义：理论与模式》，中央编译出版社 1998 年版。

周弘：《福利国家向何处去》，社会科学文献出版社 2006 年版。

周新城：《必须警惕民主社会主义思潮的泛滥》，《理论视野》2007 年第 5 期。

周新城：《关于中国应该走什么道路的争论——必须划清科学社会主义与民主主义的界限》，《贵州师范大学学报》（社会科学版）2012 年第 4 期。

周新城：《划清科学社会主义与民主社会主义的界限》（上），《中共石家庄市委党校学报》2011 年第 6 期。

周新城：《划清科学社会主义与民主社会主义的界限》（下），《中共石家庄市委党校学报》2011 年第 7 期。

周新城：《民主社会主义思潮评析》，社会科学文献出版社 2008 年版。

周新城：《正确理解社会主义模式问题——兼论民主社会主义不是社会主义的一种模式》，《中共福建省委党校学报》2009 年第 3 期。

（三）中文译著

《社会党国际和社会党重要文件选编》，中共中央党校出版社 1993 年版。

社会党国际文件集编辑组编译：《社会党国际文件集（1951—1987）》，黑龙江人民出版社 1989 年版。

《社会党重要文件选编》，中共中央党校科研办公室，1985 年。

中联部编译小组编译：《社会党国际重要文件选编》，当代世界出版社 2005 年版。

当代世界知识出版社编译：《各国社会党重要文件选编》，当代世界知识出版社 1959 年版。

［奥地利］尤利乌斯·布劳恩塔尔：《国际史》，上海译文出版社 1992 年版。

［德］W. 勃兰特：《社会民主与未来》，丁冬红、白伟译，重庆出版社 1990 年版。

［德］爱德华·伯恩施坦：《伯恩施坦言论》，生活·读书·新知三联书店 1976 年版。

［德］爱德华·伯恩施坦：《社会主义的历史和理论》，东方出版社 1989 年版。

［德］爱德华·伯恩施坦：《社会主义的前提和社会民主党的任务》，殷叙彝译，生活·读书·新知三联书店 1965 年版。

［德］托马斯·迈尔等：《论民主社会主义》，刘芸影等译，东方出版社 1987 年版。

［德］托马斯·迈尔：《社会民主主义导论》，殷叙彝译，中央编译出版社 2006 年版。

［德］托马斯·迈尔：《社会民主主义的转型》，殷叙彝译，北京大学出版社 2001 年版。

［法］弗朗兹-奥利维埃·吉埃斯贝尔：《密特朗传》，上海译文出版社 1999 年版。

［法］雷蒙·阿隆：《社会学主要思潮》，上海译文出版社 2005 年版。

［法］托克维尔：《旧制度与大革命》，商务印书馆 1992 年版。

［法］托克维尔：《论美国的民主》，董果良译，商务印书馆 1991 年版。

［法］雅克·德罗兹：《民主社会主义 1864—1960》，上海译文出版社 1985 年版。

［法］雅克·德罗兹：《民主社会主义》，上海译文出版社 1985 年版。

［美］C. 赖特·米尔斯：《马克思主义者》，商务印书馆 1965 年版。

［美］Richard Ripes：《共产主义实录》，郭新民译，民主中国出版社 2005 年版。

［美］彼得·L. 伯杰：《资本主义革命》，经济日报出版社 1993 年版。

[美] 道格拉斯·拉米斯:《激进民主》，中国人民大学出版社 2002 年版。

[美] 卡尔·科恩:《民主概论》，聂崇信、朱秀贤译，商务印书馆 1989 年版。

[美] 莱斯利·巴顿等:《人民的资本主义?》，朱赛霓译，重庆出版社 2001 年版。

[美] 理查德·尼克松:《角斗场上》，新华出版社 1990 年版。

[美] 罗尔斯:《正义论》，中国社会科学出版社 1988 年版。

[美] 迈克尔·帕伦蒂:《少数人的民主》，张萌译，北京大学出版社 2009 年版。

[美] 乔·萨托利:《民主新论》，东方出版社 1993 年版。

[美] 塞缪尔·鲍尔斯、赫伯特·金蒂斯:《民主和资本主义》，商务印书馆 2003 年版。

[美] 塞缪尔·亨廷顿:《第三波——20 世纪后期民主化浪潮》，中国人民大学出版社 2013 年版。

[美] 约瑟夫·熊彼特:《资本主义、社会主义与民主》，商务印书馆 1999 年版。

[美] 詹姆士·布坎南:《自由、市场和国家》，北京经济学院出版社 1989 年版。

[苏] B. A. 尼基京:《“民主社会主义”思想体系批判》，常玢等译，中国人民大学出版社 1985 年版。

[苏] H. 西比列夫:《社会党国际》，姜汉章等译，中国社会科学出版社 1983 年版。

[苏] 费多谢耶夫等编:《什么是“民主社会主义”?》，石健等译，中国社会科学出版社 1984 年版。

[苏] 米·谢·戈尔巴乔夫等:《未来的社会主义》，中央编译出版社 1994 年版。

苏珊·米勒等:《德国社会民主党简史》，刘敬钦译，求实出版社 1994 年版。

[英] 安德鲁·格林编:《新自由主义时代的社会民主主义》，刘庸安、马瑞译，重庆出版社 2010 年版。

［英］安东尼·阿巴拉斯特：《西方自由主义的兴衰》，吉林人民出版社 2004 年版。

［英］安东尼·吉登斯：《第三条道路——社会民主主义的复兴》，郑戈译，北京大学出版社 2000 年版。

［英］戴维·赫尔德：《民主的模式》，燕继荣等译，中央编译出版社 1998 年版。

［英］弗里德里希·冯·哈耶克：《自由秩序原理》，生活·读书·新知三联书店 1997 年版。

［英］卡尔·波普尔：《开放社会及其敌人》，中国社会科学出版社 2007 年版。

［英］拉尔夫·密利本德：《马克思主义与政治学》，商务印书馆 1984 年版。

［英］洛克：《政府论》，商务印书馆 1982 年版。

［英］斯图亚特·特姆森：《社会民主主义的困境：思想意识、治理与全球化》，重庆出版社 2008 年版。

［英］约翰·邓恩：《民主的历程》，吉林人民出版社 1999 年版。

［英］约翰·密尔：《密尔论民主与社会主义》，胡勇译，吉林出版集团有限责任公司 2008 年版。

（四）外文文献

W. E. Paterson and A. H. Thomas，*The Future of Social Democracy*，Oxford：Clarendon Press，1986.

David C. Paris，Fact，Theory，and Democratic Theory，*The Western Political Quarterly*，Vol. 40，No. 2（Jun. 1987）.

P. Gay，*The Dilemma of Democratic Socialism*，New York：Collier Books，1962.

DS. hare，*Dilemmas of Social Democracy*：*The Spanish Socialist Workers Party in the* 1980，New York：Greenwood Press，1989.

D. Marquand，"After the Euphoria：The Dilemmas of New Labour"，*Poletical Quarterly*，68（4）.

R. Gillespie，*The Spanish Socialist Party*：*A History of Factionalism*，Oxford: Clarendon Press, 1989.

J. Gray, *After Social Democracy*, London: Demos, 1996.

A. Frid and R. Sanders (eds), *Socialist Thought: A Documentary History*, Edinburgh: Edinburgh University Press, 1964.

G. Esping-Andersen, *The Three Worlds of Welfare Capitalism*, Oxford: Polity Press, 1990.

M. Stigendal, "The Swedish Model: Renaissance or Retrechment?" *Renewal*, 3 (1), January, 1995.

E. W. Wood, *Democracy Against Capitalism*. London: Cambridge University Press, 1995.

Gert H. Mueller and Max Weber, Socialism and Capitalism in the Work of Max Weber, *The British Journal of Sociology*, Vol. 33, No. 2 (Jun. 1982).

J. Pontusson, "Explaining the Decline of Europe Social Democracy: The Role of Structural Economic Change", *World Politics*, 47 (4).

D. Rueschemeyer, E. H. Stephens and J. D. Stephens, *Capitalist Development and Democracy*, Cmbridge, M A.: Polity Press, 1992.

B. Geddes, What Do We Know about Democratiation after Twenty Years? *Annual Review of Political Science*, Vol. 2, 1999.

L. Diamond and L. Morlino, The Quality of Democracy, *CDDRL Working Paper*, Vol. 20, 2004.

G. Di Palma, *To Craf Democracies: An Essay on Democratic Transitions*, Berkeley, C. A.: University of California Press, 1990.

Giuseppe Di Palma, *To Craft Democracies*, Berkeley: University of California Press, 1990.

A. J. Nathan, Authoritarian Resilience, *Journal of Dmocracy*, Vol. 14, No. 1, 2006.

L. Wilde, *Modern European Socialism*, Cambridge: Dartmouh, 1994.

J. Camilleri and J. Falk, *The End of Sovereignty? The Politics of a Shrinking and Fragmenting World*, London: Edward Elgar, 1995.

B. Crick, *Socialism*, Milton Keynes: Open University Press, 1987.

A. Ware, *Political Paties and Party Systems*, Oxford: Oxford University Press, 1996.

H. Kitschelt, *The Transformation of Euroean Social Democracy*, Cambridge: Cambridge University Press, 1994.

A. Cole, *Francois Mitterrand —A Study in Political Leadership*, London: Routledge, 1994.

J. Wolfrey, "What Price Unity? The 'Plural Left' in France", in A. Dobson and J. Stanyer (eds.), *Contemporary Political Studies* 1998, Nottingham: PSA, 1998.

R. Gillespie, *The Spanish Socialist Party: A History of Factionalism*, Oxford: Clarendo Press, 1989.

M. Spourdalakis, *The Rise of the Greek Socialist Party*, London: Routledge, 1988.

J. Fulcher, "The Social Democratic Model in Sweden: Termination or Restoration?" *Political Quarerly*, 65 (2), April – June 1994.

The Labour Party, *Labour into Power: A Framework for Partnership*, London: Labour Party, 1997.

Labour Coordinating Committee, *New Labour: A Stakehoiders' Party-Interim Report of the Labour Party Co-ordinating Committee's Commission on Party Democracy*, London: Lcc, 1997.

W. Thompson, *The Long Death of British Labourism-Interpreting a Politcal Culture*, London: Pluto Press, 1993.

后　记

本书是在我的博士论文的基础上修改而成的，前后达六年之久。一路走来，跌跌撞撞，今日得以付梓成书，如释重负的同时心中反而更多的是不安和忐忑。如释重负源于终于完成了这项任务；不安和忐忑更多的源于自己的才疏学浅，对理论和材料的驾驭还力不从心，深恐纰漏，贻笑大方。在此，由衷地期望大家包容海涵，并不吝赐教！

我的博士论文从选题到写作、修改、最后成稿，得到了西安交通大学众多老师的帮助和指导！我的博士导师霍有光老师从论文选题到字词语句、标点符号等都给予了悉心的指导和帮助，在此向导师表示深深的感谢！博士后导师王宏波老师学术视野宽阔、理论素养深厚。在我的博士论文的写作和作为书稿的修改等方面都给予了莫大的支持和鼓励，提出了很好的建议和指导！对王老师的辛苦培养致以崇高的敬意和衷心的感谢！一直以来郑冬芳老师亦师亦友的帮助和关爱，令我没齿难忘！

感谢天津师范大学马克思主义学院杨仁忠院长的大力支持，本书获得“天津市重点马克思主义学院建设项目”的资助得以出版。

初次出书，有欣喜有感慨！仰望窗外，一些思绪凌乱无章地闯进脑海。本不想触及的一些场景还是再次浮现。王贵芬，我的好友，一生劳作，无有清闲！正值壮年时期，飘然而去！令人唏嘘，却也无奈！几年来，我努力让自己做一个“无情”人，不去想念，不去回忆。可如今却已不能再作“痴”。在我出远门求学读书之时，学业和生活处于低谷时期，她像个天使，雪中送炭！在我求学不能尽孝之时，她替我尽孝！写到这里，往事历历在目，不能不使我动容！体会个中滋味，潸然泪下！希望你在天有灵，分享我今日的喜悦、感知我对你的怀念！

还要感谢我的父亲和兄姐！亲情和关爱一直陪伴着我，是我生命的支撑！

最后，对所有曾给予我帮助和支持的老师、同学和同事表示最真诚的谢意！

王玉灵

2018 年 11 月